C. W. LEADB

CW00481256

VISLUMBRES
de
Historia Masónica

 **EDITORIAL HUMANITAS**

Título: "Vislumbres de Historia Masónica"
Autor: C.W. Leadbeater
Copyright © 1991 Editorial Humanitas, S.L.
Primera edición 1991
Reimpresión en 2002

ISBN: 84-7910-062-1
Depósito legal: B-11142-1991

Impreso por Editorial Humanitas, S.L.
Centro Industrial Santiga
c/ Puig dels Tudons, s/n
Talleres 8, Nave 17
Telf. y Fax: 93 718 51 18
08210 Barberà del Vallès
Barcelona (ESPAÑA)
http://www.editorial-humanitas.com
info@editorial-humanitas.com

ÍNDICE

3

PREFACIO

Cuando escribí, hace unos cuantos meses, acerca de "**La Vida Oculta de la Masonería**", mi primera intención fue dedicar mi segundo capítulo a un breve bosquejo de la Historia de la Masonería. Pronto me convencí de que mi plan resultaba impracticable. La historia más compendiada que pudiera ser de algún beneficio ocuparía más espacio del que dispongo, y, además, el libro se sobrecargaría totalmente con lo que, después de todo, sólo es un capítulo del tema. La alternativa era publicar por separado un esbozo histórico, y de aquí que este libro sea, realmente, sólo una segunda parte del otro.

La tónica de ambos volúmenes, y por cierto su única razón para publicarlos, es explicar precisamente lo que el título indica: "**La Vida Oculta en la Francmasonería**", la poderosa fuerza siempre operante en el fondo, y sin embargo, siempre oculta a la vista, que ha guiado la transmisión de la tradición masónica, a través de todas las vicisitudes de su tormentosa historia y que aún inspira el máximo entusiasmo y devoción entre los miembros de la Masonería de esta época.

La existencia y la labor del Jefe de todos los Verdaderos Masones, es la única y suficiente razón para demostrar la virilidad y el poderío de esta maravillosa Organización. Si entendemos su relación con ella y lo que El desea hacer de ella, entenderemos que ella encarna uno de los más brillantes proyectos que hayan sido imaginados para

7

la ayuda del mundo y para la distribución de la fuerza espiritual.

Muchos de nuestros Hermanos han estado por muchos años, participando inconscientemente en este magnífico trabajo de altruismo. Si se pudiera hacer que compendieran qué es lo que están haciendo y por qué, entonces continuarían esta grandiosa labor con mayor gusto y más inteligentemente, inundando tal labor con toda la fuerza de su naturaleza, tanto de su cuerpo como de su espíritu, y gozando del fruto de sus afanes con mucha más claridad que nunca.

Agradezco a Sir Arthur Evans y a sus editores, señores Macmillan y Cía., su gran cortesía y gentileza al permitirme reproducir las muy interesantes fotografías de las ruinas masónicas halladas en Creta, tomadas de su admirable libro **"El Palacio de Minos en Cnosos"**; del mismo modo deseo expresar mi gratitud a la biblioteca Orientalista de Paul Geuthner por haberme permitido aprovechar diversas ilustraciones de libro del señor René Dussaud's **"La civilización Pre-Helénica en el Mar Egeo"**, así como al señor Helmuth Th. Bossert y a su editor, señor Ernst Wasmuth por dejarme utilizar algunas magníficas fotografías de su libro **"La Alta Creta"**.

Quisiera repetir, en relación con este libro, mis cordiales agradecimientos, que ya expresé en mi libro anterior, a todas las personas que me ayudaron, y entre ellas al Reverendo Herbrand Williams, por su gentileza en poner a mi disposición sus vastos conocimientos y su erudición masónica, y por los muchos meses de ardua, paciente y afanosa investigación.

La producción de esta obra se hizo posible debido a que para todas y cada una de sus secciones –mi cordial agradecimiento- conté con la incansable ayuda y cooperación del Profesor Ernest E. Wood.

C. W. L.

CAPITULO I

Escuelas de Pensamiento Masónico

Una historia de la Francmasonería sería una empresa tan colosal, que necesitaría un conocimiento enciclopédico y muchos años de investigación. No tengo la pretensión de poseer las cualidades y erudición que se necesitan para producir una obra así. Todo lo que espero hacer, es aclarar un poco algunos de los puntos obscuros de su historia, y poner puentes, hasta donde sea posible, sobre algunas de las lagunas más obvias que hay entre los capítulos de ella, y que ya son bien conocidas.

LOS ORIGENES DE LA MASONERIA

Los orígenes reales de la Francmasonería, como lo dije en mi libro anterior, se pierden en la niebla de la antigüedad. Los escritores masónicos del Siglo XVIII especularon indiscriminadamente en su historia, basando sus puntos de vista en la creencia literal de la historia y cronología del Antigüo Testamento, así como en las curiosas leyendas de la Orden que han sido transmitidas desde los tiempos operativos en los "Cargos Antiguos". Así, el doctor Anderson, con toda seriedad, expresó en su primer **"Libro de las Constituciones"** que "Adán, nuestro primer padre, creado a la imagen de Dios, el **Gran Arquitecto del Universo**, ha de haber tenido escritas en su corazón las Ciencias Liberales, en especial la **Geometría**", mientras que otros, con menos fantasía, han atribuido su origen a Abraham, Moisés o Salomón. El doctor Oliver que

9

escribió a principios del siglo XIX, sostuvo que la Masonería, como la conocemos hoy, es la única reliquia verdadera de la fe de los Patriarcas de antes del Diluvio; mientras que en los antiguos Misterios de Egipto y otros países que tanto se le parecen, no eran más que corrupciones humanas de la única primitiva y pura tradición.

Cuando el conocimiento científico y el histórico progresaron en otros campos de la investigación, especialmente en la crítica de las Escrituras, gradualmente se aplicaron métodos lógicos al estudio de la Masonería, por lo que ahora existe un vasto cuerpo de información de la historia de la Orden, bastante exacto y muy interesante. En consecuencia de esto y de otras líneas de investigación, existen cuatro principales tendencias del pensamiento Masónico, que de ninguna manera quedan necesariamente definidas u organizadas como Escuelas, sino agrupadas, de acuerdo con su relación, a cuatro importantes ramas del conocimiento que quedan en principio fuera del campo Masónico. Cada una tiene su relación característica con la Francmasonería: cada una tiene sus cánones de interpretación de los símbolos y ceremonias Masónicas, aunque es claro que muchos escritores modernos están influenciados por más de una Escuela.

LA ESCUELA AUTÉNTICA

Podemos considerar, primero, la Escuela a veces denominada auténtica, que surgió durante la última mitad del siglo XIX en respuesta al crecimiento del conocimiento crítico en otros campos. Las antiguas tradiciones de la Masonería fueron examinadas minuciosamente a la luz de documentos auténticos al alcance del historiador. Se llevó a cabo una vasta investigación en las actas de las Logias, documentos de todas clases relacionados con la Masonería Antigua y Moderna, archivos de municipalidades y cantones, actas legales y judiciales: de hecho, todos los documentos escritos que se pudieron encontrar fueron consultados y clasificados. En este campo, todos los Masones tienen una deuda inmensa con R. F. Gould, el

10

gran historiador masónico; W. J. Hugham; G. W. Speth; David Murray–Lyon, el historiador de la masonería escocesa; doctor Chetvode Crawley, cuyo trabajo sobre la antigua masonería irlandesa es, a su manera, clásico; y otros del Círculo Interno de la famosa Logia **"Quattour Coronati"** No. 2076 cuyas fascinantes actas son una mina preciosa de tradición histórica y arqueológica. Dos grandes nombres de Alemania son: J. F. Findel, el historiador, y el doctor Wilhelm Begemann, quien hizo las investigaciones más cuidadosas y detalladas en los Antiguos Cargos de la masonería operativa. Una gran cantidad de material, que será de valor permanente para los estudiantes de nuestro arte, se debe a los trabajos de estos eruditos de la Escuela auténtica.

Pero esta Escuela tiene limitaciones, que son el resultado de su propio método de trabajo. En una sociedad tan secreta como la Masonería, debe existir mucho que nunca se ha escrito, pero que se ha transmitido oralmente en las Logias, lo que da a los documentos y expedientes sólo un valor relativo. Los documentos escritos de la masonería especulativa son muy poco anteriores al resurgimiento de 1717, mientras que las actas más antiguas de una Logia Operativa son del año de 1598.

Por lo tanto, la tendencia de esta escuela es derivar la masonería de los gremios y logias operativas de la Edad Media, y suponer que los elementos especulativos fueron impuestos en fecha posterior a los de la organización operativa, ya que los documentos existentes no contradicen en modo alguno esta hipótesis. El H. R. F. Gould afirma que podemos considerar que el simbolismo (o ceremonial) de la Masonería es anterior a 1717: que prácticamente no hay límite de la antigüedad que le podamos asignar; pero muchos otros escritores no remontan ésta, para el origen de nuestros Misterios, más allá de la de los constructores medievales.

Hay una tendencia en esta Escuela, también muy natural, cuando se sostiene semejante teoría respecto al origen, a negar la validez de los Altos Grados y declarar, de acuerdo con el Acta Solemne de Unión entre las dos Grandes Logias de Francmasones de Inglaterra, en diciembre de 1813, que la "Antigua Masonería pura consiste en tres grandes divisiones o grados, que son: Aprendiz, Compañero y Maestro Masón, incluyendo a la Orden Suprema del sagrado Real Arco". Todos los otros grados y ritos son considerados por los más rígidos adeptos de esta Escuela, como innovaciones de América, y por lo tanto son considerados como masonería espuria.

Por lo que respecta a interpretación, los auténticos se han aventurado muy poco más allá de una moralización sobre los símbolos y ceremonias de la Masonería, como una copia de la Iglesia Cristiana Anglicana.

LA ESCUELA ANTROPOLOGICA

Una segunda Escuela, que aún se está desarrollando, está aplicando los descubrimientos de la Antropología al estudio de la historia masónica, con resultados sorprendentes. Una gran cantidad de información sobre las costumbres religiosas e iniciáticas de muchos pueblos antiguos y modernos, ha sido coleccionada por los antropólogos. Estudiantes masónicos en este campo, han encontrado muchos de nuestros signos y símbolos, (de la masonería azul y de los altos grados), en las pinturas murales, tallados, esculturas y edificios de las principales razas del mundo. La escuela antropológica, por lo tanto, le de una mayor antigüedad a la Masonería que la que la escuela auténtica le ha podido conceder, y encuentra analogías sorpendentes con los Misterios antiguos de muchas naciones que, como claramente se ve, poseían muchos símbolos y signos, y muy probablemente, ceremonias análogas a las que se practican actualmente en las logias masónicas.

No se han limitado los antropólogos a estudiar el pasado, sino que han investigado los ritos de iniciación de muchas tribus salvajes que aún existen en Africa y en Australia, y han encontrado que poseen signos y posiciones que aún se usan entre los masones. También se han encontrado analogías sorprendentes con nuestros ritos masónicos, entre los habitantes de la India y Siria, entretejidos con su filosofía religiosa, de tal manera, que resulta absurda la

12

idea de que fueron copiados de fuentes europeas. Los eruditos masónicos no han terminado con los hechos que en este interesante campo de investigación se pueden descubrir; pero aun con el conocimiento que tenemos, está claro que los ritos análogos a los que llamamos masónicos, son de los más antiguos de la tierra y se encuentran, de una manera u otra, en casi todas partes del mundo. Nuestros signos existen en Egipto y México, en China e India, en Grecia y Roma, en los templos de Birmania y en las catedrales de Europa medieval, y se dice que hay santuarios en el sur de la India, en donde se enseñan, bajo juramento, los mismos secretos que los que se nos comunican en los grados simbólicos y superiores en Europa y América modernas.

Entre los primeros investigadores en este campo, podemos mencionar al H. Albert Churchward, autor de varios libros interesantes sobre el origen egipcio de la masonería, aunque puede ser que a veces no sea suficientemente profundo; al H. J. S. M. Ward, autor de **"La Francmasonería y los Antiguos Dioses"**, **"¿Quién fue Hiram Abiff?"** y varias otras obras, quien ve el origen de la Masonería en Siria y Líbano, y que, a la vez, ha coleccionado mucho material relativo a los ritos Masónicos entre los árabes.

Una revelación clara de la inmensa antigüedad y difusión de lo que ahora llamamos simbolismo masónico se debe al trabajo de la escuela antropológica. Pero su tendencia es la de encontrar el origen de los antiguos Misterios en las costumbres iniciáticas de tribus salvajes, las cuales (se puede admitir) son de una antiguedad incalculable, pero generalmente no son ni espirituales ni dignas. Otro importante trabajo que se debe a esta escuela, es la justificación de muchos de los altos grados, considerados como "Antigua Masonería pura", porque a pesar de la decisión de la Gran Logia de Inglaterra, que antes se cita, hay demasiada evidencia de la extrema antiguedad de los signos y símbolos de la Rosa Cruz, de la Masonería Simbólica, así como también del Real Arco; y lo mismo se puede decir de los signos de muchos otros grados. Las investigaciones de los antropólogos han puesto en claro, que, cualesquiera que sean los eslabones precisos de la cadena de descendencia, los Masones somos los herederos de una tradición muy antigua que por eras incontables, ha estado asociada con los más sagrados misterios de devoción religiosa.

LA ESCUELA MISTICA

Una tercera Escuela de pensamiento masónico, que bien podemos llamar la Mística, se adentra en los misterios de la Orden desde otro ángulo, viendo en ellos un plan para el despertar espiritual del hombre y su desenvolvimiento interno. Los pensadores de esta escuela, basándose en su propia experiencia espiritual, declaran que los grados de la Orden son simbólicos de ciertos estados de conciencia que se pueden despertar en el iniciado, si aspira a ganar los tesoros del espíritu. Ellos dan testimonio de otra mucho más elevada naturaleza acerca de la validez de nuestros ritos masónicos; un testimonio que más pertenece a la religión que a la ciencia. La meta del místico es la unión consciente con Dios, y para un masón de esta Escuela, la Masonería sirve para delinear una senda hacia esa meta, y para ofrecer un mapa, por decirlo así, para llevar nuestros pasos hacia Dios.

Los místicos están a menudo más interesados en la interpretación que en la investigación histórica. No están fundamentalmente interesados en buscar una línea exacta de descendencia que arranque del pasado, sino, más bien, en vivir la vida indicada por los símbolos de la Orden para obtener la realidad espiritual de la cual estos símbolos son las sombras. Pero sostienen que la masonería está, por lo menos, relacionada con los Antiguos Misterios, que tenían precisamente el mismo propósito: el de ofrecer al hombre un senda por la cual pueda encontrar a Dios; y lamentan que la mayoría de sus Hermanos modernos ha olvidado de tal manera la gloria de su herencia masónica, que ha permitido que los antiguos ritos se conviertan en poco menos que formas vanas. Un representante bien conocido de esta escuela es el H. A. E. Waite, uno de los mejores pensadores masónicos de estos tiempos, y una autoridad en la historia de los altos grados. Otro es el H. W. L. Wilmshurst quien ha dado interpretaciones hermosísimas y hondamente espirituales de simbolismo masónico. Esta Escuela está haciendo mucho por espiritualizar la masonería masculina, y uno de los indicios de su influencia es la gran reverencia para nuestros misterios que se hace más y más tangible.

LA ESCUELA OCULTA

La cuarta Escuela de pensadores está representada por un cuerpo siempre creciente de adeptos de la Orden Co–Masónica, que poco a poco está adquiriendo simpatizadores dentro de la masonería masculina. Puesto que su principio distintivo y principal es la eficacia sacramental del ceremonial masónico, cuando se trabaja debida y legalmente, la pudiéramos llamar Escuela sacramental u oculta. La palabra ocultismo ha sido muy mal comprendida: se puede definir como el estudio y conocimiento del lado oculto de la Naturaleza, por medio de los poderes que existen en todos los hombres, pero que están aún dormidos en la mayoría; poderes que pueden despertarse y educarse en el estudiante de ocultismo, por medio de disciplina y largas y cuidadosas meditaciones.

La meta del ocultista, no es menor grado que la del místico, es la unión con Dios, pero los métodos para alcanzarla son diferentes. El propósito del ocultista es el de obtener esa unión por medio del conocimiento y la voluntad, educar a toda la naturaleza: física, emocional y mental, hasta que se torne en una expresión perfecta del espíritu divino que reside dentro, y pueda ser usada como un instrumento eficaz en el gran Plan que Dios ha elaborado para la evolución de la humanidad, y que en la Masonería se simboliza por la construcción del Templo. El místico, por otro lado, más bien aspira a la unión extática con el nivel de conciencia divina que su estado de evolución le permite alcanzar.

La senda del ocultista va através de una serie graduada de escalones, un sendero de Iniciaciones que confieren expansiones sucesivas de conciencia y grados de poder sacramental: el del místico tiene, por lo general, un carácter más individual. "Un vuelo del solitario hacia el Solitario", como lo expresó Plotino tan hermosamente. Para el ocultista, la observancia exacta de una forma es de gran importancia, y por medio de la magia ceremonial crea un vehículo con el que puede hacer venir la luz divina, y, a su vez, derramarla para beneficiar al mundo, llamando en su ayuda a los ángeles, a los espíritus de la Naturaleza y a otros habitantes de los mundos invisibles. El método del místico es de plegarias y oraciones; no le importan las formas, y aunque por su unión él también es un canal de la Vida Divina, me parece que pierde la enorme ventaja del esfuerzo colectivo hecho por el ocultista, que tanto impulso recibe con la ayuda de los Seres Elevados cuya presencia invoca. Ambas sendas llevan hacia Dios: la primera llamará irresistiblemente a algunos de nosotros; a otros, la segunda; esto se debe en gran parte al Rayo a que pertenecemos. Una se exterioriza en servicio y sacrificios; la otra, se interioriza en contemplación y amor.

EL CONOCIMIENTO DEL OCULTISTA

El estudiante de ocultismo, por lo tanto, aprende a despertar y a educar, para uso científico, los poderes que internamente tiene latentes, y por medio de ellos le es posible ver mucho más del verdadero significado de la vida que el hombre cuya visión está limitada por los sentidos físicos. Aprende que cada hombre es, en su esencia, divino, una verdadera chispa de la hoguera de Dios, evolucionando por grados hacia un futuro de gloria y esplendor, que culmina en la unión con Dios; que su método de progreso es encarnar sucesivamente en cuerpos humanos para adquirir experiencia, y retirarse a mundos o planos que son invisibles para los ojos físicos. Encuentra que este progreso está gobernado por una ley de justicia eterna, que rinde a cada hombre el fruto de lo que siembra; júbilo por el bien y sufrimiento por el mal. También aprende que el mundo está gobernado, por voluntad del Altísimo, por una Hermandad de Adeptos, quienes han obtenido la gracia Divina, pero que permanecen en la Tierra para guiar a la humanidad; que todas las grandes religiones del mundo fueron fundadas por ellos, de acuerdo con las necesidades de las razas para quienes se idearon, y que dentro de estas religiones, ha habido escuelas de los Misterios para ofrecer a quienes están listos, un sendero más rápido de desenvolvimiento, con más conocimiento y oportunidades de servicio; que este sendero está dividido en escalones y grados; el sendero probatorio (o los Misterios Menores), donde se prepara a los candidatos para el discipulado y para el Sendero, propiamente dicho, es decir, los Grandes Misterios, en los cuales le son conferidas cinco grandes iniciaciones que conducen al discípulo de la vida terrenal a la vida del adeptado en Dios, para, como se dice, convertirse en una "llama viviente para la iluminación del Mundo". Se le enseña que Dios, tanto en el Universo como en el Hombre, se muestra El mismo, como una Trinidad de Sabiduría, Fuerza y Belleza, y que esos tres aspectos se representan, en la Gran Logia Blanca, en las personas de los tres principales Oficiales, a través de los cuales desciende a los hombres el Gran Poder de Dios.

LOS ARCHIVOS OCULTOS

Habremos de ver que este conocimiento oculto no depende del estudio de libros y archivos en mayor medida que las experiencias de los místicos, ambos procedimientos pertenecen a un plano superior de conciencia, cuya existencia no puede ser satisfactoriamente demostrada en el plano físico. Sin embargo, el estudio de los archivos del plano físico del pasado, tiene valor en la confirmación de las investigaciones históricas del ocultista experimentado, que pueda leer los a veces llamados registros "akásicos" y de ese modo adquirir un exacto conocimiento del pasado. Este tema es tan poco comprendido, que quizá sea útil que en este punto cite, textualmente, un pasaje del libro titulado **"Clarividencia"** que escribí hace muchos años:

"En el plano mental, los Registros tienen dos aspectos notoriamente diferentes. Uno, cuando el visitante de ese plano no está en especial pensando en ellos de algún modo, estos registros forman simplemente un fondo para lo que está sucediendo, justamente como el reflejo de un espejo de pared al extremo de una habitación, pudiera formar el fondo para la vida de las gentes que viven en él. Debe siempre tenerse en cuenta que bajo estas condiciones, ellos son, en realidad, únicamente meras reflexiones que parten de la incesante actividad de una gran Conciencia sobre un plano mucho más alto...

Pero si el investigador experto dedica su atención especialmente a una sola escena o desea tenerla frente a él, un extraordinario cambio se opera de inmediato, pues éste es el plano del pensamiento, y pensar en cualquier cosa es traerla instantáneamente ante sí. Por ejemplo, si una persona tiene la voluntad de ver el registro del desembarco de Julio César en Inglaterra, se encuentra personalmente en un momento... de pie sobre la playa, mezclado entre los legionarios, con toda la escena "en acción" a su alrrededor, precisamente en cada uno de los aspectos en que él la hubiera podido contemplar si hubiera estado en carne y hueso en esa mañana otoñal del año 55 a. de C.

Todo lo que él contempla es solamente un reflejo, los actores de aquel hecho histórico no tienen conciencia de que un extraño está junto a ellos, ni tampoco puede, por más que lo deseara, cambiar la ruta o el curso de aquella acción en mínimo grado, exceptuando únicamente que él puede controlar la velocidad en la que el drama pasa frente a sus ojos. El puede hacer que en una sola hora pasen los eventos de todo un año, y puede, en cualquier momento, detener totalmente el movimiento y sostener una escena particular de la película como si fuera fotografía, para admirarla tanto tiempo como desee.

En verdad, él observa no solamente aquello que desearía haber visto, de haber estado allí, encarnado a esa hora, sino mucho más.

El escucha y entiende todo lo que la gente dice, y además, está consciente de todos sus más íntimos motivos y pensamientos; y la más interesante de las muchas posibilidades que se abren ante el investigador que ha aprendido a leer los registros, es el estudio del pensamiento de épocas muy pretéritas, el pensamiento del hombre de las cavernas y el habitante de los lagos, así como el del que guiaba las poderosas civilizaciones de la Atlántida, Egipto o Caldea.

Es muy fácil imaginar cuán brillantes posibilidades se abren ante el hombre que está en completa posesión de este poder.

El tiene ante sí un campo de investigación historica de lo mas interesante. No solamente puede repasar a su antojo toda la historia con la que estamos familiarizados, corrigiendo, a medida que la examina, los errores y los conceptos equivocados que han sido arrastrados en los relatos que han llegado hasta nosotros; sino que, inclusive, puede contemplar la historia completa del mundo desde su principio, percibiendo el lento desarrollo del intelecto en el hombre, el descendimiento de los Señores de la Llama, y el crecimiento de las poderosas civilizaciones que Ellos fundaron.

Tampoco está, el estudio que él hace, confinado solamente al progreso de la humanidad, sino que tiene ante sí, como en un museo, a todas las extrañas formas animales y vegetales que ocuparon el escenario en los días en que el mundo era joven; puede seguir todos los maravillosos cambios geológicos que han tenido lugar y puede observar el curso de los grandes cataclismos que han cambiado toda la faz de la Tierra una y otra vez.

En un caso especial es posible, para quien lee los registros, una aún mayor simpatía con el pasado. Si en el curso de sus pesquisas se ve obligado a contemplar una escena en la que haya tomado parte personalmente, en alguna de sus encarnaciones anteriores, puede considerarlo de dos maneras diversas: en la primera, será simplemente un espectador a la manera usual, de cuanto ocurre, al evocar la escena; (aunque siempre como espectador cuya simpatía y penetración son perfectas; y esto debe recordarse siempre). De la otra forma, puede una vez más, identificarse con aquella su personalidad muerta hace tanto tiempo, que se transforma en espectador y en actor al mismo tiempo, y puede trasladarse a esa época pasada y absolutamente experimentar de nuevo los pensamientos y las emociones los placeres y los sufrimientos de un pasado remoto.

A la luz de este conocimiento oculto, (que está al alcance de la vista interna), se ve que la Masonería es mucho más grandiosa y mucho más santa de lo que sus iniciados generalmente parecen apreciar. Como la tradición siempre lo ha indicado, se encuentra que es descendiente de los Misterios de Egipto (Egipto fue en algún tiempo el verdadero corazón de esa espléndida fe cuya sabiduría y poder fueron la gloria del mundo antiguo; aquellos Misterios que fueron la fuente y el prototipo de las escuelas secretas iniciáticas de otros países circunvecinos), y su propósito es todavía servir de puerta de entrada a los verdaderos Misterios de la Gran Logia Blanca.

La Masonería ofrece a sus iniciados mucho más que una simple moralización basada en instrumentos de construcción, y, sin embargo, está **"fundada en los más puros principios de piedad y de virtud"** pues sin una vida ética, y sin practicar la moral, ningún verdadero progreso espiritual es posible.

Las ceremonias de la Francmasonería (al menos las de

los altos grados) son dramatizaciones, por decirlo así, de las secciones de los mundos invisibles, a través de las cuales el candidato debe pasar después de la muerte, en el curso ordinario de la Naturaleza, y en los cuales debe entrar también en la más completa conciencia durante los ritos de la iniciación a los verdaderos Misterios de los que la Masonería es un reflejo.

Cada uno de los Grados se relaciona directamente con un diferente plano de la Naturaleza, o, cuando menos con algún aspecto de un plano, y posee, capa por capa el significado aplicable a la conciencia del G.A.D.U., la constitución del Universo, y los principios en el hombre de acuerdo con la ley oculta formulada por Hermes Trismegisto adoptada por los Rosacruces, Alquimistas, y estudiantes de la Cábala de las últimas épocas:

"COMO ES ARRIBA, ASI ES ABAJO".

Los ritos masónicos son, de esta manera, ritos del Sendero de prueba, que intentan ser una preparación para la verdadera iniciación y una escuela para el entrenamiento de los Hermanos en vías al mucho más grandioso conocimiento de la Senda en sí.

EL PODER SACRAMENTAL

Para el estudiante ocultista la Francmasonería tiene otro aspecto de la mayor importancia y en relación con el cual he escrito en mi libro "**La Vida Oculta en la Masonería**".
No es solamente un maravilloso e intrincado sistema de símbolos ocultos que guarda como reliquia los secretos de los mundos invisibles, sino que tiene también un aspecto sacramental que es de la máxima belleza y valor, no solamente para sus inicados, sino para todos los hombres.

La representación del ritual de cada grado se propone **hacer descender los poderes espirituales**, en primer lugar para que el Hermano a quien se le ha concedido el grado lo ayuden a despertar dentro de sí mismo ese aspecto de conciencia que corresponde al simbolismo del grado, tanto como pueda ser despertado y, en segundo término, para dar la mano a los hermanos presentes, para su evolución; en tercer lugar, tal vez lo más importante de todo, para poner a flote el caudal de poder espiritual que tiene la intención de levantar, fortalecer y dar valor a todos y cada uno de los miembros de la Orden.

Hace algunos años realicé una investigación dentro del aspecto oculto de los sacramentos de la Iglesia Católica y publiqué los resultados de ella en mi libro **"La Ciencia de los Sacramentos"**.

Quienes han leído ese libro, recordarán, que el acto de esparcir la semilla del poder espiritual, es una de las grandiosas metas de la celebración de la Santa Eucaristía, así como de otros servicios de la Iglesia, y que ello se logra mediante la invocación de un Angel para que construya un templo espirital en los mundos internos con la ayuda de las fuerzas generadas por el amor y la devoción de las personas, y recargar ese Templo con la enorme energía que se hace descender con la consagración de los Sagrados Elementos.

Un resultado algo parecido se obtiene durante las ceremonias ejecutadas por la Logia Masónica a pesar de que el plan no es exactamente el mismo, sino mucho más antiguo y cada uno de nuestros rituales, cuando es debidamente conducido, construye, de igual modo un templo en los mundos interiores, a través del cual el poder espiritual invocado en la iniciación del candidato es almacenado e irradiado.

Así se ve que la Masonería, en el sentido sacramental así como en el místico, es **el arte espiritualizado de edificar** y cada Logia Masónica debe ser un conducto de orden superior para el esparcimiento de las bendiciones espirituales sobre la zona en la cual labora.

Algunas veces, órdenes y ritos que alguna vez fueron canales de gran fuerza, han admitido, conforme los años fueron trancurriendo, a Hermanos de menor valía que sus predecesores; Hermanos que pensaban más en su propio provecho que en el servicio al mundo.

En tales casos, los poderes espirituales asociados con aquellos grados, eran totalmente retirados por el Jefe de

Todos los Verdaderos Masones, para ser aprovechados después en algún otro grupo más adecuado, o se les dejaba permanecer latentes hasta que pudieran encontrarse los candidatos más viables para conservarlos valiosos; la sola sucesión heredando y transmitiendo, por así decir, la simiente del poder, aunque el poder mismo estaba, en gran parte, inactivo.

Por otra parte, se han registrado casos en los que algún rito o grado ha sido manufacturado por algún estudiante que deseaba introducir alguna gran verdad dentro de la forma ceremonial, sin conocer a fondo toda esta fase oculta de la Masonería, por si esos grados o ritos estuvieran haciendo obra útil, y atrayendo a la vez candidatos adecuados, los poderes sacramentales correspondientes a tales ritos o grados han sido introducidos algunas veces, ya sea por algún Hermano del plano físico que posea una de las líneas de sucesión ya mencionadas, que entonces es adaptada para el trabajo regular por el Jefe de todos los Verdaderos Masones, o por una interferencia directa y no física, procedente del pasado.

Además, el efecto interno de un grado concedido, aun dentro de un rito legal, puede variar grandemente de acuerdo con el grado de adelanto y la actitud general del Hermano al que le es conferido; así que en un caso, digamos , el 33º, podría conferir un formidable poder espiritual, y en otro caso menos digno, los poderes entregados serían muy débiles, por razón de la incapacidad del candidato para responder plenamente a ellos. En semejantes casos, un grado más pleno de poder se manifestaría en razón directa al avance logrado en el desarrollo del carácter. También parece posible que ese poder sea temporalmente retirado, en los casos de malos hechos ejecutados por alguno de los hermanos, pudiendo ser restablecido despues cuando la maldad se hubiere alejado de ellos.

Todo esto puede parecer un poco desconcertante al estudiante del lado formal de la Masonería, pero en realidad, es un hecho que hay muy pocos medios en el plano físico para formar un juicio acerca de los efectos internos de un grado, sin referirse a los que estén trabajando en dicho grado.

Sin embargo, puede establecerse, en términos generales, que las principales líneas de la tradición masónica, aquellas que son del más alto valor interno o espiritual, son los grados de la Masonería Azul, sobre los cuales todos los otros grados están superpuestos, y también los grados de Mark y Real Arco, así como los grados principales del Rito Escocés Antiguo y Aceptado, que son: el 18°, el 30° y el 33°.

Otros grados que se practican en los trabajos regulares tienen sus propios y peculiares poderes y tienen a menudo una gran importancia, pero los grados que ha mencionado son aquellos que están considerados por el J.T.V.M. como los de más grande valor para nuestra presente generación, y que son los que se practican en la Orden Co–masónica. Hay también otra línea de gran interés, aunque muy diferente de los otros grados que existen entre nosotros; dicha línea es la de los ritos de Memfis y Mizraim, que son verdaderas reliquias en cuanto a su poder oculto, pero no en cuanto a su forma, que corresponde, quizá, a los más antiguos misterios que han existido en la Tierra. Estos también tienen una parte que jugar en el futuro, así como la tuvieron en el pasado; por lo tanto, han sido conservados y se nos han transmitido hasta los presentes días.

LA FORMA Y LA VIDA

En todos los casos, debemos comprender que la forma externa de los grados de la masonería y su propia vida, son dos cosas absolutamente diferentes aunque, por supuesto, en un sistema perfecto como el de los antiguos Misterios en la cima de su gloria, se corresponden perfectamente. La Masonería está todavía en un estado de transición y está apenas emergiendo de la ignorancia de las edades estacionarias de la humanidad. Los Ritos de Menfis y Mizraim son ejemplo de esta discrepancia. Estos colosales sistemas de 96° y de 90° respectivamente son un revoltillo de ceremonias artificiosamente elaboradas, y apenas con valor para el estudiante Masónico excepto como un archivo de la elevada inventiva francesa de los altos grados, a fines del siglo XVIII.

Casi todos estos grados tienen muy poco poder oculto y han sido simplemente injertados dentro de los ritos por Hermanos, los que bien podrían no haber sabido nada de sus verdaderos propósitos, pero, detrás de estos ritos e independientemente de la forma conservada por la tradición, existe una línea de herencia que nos ha llegado desde el más remoto pasado, aún más antiguo que el mismo Rito Escocés, en el que algunos de los grados intermedios tienen muy poco valor oculto.

Toda la situación será mejor comprendida si se puede uno dar cuenta de que el plan de la Masonería está en manos del Jefe de Todos los Verdaderos Masones, quien gobierna Su poderosa Orden con perfecta justicia y la más maravillosa destreza, para que todo aquello que pueda hacerse, se haga en bien general de la Humanidad.

Los poderes que se encuentran respaldando a la Masonería son grandes y sagrados y, como debe comprenderse, no deben ser conferidos en toda su plenitud sino a aquellos que puedan usarlos debidamente y tratarlos con la reverencia y respeto que merecen.

Existe una grande y gloriosa verdad en el fondo todo el tiempo, siempre presionando hacia la realización y empleando cualesquiera de los canales disponibles para su manifestación.

Cualquiera que pueda usarse, se usa siempre en toda su amplitud y nadie debe temer que lo omitan. Sin embargo, es obvio que donde los Hermanos piensan más en halagar su propia vanidad que en el Trabajo oculto; allí donde despilfarran su tiempo en festines y francachelas, y abrevian el ritual sagrado buscando un camino más corto y rápido hacia el Sur, significándose para la gloria divina, como canales de insignificante valor, si se comparan con aquellos Hermanos más espirituales con voluntad para entender y descifrar los misterios.

El Jefe de Todos los Verdaderos Masones siempre está alerta, El ve el más leve intento de los obreros para servir,

El depositará Su maravilloso poder en la proporción en que los Hermanos lo lleguen a merecer.

ORTODOXIA Y HEREJIA

Otro obstáculo que se levanta ante nosotros en conexión con la transmisión de los grados masónicos, será tratado más ampliamente conforme vayamos avanzando. Ya hemos podido darnos cuenta de que en el ritual masónico no es el caso de una ortodoxia, o un número más o menos grande de cismas y herejías, es más bien que existen tantas líneas de tradición en su forma, como tipos de sucesión de poderes ocultos.

Los misterios, conforme se desarrollaron en diferentes países del mundo antiguo, variaron considerablemente en los detalles de su forma y su leyenda. Vestigios de estas discrepancias permanecen intocados en algunos trabajos ahora en uso entre nosotros.

Algunas corrientes de tradición igualmente válidas se han cruzado y recruzado a través de las edades y se han influenciado unas a otras en mayor o menor grado.

Por ejemplo, los principales tronos de los dignatarios y oficiales de una Logia justa y perfecta difieren notablemente en la Masonería Inglesa y la Masonería americana. La Masonería Inglesa sigue el antiguo método egipcio de arreglarlos, mientras que la Masonería americana sigue el plan caldeo y coloca a sus dignatarios en un triangulo isósceles.

Los poderes de la sucesión del Past Master en estos dos sistemas son, en esencia, los mismos, pero, ya que en las Logias americanas la ceremonía de instalación está reducida al más ínfimo vestigio, solamente confiere el poder necesario para la transmisión de los grados, y mucho menos es hecho para el V∴ M∴ que bajo el plan inglés.

Pero esto es tan solo un punto de imperfección en la forma práctica, más bien que ausencia de poder.

Los poderes espirituales en que se apoya la Masonería trabajan constantemente a través de las diferentes formas según el valor de ellas y la voluntad del jefe de Todos los Verdaderos Masones, que es el único juez que equilibra las opiniones entre las llamadas Masonería auténtica y Masonería espuria.

A la luz de esta perspectiva de la sucesión masónica, hemos de ver que los ritos genuinos son aquellos que poseen y pueden transmitir poder espiritual, mientras que la Masonería espuria es el trabajo de una forma de la cual por una razón u otra, la vida ha sido retirada o con la cual nunca estuvo ligada.

En los capítulos siguientes intentaré hallar los vestigios de la ascendencia directa de la tradición masónica a partir de los Misterios egipcios hasta llegar al presente; sin tratar, en modo alguno, de delinear los eslabones que se encuentran separados de la cadena de sucesión, ya que ese sería el trabajo de toda una vida y no tendría un valor real para el estudiante, sino más bien tocando los puntos salientes de la historia de la masonería, tal y como se manifiesta y se revela a nuestra vida interna y se confirma en los escritos de autoridades de la Masonería.

CAPITULO II

Los Misterios Egipcios

EL MENSAJE DEL MAESTRO DEL MUNDO

En "**La vida Oculta en la Francmasonería**"describí con alguna extensión la forma y el significado de la Masonería como yo la conocí en Egipto hace aproximadamente seis mil años.

Las prácticas que pude obsevar corresponden a la época del nacimiento del Maestro del Mundo, entre el pueblo egipcio, cuarenta mil años a. de C., cuando El les enseñó la doctrina de la Luz Oculta.

Hagamos un breve esbozo de la historia de aquella nación, desde aquella lejana época, hasta los trece mil quinientos años a. de C., que es de donde inicié mi libro anterior.

La historia auténtica del Egipto, tal y como está determinada por los estudiosos de esta época, parte de la Primera Dinastía, fundada por Mena o Manú, cinco mil años a. de C. aproximadamente, aunque las fechas son diferentes en cada uno de sus autores.

Se considera que las Pirámides de Gizeh, que tuvieron un papel tan importante en el aspecto oculto de la adoración egipcia, fueron edificadas por los Reyes de la Cuarta Dinastía: Khufu (Cheops), Khafra (Cheperen) y Menkaura (Mycerinus), durante el cuarto milenio a. de C., pero la historia oculta de Egipto y sus pirámides, se extiende mucho más allá de estos acontecimientos, en edades sobre las cuales aun la tradición está casi en silencio, aunque algunos ecos de los reinos de los Reyes Divinos de las dinastías atlantes que gobernaron a Egipto durante miles de años, aparecen en los mitos egipcios y griegos de los dioses y semidioses que, según se afirma, reinaron mucho antes de la llegada de Manú.

Según Manetho, el historiador egipcio del período ptolomeico, y cuyos trabajos se han perdido, (excepto algunos fragmentos que se conservan cuidadosamente), se supone que los dioses y semidioses reinaron durante docemil ochocientos cuarenta y tres años, habiendo venido después los **Nekyes** o **Manes** de quienes se dice que reinaron por cinco mil ochocientos trece años, y algunos de éstos pueden tal vez ser identificados con el signo de **Shemsu Heru** o partidarios de Horus, quienes son frecuentemente mencionados en los textos egipcios.

Diodoro Sículus, que visitó Egipto 57 años antes de Cristo, afirma que la tradición religiosa de los dioses y los héroes, persistió en Egipto poco menos de diez y ocho mil años antes de Mena. El libro **"El Hombre, de dónde viene y a dónde va"**, nos muestra muchos aspectos interesantes del pasado y nos da los siguientes datos:

La conquista Atlante del Egipto se llevó a cabo hace más de 150.000 años, y el primer gran imperio egipcio duró hasta la catástrofe del año 75.025 a. de C., al hundirse en el Océano las grandes islas de Ruta y Daitya, centro del gran imperio, quedando tan sólo a flote la isla de Poseidón. Fue durante el reinado de aquel imperio cuando se construyeron las tres pirámides, de acuerdo con los conocimientos astronómicos y matemáticos de los sacerdotes atlantes.

También es en esa época donde encontramos el origen de esos Misterios que nos llegaron por conducto de su más fiel intérprete: la Francmasonería; ceremonias que ya en esa época eran antiquísimas y cuyos orígenes nos llevan a un más remoto pasado.

En la gran catástrofe del año 75.025 a. de C., toda la tierra de Egipto fue inundada, y de su antigua gloria nada quedó a salvo, excepto las tres pirámides que emergieron sobre las aguas.

Muchos años después, cuando los pantanos estuvieron en condiciones habitables vino una dominación negra, y después la tierra fue colonizada por los Atlantes, quienes lograron la restauración del antiguo esplendor de los Templos egipcios y el establecimiento, una vez más, de los Misterios ocultos que ya se habían celebrado dentro del corazón de la Gran Pirámide.

El nuevo imperio duró hasta los días de la arianización de Egipto en el año 13.500 a. de C., y fue gobernado por una gran dinastía de reyes divinos entre los cuales estaban algunos héroes a quienes Grecia reconoció posteriormente como semidioses. Entre ellos, Heracles, (Hércules) cuyos doce trabajos llegaron tradicionalmente hasta los tiempos clásicos.

Pero la historia oculta del Egipto y sus pirámides viene de más atrás, de una época en que la tradición está perdida, y de la que sólo algunos ecos del reinado divino llegan a nosotros.

Fue a este pueblo, unos 40,000 años a. de C., al que el Maestro del Mundo llegó de la Gran Logia Blanca usando el nombre de Tehuti o Thoth, llamado después Hermes por los griegos; El fundó el culto exotérico de los dioses egipcios y restauró los Misterios con el esplendor de los antiguos días.

"El vino a enseñar la grandiosa doctrina de la Luz Interna a los sacerdotes de los Templos y a la poderosa jerarquía sacerdotal de Egipto, encabezada por su Faraón. En el atrio del Templo Mayor les enseñó acerca de 'La Luz que ilumina a cada hombre que viene al mundo'; una frase Suya que fue transmitida a través de las edades y tuvo eco en el cuarto Evangelio con sus primitivas y pintorescas palabras egipcias. El les enseñó que la Luz era universal y que esa Luz, que era Dios, moraba en el corazón de todos los hombres: "Yo soy esa Luz", y les ordenó repetir: "Esa Luz soy yo". "Esa Luz, El dijo, es el hombre verdadero, aunque los hombres no lo reconozcan, y aunque lo pasen por alto. ¡Osiris es Luz! ¡El brotó de la Luz! ¡El vive en la Luz! ¡El es la Luz! ¡La Luz está oculta en todo lugar, está en cada roca, y en cada guijarro! Cuando alguien se vuelve uno con el todo del que él fue pare, y entonces puede ver la luz en cada uno, por más espeso velo que la cubra, o esté subyugada, o traten de encerrarla. Todo lo demás no es; mas la Luz, Es. La Luz es la vida de los hombres. En relación a cada hombre (aunque existan gloriosas ceremonias, aunque haya muchos deberes para que el sacerdote los cumpla y múltiples maneras en que deba ayudar a los hombres), esa Luz está más cerca que ninguna ceremonia, pues solamente tendrá que asomarse a su interno, para poder ver la Luz. Ese es el objeto de toda ceremonia, y las ceremonias no deben suprimirse, pues yo no vengo a destruir sino a cumplir (la profecía). Cuando el hombre conoce, va más allá de la ceremonia, va hasta Osiris, va a la Luz Amen–Ra, de donde todo brotó y a la que todo retornará.

"Osiris está en los cielos, pero Osiris está también en el mero corazón conoce a Osiris en los cielos, el hombre se vuelve Dios, y Osiris, antes hecho fragmentos, nuevamente se convierte en Uno. Pero ¡Mirad! Osiris, el Espíritu Divino, Isis, la Madre Eterna, dan vida a Horus, que es Hombre, Hombre nacido de ambos y, sin embargo, uno con Osiris. Horus está fundido en Osiris e Isis, que había sido Materia, se convierte, a través de él, en la Reina de la Vida y de la sabiduría. Y osiris, Isis y Horus todos son nacidos de la luz.

"Dos son los nacimientos de Horus. El nace de Isis, el Dios nacido en la humanidad, tomando carne de la Madre Eterna, la Materia, Virgen de siempre. Vuelve a nacer dentro de Osiris, redimiendo a su Madre de la larga búsqueda de los fragmentos de su esposo, dispersos sobre la Tierra. El nace en Osiris cuando Osiris en el corazón ve a Osiris en los cielos y sabe que los dos son uno".

Así enseñó El, y los sabios de entre los sacerdotes estuvieron felices.

Al Faraón, el Monarca, El le dio este lema: "Busca la Luz". El dijo que únicamente en tanto que el Rey vea la Luz en el corazón de cada uno, podrá gobernar bien. Y al pueblo le dio como lema: "Tú eres la Luz, deja que esa Luz brille". Y El puso ese lema en derredor del pilón de un templo, para lo cual subió a un pilar, cruzó la barra, y descendió en el otro pilar. Y también fue inscrito sobre los dinteles de las casas, y fueron hechos pequeños modelos del pilón donde El lo escribió; modelos en metales preciosos o en barro cocido, para que aun los más pobres también pudieran comprar aquellos modelos de barro azul vidriado recorridos por venas cafés. Otro de sus lemas favoritos fue: "Seguid la Luz". que más tarde se convirtió en "Seguid al Rey", frase que se extendió hacia Occidente y llegó a ser el lema de los Caballeros de la Mesa Redonda. Y la gente aprendió a decir de sus muertos: "Se ha ido a la Luz".

Y la optimista civilización de Egipto se alegró más aún, porque El había morado entre ellos, la Luz corporizada. Y los sacerdotes a los que El había iniciado transmitieron Sus doctrinas y sus instrucciones secretas, que ellos dejaron plasmadas en el nicho de sus Misterios; y los estudiosos llegaron de todas las naciones a aprender la Sabiduría de los Egipcios, y la fama de las Escuelas de Egipto se extendió hacia todos los ámbitos de la Tierra.

LOS DIOSES DE EGIPTO

Se verá, de lo anterior, que las deidades, o mejor dicho, formas de divinidad, Osiris, Isis y Horus ya eran familiares al pueblo, y el Maestro del Mundo quiso que fuera parte de su obra para atraer la atención de la gente hacia el verdadero significado de estas tres Personas. No sabemos cuándo fue introducido en la Tierra el conocimiento de esos tres Aspectos de Dios, pero a la fecha de nuestra experiencia, ya tenían sus lugares en la simbología de los Misterios.

ISIS Y OSIRIS

Isis, a quien se atribuyen los Misterios Menores, no era solamente el principio universal femenino expresado en la Naturaleza, sino también un Ser real y altamente digno, exactamente como el Cristo es la Vida universal, el Segundo Logos, y, también, un alto Oficial de la Jerarquía Oculta. Ella, en virtud de su elevado desarrollo y cometido, fue capaz de representar para el hombre, el aspecto femenino de la Deidad. Isis era la Madre de todo lo que vive, y también era sabiduría, verdad y poder. En el frontis de su templo en Sais se lee esta inscripción: "Yo soy lo que fue, lo que es, y lo que será, y ningún hombre ha levantado el velo que cubre mi Divinidad ante los ojos de los mortales". La Luna fue su símbolo, y la influencia que ella derramaba sobre sus adoradores, a la música del sistro, el aspecto de una luz azul brillante con delicados hilos de plata, como trémulos rayos de la luna, y que al ser tocada provocaba el éxtasis y concedía elevación.

Osiris fue la corporización de Dios Padre en un poderoso Espíritu Planetario. Su simbolo fue el Sol, y la influencia que él derramaba era una deslumbrante gloria de luz radiante de oro, como los rayos del sol captados en la superficie de un lago. La influencia de Horus, que representa al Niño divino, era el rosa resplandeciente y el oro del amor eterno que es la perfecta sabiduría.

DEIDADES ANIMALES

Los egipcios también seguían la antigua práctica de considerar a ciertos animales, en algunos aspectos, como un reflejo divino, debido a las cualidades sobresalientes de éstos. Así, ellos tomaron la inteligencia del mono, la

31

aguda vista del halcón, la fuerza del toro, y así sucesivamente, y les atribuyeron algún particular aspecto de la deidad. Cuidadosamente educaban a ciertos animales como las más perfectas representaciones de su especie y los separaban de los demás, para tenerlos como símbolos de aquellas cualidades divinas. Y de ese modo conocimos al Buey Apis, y los Gatos de Bast o Pasht. Estos animales no fueron realmente reconocidos como sagrados, pero sí como objetivos ejemplos de sus cualidades. Al principio, la criatura fue un simple símbolo, pero más tarde tuvieron la seguridad de que aquellos que especialmente habían sido escogidos, llegaban a estar eslabonados con la divinidad, y, hasta cierto punto, eran una manifestación de la misma. Luego, embalsamaban los cuerpos de estos animales y colocaban sus momias en los Templos, con la idea de conservar en ellos la influencia de la divinidad.

EL EMBALSAMAMIENTO

Del mismo modo fueron embalsamados los Faraones, con la idea de que su poder y su conexión con la deidad, (que por ser Faraones era muy estrecha) se perpetuaran para que continuaran radiando ese poder tanto tiempo como durara la materia. De esta costumbre se deriva la de preservar, en algunas religiones, las reliquias de santos.

El hondo amor que los Egipcios sentían por su patria, fue otra de las razones para embalsamar a sus muertos; ellos esperaban guardar para siempre un determinado eslabón en el plano físico que haría el milagro de hacerlos nacer de nuevo entre los hombres de su pueblo. Y en verdad, ellos observaron algunos casos en que el milagro parece haberse realizado, aunque la voluntad del Yo reencarnado hubiera sido sin duda, suficiente para conseguir el mismo resultado.

La costumbre de embalsamar a los muertos no puede ser realmente buena, porque si el cuerpo de un hombre perverso durante su vida, es también embalsamado, se le deja una fuerte cantidad de poder, y, por lo tanto, éste puede materializarse más fácilmente y obrar en el plano físico de manera completamente indeseable. Por fortuna esta práctica ha sido abandonada.

OTRAS DEIDADES

Muchas otras deidades fueron reverenciadas en el antiguo Egipto, del mismo modo que numerosos dioses son adorados en la India de nuestros días. En cada caso, la devoción dirigida al Ser Supremo, obtenía su respuesta en el aspecto particular en que lo encauzaba el canal escogido por el creyente.

Angeles poderosos de diferentes Ordenes y Rayos fueron escogidos para representar las más diversas cualidades de la Deidad, y así, fueron adorados como dioses en las creencias más antiguas.

Pero, en estos casos, es tan estrecha la unión, que la devoción rendida a cada uno de ellos era la misma que se otorgaba a Dios Mismo. Shri Krishna, hablando como el Supremo en el **Bhagavad-Gita**[1], afirma: "Aun aquellos que adoran a otros dioses con devoción, plenos de fe, ellos también Me están adorando".

Donde quiera que se ofrezca la devoción a través de una forma particular, podemos estar seguros que detrás de esa forma existe una Inteligencia que actúa como mediador o canal entre el devoto y la Divinidad.

Hathor, por ejemplo, fue la diosa del amor y la belleza, mientras que, como hemos visto, Isis fue la Reina de la Verdad y la Madre de todas las cosas; sin embargo, ambas fueron las representantes del aspecto femenino de la Deidad, como también lo fue Nephthys.

Ptah era el Maestro Arquitecto del Universo, el Espíritu Santo, que es el Fuego Creativo de Dios, el Orfebre celestial, el fundidor en jefe, vaciador y escultor de los Dioses, el Artífice experto que diseñó y fabricó cada una de las partes del armazón de que el mundo está hecho.

---

(1) Bhagavad-Gita, publicado por esta misma editorial.

Entre las otras deidades que estaban especialmente conectadas con los Misterios, y que aún tienen un papel de lo más importante en el funcionamiento interno de nuestras ceremonias Masónicas, hay que encontrar a los cuatro niños o hermanos de Horus, que están descritos en la pintura de la ceremonia del juramento y en la que están representados de pie sobre una flor de loto ante el trono de Osiris. Estos hermanos de Horus representan a los Dioses de los cuatro cuartos, o de los cuatro puntos cardinales, quienes sostienen el palio del cielo en sus cuatro ángulos. Hapi era el Dios del Norte, y se le representa con cabeza de mono; Tuamutef era el Dios del Este y llevaba cabeza de chacal; Amset o Kestha gobernaba el Sur y tenía cabeza de hombre, mientras que el Oeste estaba gobernado por Qebsennuf, que tenía cabeza de halcón.

La verdad fundamental de estas extrañas deidades es del más profundo interés si las examinamos con la luz interna, pues estas cuatro Devarajas de la India: los Reyes de los elementos: Tierra, Aire, Fuego y Agua, y quienes, del mismo modo, presiden los cuatro puntos cardinales. Corresponden igualmente a los querubines descritos por el Profeta Ezequiel y a las cuatro bestias de la Revelación. San Juan dice:

"Y en medio del trono, y en derredor del trono, estaban cuatro bestias llenas de ojos enfrente y detrás. Y la primera bestia parecía león, y la segunda bestia parecía ternera, y la tercera bestia tenía cara de hombre, y la cuarta bestia era como un águila en vuelo. Y las cuatro bestias tenían seis alas cada una y estaban llenas de ojos, y no descansaban día ni noche diciendo: Santo, Santo, Santo Señor Dios Todopoderoso que era, es y será".

Ezequiel las describe de un modo ligeramente diferente:

"Y sus alas se unían unas con otras; y nunca volteaban en su marcha, sino que, por el contrario, avanzaban de frente siempre. Por la apariencia de sus caras, las cuatro tenían cara de hombre, y cara de león del lado derecho, y las cuatro tenían cara de toro del lado izquierdo, y tenían también cara de águila. En cuanto a la apariencia de las criaturas vivientes; semejaban trozos ardientes de carbón llameante y parecían también lámparas. Y esta apariencia subía y bajaba entre las criaturas vivientes; y el fuego era brillante, y de éste salían relámpagos. Y ahora así como vi a las criaturas vivientes, veo también una rueda sobre la tierra, junto a las criaturas vivientes, con sus cuatro caras. La apariencia de las ruedas y su trabajo era como si tuvieran el color del berilo. Y las cuatro tenían la misma apariencia, y su apariencia y su trabajo eran como si una rueda estuviera en medio de otra rueda. Cuando se iban, marchaban sobre sus cuatro lados, sin voltear. Y sus aros eran tan altos que, por ello, se volvían espantosos, y aquellos aros estaban llenos de ojos alrededor de las cuatro".

Este simbolismo es verdaderamente extraño, pero tiene su significado. Y cualquier investigador que haya tenido alguna vez el privilegio de ver a las poderosas Cuatro, inmediatamente reconocerá que San Juan y el Profeta Ezquiel, también las vieron, a pesar de lo inadecuado de sus descripciones.

La bestia con la cara de hombre representa al cuerpo físico (tierra); el toro (como en los casos del toro de Mithra y del Buey Apis) tipifica lo emocional o cuerpo astral (agua); el león simboliza la voluntad o el aspecto mental (aire); y el águila de alto vuelo se ha tomado para indicar el aspecto espiritual de la naturaleza del hombre (fuego).

Las formas egipcias eran un poco diferentes, pero los mismos cuatro elementos y sus Gobernantes están representados en este arcaico simbolismo que encontramos en todas las religiones. Existe un Brahma de cuatro caras, un Júpiter cuádruple, que es al mismo tiempo aéreo, de fuego, marino y terrestre. Y esto nos regresa a la realidad detrás de todos estos símbolos; los cuatro grandiosos Angeles Gobernantes de los elementos, los administradores de la gran ley, los dioses y guías de las jerarquías de los Angeles de la Tierra, el Agua, el Aire y el Fuego. Son ellos los cuatro místicos, y están llenos de ojos, porque son los escribas, los archivadores, los agentes de Lipica: vigilan todo lo que pasa, todo lo que se hace, todo lo que se escribe o se habla o se piensa en cualquiera de los mundos.

En el libro "**La Luz de Asia**"están descritos como los Gobernantes de los cuatro puntos de la brújula.

...los cuatro Regentes de la Tierra proceden del Monte Sumeru; son los que escriben los hechos de los hombres en planchas de bronce: el Angel del Oriente, cuyas huestes van vestidas de mantos plateados, y llevan escudos de perlas; el Angel del Sur, cuyos jinetes, los Kumbhandas, cabalgan en corceles azules, con escudos de zafiros; el Angel de Occidente, seguido por Nagas, en corceles de color rojo sangre, con escudos de coral; el Angel del Norte, rodeado de sus Yakshas, todo en oro, en caballos amarillos, con escudos de oro.

Esta es una poética descripción oriental, tiene, sin embargo, una base definida. La forma descriptiva de este poema, es simplemente tradicional, pero no obstante, en el fondo se encuentra una realidad Estos cuatro Grandes Regentes están rodeados y en constante comunicación con grandes huestes de Angeles y Querubines, y aunque éstos no toman la forma exacta de jinetes en guardia, sin embargo, los colores de las respectivas huestes están correctamente dados. Estos cuatro extraordinarios y maravillosos seres no son exactamente Angeles, en el sentido corriente de la palabra, aunque así se les llame a menudo; bajo su mando están las jerarquías de Angeles que llevan adelante su voluntad de acuerdo con la Ley, pues ellos dirigen toda la extraordinaria maquinaria de la justicia divina y en sus manos está la actividad de la Ley del Karma. A veces nos referimos a ellos como los supervisores que custodian las puertas de acceso y prueban los materiales para la edificación del sagrado templo.

LA CONSAGRACION

Estos seres están íntimamente conectados con la labor interna de los Misterios y por consiguiente, con la Masonería, que se deriva directamente de éstos. Ellos representan las grandes fuerzas constructoras del universo, los poderes constructivos de la Naturaleza; y puesto que nosotros, en las Logias, estamos dedicados a la construcción de un universo en miniatura (microcosmos) son ellos a quienes invocamos para que nos auxilien en nuestro trabajo.

Esta invocación se efectúa en la consagración de cada

una de las Logias, a pesar de que, en muchos casos, el moderno Dignatario encargado de llevar a cabo dicha consagración casi no sabe el verdadero significado de las tradicionales ofrendas del maíz, el vino, el aceite y la sal, símbolos que, desde tiempo inmemorial, se han escogido para representar los cuatro Poderes Especiales.

Esta arcaica parte del Ritual, cuando es ejecutada por un Inmediato Past–Master, debidamente comisionado para consagrar una Logia, produce estupendos resultados en los mundos internos, ya que equivale a una llamada que se hace a los Espíritus Planetarios que están al frente de las cuatro líneas para que la nueva Logia sea reconocida y dedicada al Servicio del G. A. D. U.

El llamado es atendido. Al esparcir el maíz en el Norte, un gran Angel dorado de la Tierra desciende majestuosamente, seguido por su séquito de Angeles, algunos de los cuales vienen detrás de él, para servir como canales del poder de su Jerarquía, cuando la Logia se inica en la antigua y debida forma. Cuando se derrama el vino en el sur se invoca al Gran Angel Azul del agua, el que también está asistido por ctros Angeles de menor jerarquía. De modo semejante, la ofrenda del aceite en el oeste llama hacia nosotros un poderoso ángel color carmesí: el Angel del fuego, que derrama sobre la Logia el espléndido poder rítmico del "más terrible y adorable" de los elementos. Cuando la sal es derramada en el Este, el Angel del Aire baja como relámpago sobre el plano terrestre, él y sus asistentes son de una maravillosa tonalidad plateada con visos color madreperla.

Estos cuatro grandes poderes, representando a los cuatro dioses de los elementos, los cuatro niños o hermanos de Horus, solemnemente consagran la Logia, entrelazando a los Hermanos en una cerrada unidad en los mundos internos y conectando con ellos a Angeles de sus respectivas órdenes, quienes, en lo sucesivo, serán sus verdaderos representantes en las Tenidas.

La tradición de estos cuatro se transmitió a los Arquitectos operativos medievales, y se llegó a mezclar con los cuatro Mártires Coronados que son los Santos Patronos de la Masonería.

Permítaseme advertir a mis hermanos que puedan ser llamados para actuar como oficiales de consagración, que se aseguren que es trigo la semilla que se les entrega para esta cermonia, y no maíz americano, sino **TRIGO**. Cierta ocasión, debido a un descuido, se me entregó maíz (conocido en los **EE.UU.** como trigo indio) para oficiar en semejante ocasión, y como no había tiempo para enviar por trigo, tuve que usar lo que me fue ofrecido. Los resultados no se hicieron esperar, porque pudimos ver una verdadera nube de espíritus de la Naturaleza, de un tipo totalmente diverso, y que eran absolutamente ajenos al trabajo que habitualmente se espera de ellos, y que, en este caso, era algo completamente inapropiado para ellos. Posteriormente, tuve que repetir esa parte de la consagración, utilizando el material adecuado.

EL PROPOSITO DE LOS MISTERIOS

En mi libro "**La Vida Oculta en la Francmasonería**" escribí brevemente sobre el significado de los misterios. Dije allí:

"Los Misterios fueron grandes instituciones públicas sostenidas por el Estado, centros de vida nacional y religiosa a los cuales asistían gentes de las clases superiores en verdaderas multitudes, y donde hacían su labor de un modo realmente excepcional, y cuando una persona pasaba rigurosamente por sus grados, en un proceso de muchos años, llegaba a ser lo que hoy llamamos persona de educación y cultura superior, con la adición de que, además del conocimiento de este mundo, tenía una vívida concepción del futuro después de la muerte, del lugar del hombre en el concierto de las cosas, y de ese modo, saber lo que es verdaderamente valioso de hacer, y por lo cual se debe vivir.

Así, pues, no debe pensarse que los Misterios eran sociedades secretas, con todos sus asuntos deliberadamente escondidos para el público ordinario. Debe tener presente que millares de personas pertenecieron a los grados comunes de los Misterios de Isis. La enseñanza y la preparación de los más internos y más ocultos grados, (como nosotros podríamos llamarles) estaban, en verdad, velados para aquellos que no tenían interés, o sea aquellos que no estaban suficientemente avanzados en su evolución, que no eran adecuados para tomar parte en ellos, del mismo modo que en las universidades modernas hay clases, por ejemplo, en las que se enseñan complicados problemas de Geometría, y que están vedadas a los niños que aún están aprendiendo Aritmética elemental.

Todos en Egipto sabían que existían Misterios, y prácticamente todos sabían que estaban extensamente interesados en la vida despues de la muerte y la preparación para ella. Esta enseñanza era impartida a los iniciados en los Misterios bajo solemnes juramentos de secreto, y los resultados de ciertas líneas de conducta en el mundo después de la muerte eran mostrados hasta en sus mínimos detalles. El programa esencial de esta instrucción secreta, estaba envuelto en los rituales de Iniciación, Paso y Elevación, y son estos rituales los que en parte han llegado a nosotros en las ceremonias de la Francmasonería, los cuales están aún protegidas por juramentos secretos como lo eran en aquellas lejanas épocas.

Todas las grandes naciones han tenido sus Misterios, a través de los cuales, los grandes Maestros de la humanidad han instruido a sus pueblos en asuntos importantes, inspirados por la Gran Logia Blanca que, sin distinción apoya por igual a todas las religiones. Entre ellas, los Misterios Egipcios fueron preminentes entre los pueblos occidentales del Viejo Mundo, no tan solo por su edad verdaderamente inmemorial, sino porque Egipto fue uno de los grandes centros auxiliares de la Logia Blanca. La Gran Fraternidad Blanca tiene sus núcleos directores en el Asia Central, pero, en varias épocas y por diferentes propósitos, ha mantenido Logias subsidiarias en diferentes partes del mundo.

La presencia de este centro secreto perteneciente a la Gran Fraternidad Blanca, estuvo ligado con la grandeza de Egipto a Través de las edades. Y, a pesar del hecho de que su existencia no era conocida en el mundo externo, aquella Logia de los verdaderos Misterios, supervisaba todo el esquema de la iniciación egipcia, y la convirtió en el prototipo de los Misterios en todas las demás naciones.

Egipto, pues, fue el centro de la iluminación espiritual para todo el mundo occidental, y todos aquellos que buscaban la Gran Iniciación, fueron atraídos hacia él, y este es el hecho que explica la reverencia rendida a los Misterios Egipcios por los griegos cultos en los últimos años.

El centro principal para los trabajos publicos de estos Misterios fue la Gran Pirámide, llamada en el antiguo Egipto "Khut" o lo que es lo mismo: "LA LUZ". Esta Pirámide fue construida basándose en los cálculos más exactos y precisos de la Astronomía y las Matemáticas de lo que resulta una verdadera llave de piedra que sirvió para abrirnos las puertas de todos los enigmas del Universo.

Los iniciados en los Misterios Egipcios, estuvieron simbólicamente ocupados en la construcción de la Pirámide, del mismo modo que los masones modernos estamos edificando el templo del Rey Salomón, ambas estructuras llevan la intención de ser emblemáticas del proceso constructivo de la Naturaleza. En los pasillos bajo la pirámide, (esas cámaras subterráneas que fueron mencionadas por Herodoto como contenidas en una isla y alimentadas por un canal proveniente del Nilo), se llevaban a cabo algunas ceremonias de los Misterios. Estos y otros pasillos en y cerca de la gran pirámide, guardan todavía su secreto a los exploradores, aunque pueden ser abiertos "mediante los procedimientos apropiados": las puertas giran sobre pivotes coordinados en un sistema complicado de contrapesos; y serán puestos en movimiento al caminar sobre ciertas partes del piso en un orden determinado y preciso.

Las ceremonias de los Misterios fueron dedicadas también a "retratar" la más alta evolución del hombre, a su retorno a la divina fuente de donde provino, por medio del desarrollo de lo más elevado de su naturaleza, que no es tan sólo una consecuencia de las prácticas de meditación y ceremonial, sino también, o más bien, es consecuencia de vivir de acuerdo con los preceptos éticos que le fueron enseñados.

Muchos de nuestros contemporáneos imaginan que conocemos las verdades éticas sin que nos las hayan enseñado, pero eso no es así; aunque ahora nos parezca algo natural, antaño constituyeron descubrimientos o revelaciones, algo semejantes a los pasos del progreso de la ciencia material y los inventos.

Cada grado de los Misterios fue instituido para reflejar una u otra de las grandes Iniciaciones de la Gran Logia Blanca, para que los iniciados que estaban a más bajo nivel, pudieran prepararse, en última instancia, para entrar al Sendero de Santidad y de este modo tratar de conseguir la completa unión con Osiris, "La Luz Oculta". Cuando lleguemos a estudiar estos Grados, veremos cómo fue graduada esa enseñanza y la forma en que esos iniciados, quienes fueron preparados debidamente, estuvieron capacitados para llegar al conocimiento verdadero que buscaban.

El esquema completo de la iniciación, daba un completo diseño de la evolución espiritual del hombre, y dejaba en manos del candidato, en particular, el dedicarse a poner en práctica las enseñanzas de hacer real en su propia conciencia, aquello que estaba simbolizado en el ritual.

LOS GRADOS DE LOS MISTERIOS

Los Misterios de Egipto estaban, como siempre, divididos en dos secciones principales: los Menores y los Mayores.

Los Misterios Menores están, hasta cierto punto, tipificados en lo que hoy conocemos como Primer Grado de la Francmasonería, mientras que los Grandes Misterios eran análogos a lo que hoy llamamos Segundo y Tercer Grados. Más allá de éstos se celebra una ceremonia que correspondía al grado de Maestro Instalado, en la cual, la sucesión de poderes espirituales que están indicados y aun dados en cierta extensión, en los más altos grados del Rito Escocés Antiguo y Aceptado.

Detrás de todo el sistema de la iniciación masónica, estaba (y está) la Gran Logia Blanca, confiriendo las cinco

Grandes Iniciaciones que conducen a la perfección humana y a la plena unión con Dios.

LOS MISTERIOS DE ISIS

En los Misterios Menores, al iniciado se le enseñaba lo que hay al otro lado de la muerte, y la ceremonia de la iniciación era un mapa simbólico de aquel mundo intermedio a veces llamado plano astral.

Probablemente Apuleyo se refirió a este grado cuando describió los Misterios de Isis según se celebraban en Grecia durante el Siglo II de nuestra era, a pesar de que cuando los escribió habían caído en considerable decadencia. Después de referirse a varias purificaciones, por las que él pasó, relata algo de lo que sucedió en su propia iniciación:

"Y así que se aproximaba el día en que debía hacerse el sacrificio de la dedicación, cuando el sol declinaba y la tarde principiaba a teñir de oro las playas, he aquí que arribaron a todas las costas multitud de sacerdotes, quienes, de acuerdo con sus antiguas costumbres, me ofrecieron muchos regalos y presentes. Y entonces, se les ordenó partir a todos los laicos y a los profanos, y cuando los sacerdotes hubieron puesto sobre mi espalda una clámide nueva, de blanco lino, uno de ellos me tomó de la mano y me llevó hasta el lugar más sagrado y más secreto del templo. Tal vez tú anhelarías, estudioso lector, saber lo que se hizo y se dijo allí, en verdad , yo te lo diría si me fuese permitido y tú lo sabrías si fuera conveniente para tí oirlo, pero tus oídos y mi lengua sufrirán el mismo dolor por nuestra osada curiosidad.

Sin embargo, no atormentaré más tu mente, si por ventura es algo religiosa y dada a sentir devoción, así pues, escucha y cree lo que te digo.

Entenderás que me acerqué al infierno y hasta llegué a las puertas de Proserpina, y que, después de ello me vi arrebatado por fuerzas superiores a través de todos los elementos hasta regresar a mi propio sitio; pero, como a la media noche vi al sol brillando con todo su esplendor, y del mismo modo vi a los dioses celestiales y a los dioses infernales, ante quienes me presenté y arrodillado los adoré. Lo que te he dicho, debes callarlo, aunque lo hayas oído, sin embargo, es necesario que lo ocultes, y no podrás divulgarlo sin ofensa para la comprensión del profano.

Cuando la mañana llegó y finalizaron las solemnidades, salí Santificado con doce estolas y con un hábito religioso, con los que no me era prohibido hablar considerando que muchas personas me vieron en esos momentos. Después, me ordenaron subiera a un púlpito de madera, que se alzaba a la mitad del Templo ante la figura y representación de la diosa; mis vestiduras eran de lino finísimo cubiertas de bordados con flores; llevaba una precisa capa pluvial sobre mis hombros, tan larga que arrastraba por el suelo, sobre la cual había varias figuras de bestias bordadas en diversos colores; dragones hindúes, grifos hiperbóreos, a quienes, en forma de pájaros, la otra parte del mundo engendra: los sacerdotes comúnmente llaman estola del Olimpo a este hábito. En mi mano derecha llevaba una antorcha encendida, una guirnalda de flores estaba sobre mi cabeza, con hojas de palma blanca que figuraban una especie de rayos, con lo que aparecía adornado con resplandores del sol, como si hubiera sido una imagen; entonces las cortinas se descorrieron, y todo el mundo me circundaba dentro del templo para contemplarme. Después empezaron a solemnizar la fiesta, la navidad de mi sagrada orden, y me ofrecieron suntuosos banquetes y carnes deliciosas; el tercer día también fue celebrado con análogas ceremonias, con una cena religiosa y con toda la asistencia de los Adeptos de la Orden.

La crónica dice también que durante la ceremonia, Isis dijo:

"Yo soy la naturaleza, progenitora de todas las cosas, la soberana de todos los elementos, la esencial progenie del tiempo".

LAS PRUEBAS PRELIMINARES

Los secretos comunicados en los Misterios han sido perfecta y lealmente guardados y no se pueden obtener detalles acerca de ellos, aunque ocasionalmente encontramos sugestiones ocultas que nos dan una ligera idea de su carácter. Así, por ejemplo, hay un pintoresco relato acerca de la preparación para ellos dado por Mackey en su **Léxico de la Francmasonería** el que, aun cuando no parece estar respaldado por los archivos conservados de autores griegos y latinos, contiene sin embargo, algunos fragmentos de verdad. Me tomaré la libertad de compendiarlo:

"Algunos días antes de la iniciación, se esperaba que el candidato guardase una perfecta castidad, que se mantuviera dentro de ligera dieta de la cual todo alimento animal quedaba absolutamente excluido, y que se purificara por medio de repetidas abluciones ceremoniales. Cuando la hora llegaba, era conducido, a media noche, a la boca de una galería de poca altura por donde tenía que arrastrarse y ayudarse con sus manos y rodillas. Inmediatamente después, llegaba a la boca de un pozo por el que el guía le indicaba descender. Si el candidato mostraba la más pequeña duda, era conducido de regreso al mundo externo y nunca más se le volvía a admitir como candidato a la iniciación. Si, a pesar de todo, intentaba descender, el conductor le señalaba una escalera escondida que le permitía bajar con seguridad. Después penetraban a una angosta y serpenteante galería a cuya entrada estaba esta inscripción: "El mortal que viajare por este camino sin vacilar ni volver la cara, será purificado por el fuego, el agua y el aire, y si puede sobreponerse al temor a la muerte, emergerá de las entrañas de la tierra; volverá a la luz y reclamará su derecho de preparar su alma para la recepción de los Misterios de la Gran Diosa Isis".

El guía deja ahora al aspirante, advertiéndole que muchos peligros le acechan y rodean por doquiera, y lo exhorta a que continúe inconmovible. Pesadas puertas se cierran tras de él haciéndole imposible el regreso. Después pasa a un espacioso corredor, lleno de llamas a través de las cuales tiene que correr a toda velocidad. Cuando él haya pasado por ese flameante horno, llegará a otro pasillo cuyo piso está cubierto con una enorme red de barras de hierro al rojo vivo con muy estrechos espacios entre ellas. Pasada esta dificultad se encuentra con un ancho y rápido canal de agua, que tiene que cruzar a nado. En la otra orilla encontrará una angosta plataforma de tierra limitada por dos altos muros de latón y en cada uno de ellos una enorme rueda del mismo metal, y más allá de éstas, una puerta de marfil. No encuentra la forma de abrir esta puerta, pero luego descubre dos grandes anillos que coge, con el sólo resultado de poner en movimiento las grandes ruedas bronceadas que giran con un ruido ensordecedor y que hacen hundir la plataforma en que él está de pié, dejándolo suspendido de los grandes anillos sobre un abismo aparentemente sin fondo, y del cual surge una helada corriente de aire que soplando sobre la débil llama de su lámpara lo deja en profunda obscuridad. Por unos instantes queda colgado, pero pronto el ruido cesa, la plataforma vuelve a su antigua posición y la puerta de marfil se abre por sí sola. Por ella penetra a un salón brillantemente iluminado donde se encuentra un número de sacerdotes de Isis ataviados con las insignias místicas de sus cargos, que le dan la bienvenida y lo felicitan. En las paredes, él ve varios símbolos de los Misterios egipcios, cuya significación le es explicada en los diferentes grados.

No se pueden garantizar los detalles de tal relato, pero es cierto que severas pruebas más o menos de la naturaleza descrita eran aplicadas a los candidatos de los Misterios Ocultos. Ninguna de estas pruebas era impuesta al hombre que sólo deseaba tomar el curso ordinario de cultura intensiva; él podía pasar a través de los grados Mayores o Menores, sin encontrar nada más formidable que el dedicado, y por largo tiempo continuado estudio y muchas veces ni siquiera llegaba a saber que había otra etapa, (o más bien un número de etapas) que quedaban por completo más allá de aquéllas, y en las cuales él tendría que enfrentarse a peligros astrales de tan seria naturaleza que se consideraba necesario someter al candidato a duras pruebas para conocer su valor y autodominio.

En los días en que comenzaban los Misterios, imágenes vivas eran materializadas por los sacerdotes ante los ojos del candidato para que pudiera ver, por sí mismo, lo que hay del otro lado de la muerte. Años más tarde, cuando había menos conocimiento entre los Hierofantes, se utilizaban complicados aditamentos mecánicos, para representarle las realidades del mundo astral tanto como era posible, con tales recursos. Posteriormente los puntos característicos de estas imágenes fueron reproducidos en un sistema nos ha llegado hoy en la ceremonia de la iniciación en la Masonería, aunque en algunas Obediencias solamente queda un mero vestigio del procedimiento original.

EL LENGUAJE DE LOS MISTERIOS

Además de la enseñanza sobre la vida después de la muerte, que fue elaborada a partir de incontables historias acerca de individuos imaginarios, mostrando los resultados en el plano astral, de ciertos modos de obrar durante la vida, se impartiría un curso escogido de educación a los iniciados del Primer Grado, educación que contenía lo que los masones llamamos las Siete ciencias y artes liberales, a saber: Gramática, Lógica, Retórica, Aritmética, Geometría, Música y Astronomía. Por Gramática los egipcios entendían la sagrada escritura jeroglífica de los sacerdotes que era enseñada a todos los iniciados en los Misterios, pero que también simbolizaba una especie de lenguaje secreto, un modo de hablar peculiar del sacerdocio. En el lenguaje secreto de los

Misterios, no era común que se emplearan diferentes palabras, sino que las palabras comunes tenían un significado diferente.

Quienes han estudiado las traducciones de los textos egipcios habrán notado la diversidad de las versiones en los diferentes investigadores; en ocasiones yo me he preguntado si esto se deberá de algún modo a aquel sistema de dobles significados.

En el antiguo Egipto podíamos hablar acerca de los secretos de la vida oculta frente a las muchedumbres, ocultándoles, a pesar de ello, lo que queríamos decir, y hacíamos uso de un extenso vocabulario de estas palabras tan significativas; de modo que toda una conversación bien podía sostenerse aparentemente sobre asuntos cotidianos, pero en realidad versando sobre los secretos de los Misterios. Mucha instrucción fue dada por este medio; una conferencia o un discurso podía darse públicamente por uno de los sacerdotes, teniendo dos significados completamente diferentes; uno de ellos ético y cuya intención era ayudar a las gentes no iniciadas y el otro, esotérico para los estudiantes de los Misterios. La leyenda de que la Masonería posee un lenguaje universal conocido tan sólo por los miembros de la fraternidad que es tan sólo un eco tradicional de este antiguo y secreto idioma.

El idioma secreto de los Iniciados era también usado en inscripciones, del mismo modo en los jeroglíficos pintados en las paredes que en papiros, muchas de estas inscripciones que hablan de las victorias de algún gran Faraón, podían ser leídas con un sentido oculto, y entonces tenían instrucción espiritual para aquellos que habían aprendido el significado real. Esto es muy cierto en relación con "**El Libro de los Muertos**" el cual, al ser traducido al inglés por eruditos modernos, a menudo resulta ser ininteligible y, a veces, hasta grotesco. Sin embargo, en la interpretación de ese libro enseñada en los Misterios, esos mismos textos están llenos de iluminación interna y contienen nutrida información sobre las realidades de la vida y la muerte.

Tal vez es necesario repetir que en todo esto no había

deseo por parte del sacerdocio de confundir a la gente; su idea era simplemente impartir una instrucción graduada de acuerdo con las necesidades de quienes escuchaban, y de evitar que importantes secretos pasaran a aquellos que no estaban preparados para recibirlos. Fue por esta misma razón que los arreglos del interior de la Gran pirámide eran confusos. Algunos de los pasajes no eran usados del todo en el proceso de la iniciación, pues el auténtico pasaje era asequible de otro modo completamente diferente.

LA DUALIDAD DE CADA GRADO

Los Misterios Menores comunes (que pueden ser llamados el Primer Grado), estaban abiertos prácticamente a todos aquellos que solicitaran su ingreso, siempre que fueran de una vida intachable y una inteligencia suficientemente razonable, que fueran libres y que los informes obtenidos sobre su solicitud hubieran sido favorables. Siguiendo el curso natural, los iniciados pasarían a los Grandes Misterios (Segundo y Tercer grados) pero en cada uno de ellos había también Misterios ocultos como ya lo he mencionado al referirme a las pruebas preliminares.

LOS MISTERIOS INTERNOS DE ISIS

Dentro y detrás de los Misterios externos de Isis, había círculos internos de estudiantes cuidadosamente escogidos por los sacerdotes, cuya existencia era guardada en el más absoluto secreto, aun para la mayoría de los mismos iniciados. En esos círculos se impartía, prácticamente, la enseñanza oculta que capacitaba a los adeptos a despertar y adiestrar sus facultades internas, y de este modo poder estudiar, de primera mano, las condiciones del plano astral, y así, conocer por sí mismos lo que era especulativo para la mayoría de los Hermanos. Fue solamente en estos círculos que las severas pruebas que hemos descrito parcialmente eran obligatorias para el candidato, quien era definitivamente preparado por medio de una instrucción individual y personal para los Mayores y más Sagrados Misterios que quedaban detrás de todo el bosquejo iniciático egipcio.

Se exigía que el candidato para estas pruebas internas después de un baño preliminar, (del que se deriva la idea del bautismo cristiano), se ataviara con una bata blanca emblemática de la pureza que de él se esperaba, antes de ser llevado a la presencia de un cónclave de sacerdotes iniciados que estaban en una especie de bóveda o caverna. El candidato era primero formalmente probado en cuanto a su desarrollo de la facultad clarividente en la cual había sido previamente instruido, y se le había enseñado a despertar; para este propósito, el candidato tenía que leer una inscripción grabada sobre un escudo de bronce, cuyo lado en blanco era el que se presentaba a su vista física. Después se le dejaba a solas guardando una especie de vigilia; algunas **mantras** o palabras de poderes superiores le habían sido enseñadas, con las que se suponía obtener el control sobre ciertas clases de entidades; y durante esa vigilia, varias apariciones eran proyectadas ante él, algunas de ellas verdaderamente terroríficas, mientras otras eran de una naturaleza seductora, con el fin de mostrar a los iniciadores si el valor del candidato y su sangre fría estaban bajo un control perfecto.

El candidato ahuyentaba de su vista esas proyecciones por medio de las señales y palabras adecuadas para cada caso, pero al final, todas se combinaban y caían sobre él al mismo tiempo, y en este final esfuerzo, era instruido para hacer uso de la más alta palabra de poder, mediante la cual es posible vencer al más terrible de los males. Un curso de instrucción sobre estas líneas eran presentados a los candidatos que los sacerdotes juzgaban dignos, de manera que, al final de su adiestramiento, se encontraban completamente versados en el conocimiento del mundo astral y capaces de manejar libremente sus poderes en absoluta conciencia.

LOS MISTERIOS DE SERAPIS

El Segundo Grado de los Misterios egipcios correspondía aproximadamente a nuestro Grado de Compañero Masón. Tales Misterios fueron denominados Misterios Mayores, y posteriormente Misterios de Serapis. Apuleyo no nos ofrece nada en cuanto a descripción más allá del hecho en sí de que él pasó el Grado. La instrucción en los Misterios Mayores era llevada más lejos y más profundamente en cuanto a ciencia y filosofía; un curso más avanzado de adiestramiento intelectual era puesto al alcance de los estudiantes, al cual bien podríamos llamar investigación en el seno de "las sendas ocultas de la Naturaleza y de la Ciencia". Al mismo tiempo el estudio de la vida después de la muerte fue extendido hasta incluir el mundo-cielo, el mundo-cielo hacia cuyo interior todos deben ir, para recibir su salario por las buenas obras hechas en la Tierra; mucho de este más hondo conocimiento del plano mental era enseñado en los Misterios Mayores, de igual manera que los hechos de la vida astral habían sido enseñados en el Primer Grado, o sea, por medio de la representación y el drama. El propósito de los Misterios de Serapis en la vida individual del iniciado era el control de la mente y el adiestramiento del cuerpo mental; y los poderes sacramentales invocados por el ceremonial tenían como objetivo el aceleramiento de dicho desarrollo mental.

EL GRADO OCULTO DE SERAPIS

Detrás de los Misterios Externos, en este Grado había también círculos secretos, totalmente desconocidos para aquellos que no habían pasado la labor oculta del Primer Grado; en éstos, se impartía, instrucción práctica sobre el desarrollo del cuerpo mental, y el método de despertar la visión certera en el plano mental, para que el estudiante quedara capacitado para verificar por sí mismo las enseñanzas de los sacerdotes.

En conexión con este Grado pudiera ser de interés mencionar que en el templo de Philae se representa el cuerpo de Osiris con plantas de maíz saliendo del mismo, a las cuales un sacerdote riega con una vasija que trae en su mano. Una inscripción explica que "esta es la forma de Aquel a quien no debemos poner ningún nombre. Osiris de los Misterios, quien brotó de las aguas que regresan", este simbolismo se refiere, entre otras cosas, al aceleramiento de la vida interna en respuesta al poder derramado desde lo alto. El signo del Grado es a menudo hallado en pinturas egipcias, y es exactamente el mismo que está en uso en la masonería de hoy. Como en el Primer Grado, se empleaba un promedio de siete años en los Misterios de Serapis, al final de los cuales los candidatos que habían pasado un examen minucioso y habían satisfecho a los Hierofantes de que estaban preparados para una superior enseñanza, podían pasar al Tercer Grado.

LOS MISTERIOS DE OSIRIS

El Tercer Grado era llamado en Egipto los Misterios de Osiris; corresponde al Grado de M. M. de nuestro moderno sistema masónico. Apuleyo describe a Osiris como: "El más poderoso Dios de los dioses mayores, el más elevado de los mayores, el mayor de los más elevados, el jefe de los mayores". En el ritual egipcio, que era más completo e impresionante que la tradicional historia conservada en la Masonería moderna, el candidato tenía que pasar a través de una representasción simbólica del sufrimiento, muerte y resurrección de Osiris, la cual incluía experiencias de este dios entre la muerte y la resurrección, cuando él entró al mundo de Amenta, y se convirtió en juez de los muertos, quien debía decidir cuánta felicidad le correspondía a cada alma, y regresar, para encarnación terrestre, a las que necesitaban un desarrollo humano de mayor alcance. La leyenda de la muerte y resurrección de Osiris era bien conocida de todos en Egipto, profanos o iniciados, y había grandes ceremonias públicas, correspondientes a las de nuestro Viernes de Dolores y Día de Pascua en países católicos, cuando estos eventos místicos eran celebrados con el máximo esplendor y con la cordial devoción de toda la gente.

La historia de Osiris no se encuentra en ningún lado en una forma conexa con la literatura egipcia, sino en textos referentes a todos los períodos de su vida: el calvario, muerte y resurrección son aceptados como hechos universalmente admitidos. Tal parece que en aquellos lejanos tiempos no estaba permitido hablar de la tradición en ningún detalle, al menos a extranjeros, pues Herodoto dice:

También en Sais existe la tumba de Aquel a quien no creo sea piadoso nombrar en conexión con tal asunto, la cual está en el templo de Atena (Isis) atrás de la morada de la diosa, extendiéndose a lo largo de todo el muro del mismo; y en el sagrado recinto se yerguen grandes obeliscos de piedra y junto a ellos está un lago adornado con una orilla de piedra, y hecho casi en forma de círculo, siendo en proporciones, según me pareció, igual al que es llamado "Estanque redondo" en Delos. Sobre este Lago ellos ejecutan, por la noche, la representación de Sus sufrimientos, y a esto los egipcios llaman Misterios. Sé más completamente en detalle cómo se llevan a cabo, pero dejaré esto sin decirlo.

Diódoro escribe con igual resultado:

En días remotos, según tradición recibida, los sacerdotes conservaban como un secreto la manera de la muerte de Osiris, pero en tiempos posteriores se llegó a saber debido a la indiscreción de algunos, que aquello que habían estado oculto en silencio entre unos cuantos,era expresado en el extranjero entre muchos.

LA LEYENDA DE OSIRIS

Es mejor relato exotérico de la leyenda fue conservado para nosotros por Plutarco, en su tratado **De Isis y Osiris**, escrito en griego, allá a mediados del primer siglo de nuestra era, una vasta porción que ha quedado respaldada por los textos de jeroglíficos egipcios que han sido descifrados por los investigadores. Puede resumirse así:

Osiris fue un sabio rey de Egipto, que se dedicó a civilizar a la gente y a redimirla de su anterior estado de barbarie. Les enseñó el cultivo de la tierra, les dio una legislación y los instruyó en la veneración a los Dioses. Cuando vio que su país era próspero, se dedicó a enseñar a las otras naciones del mundo. Durante su ausencia Egipto fue tan bien gobernado por su esposa, Isis, que su envidioso hermano Tifón (Set), la personificación del mal, igual que Osiris era la personificación del bien, no pudo hacer mella en su reino; sin embargo, al retorno de Osiris a Egipto, Tifón urdió una conspiración contra él, persuadiendo a otras setenta y dos personas que se le unieran, junto con una cierta Reina de Etiopía llamada Aso, quien por coincidencia estaba en Egipto en esos días. El mandó medir secretamente el cuerpo de Osiris, y luego ordenó un hermoso sarcófago de exactamente las mismas medidas, lo introdujo en medio de su sala de banquetes cuando Osiris estaba presente como invitado, y en tono de broma prometió obsequiarlo a cualquiera cuyo cuerpo cupiera en él.

Todos los presentes en la fiesta lo probaron, pero ya que la caja no le había quedado bien a ninguno, Osiris, que era el último, se acostó en ella, e inmediatamente los conspiradores la cerraron, la amarraron bien, y luego de haberla sellado con plomo, la arrojaron al Nilo. El asesinato de Osiris, se dice, tuvo lugar el decimoséptimo día del mes Athyr (Hathor), estando el Sol en el signo de Escorpión, y Osiris en el vigésimo octavo año de su reinado, o bien de su vida. (Se notará que esta fecha marca el comienzo del Invierno, cuando el Sol es místicamente asesinado por las fuerzas de la oscuridad; y fue en esta fecha, correspondiente al festival de Todos los Santos en la Iglesia Cristiana, cuando el pueblo de Egipto tuvo luto por la muerte de Osiris, al igual que nosotros nos enlutamos el Viernes de Dolores, por la muerte del cuerpo de Jesús en tal fecha).

La noticia de la tragedia llegó a Isis en Coptos, ella cortó un rizo de su cabellera, se vistió de luto y salió en busca del cuerpo de Osiris. Investigó que el sarcófago había sido arrastrado por el mar hasta Byblos -no el Byblos de Siria, sino los lodazales del delta, donde crece el papiro— y que había sido interceptado por un árbol de tamarisco, el cual había crecido tanto rodeando el sarcófago que ya lo ocultaba totalmente; y que además, el Rey del país, maravillado por su descomunal tamaño, lo había cortado para convertirlo en pilar para que sostuviera el techo de su palacio. Isis fue a Byblos y trabajó como aya de uno de los hijos del rey. Noche a noche ponía al niño en el fuego para que sus partes mortales se consumieran, y luego, ella se convertía en golondrina, y lamentaba la pérdida de su esposo. Pero la Reina, por casualidad, vio al niño en llamas y gritó aterrorizada, quitándole así la oportunidad de la inmortalidad, que de otra manera le hubiera sido conferida. La diosa se identificó y pidió el pilar que soportaba el techo, lo cual, al serle concedido, le permitió sacar el ataúd que contenía el cuerpo de Osiris y se lo llevó de regreso a Egipto, escondiéndolo en un lugar secreto mientras buscaba a su hijo, Horus. Mas, Tifón, por infortunada coincidencia, encontró el sarcófago al cazar bajo la luz de la luna, y reconociendo el cuerpo como el de Osiris, lo destrozó en catorce pedazos, esparciéndolos por el campo. Cuando lo supo Isis, hizo un bote de papiro y se dedicó a encontrar los fragmentos del cuerpo. Osiris retornó del otro mundo y se le apareció a su hijo, Horus, dándole instrucciones de combatir a Tifón. La batalla duró muchos días, a la larga, Horus venció. Finalmente Osiris se convirtió en rey del bajo mundo y juez de los muertos.

Esta leyenda, como nuestra historia tradicional, ha variado por las materializantes influencias de aquellos que no entendieron; pues no hay una clara mención de una resurrección en el relato de Plutarco, sino simplemente un vago regreso de los muertos. Esto representa, sin embargo, una muy tardía versión de la tradición, versión que está materializada y desfigurada más allá de todo reconocimiento; y en los Misterios de Osiris la leyenda estuvo más de acuerdo con los hechos reales del mundo espiritual. Aun en las inscripciones egipcias que han sido descifradas, existen claras indicaciones de la resurrección. El principal apunte de la leyenda verdadera fue la muerte de Osiris a manos de Set; la fragmentación de Su cuerpo en dos veces siete partes, representando el brote de los siete rayos, o tipos de manifestacsión consecuentes del descenso del Logos a la materia; la búsqueda de Isis y el hallazgo de las varias porciones del cuerpo; la reconstrucción y final resurgir de Osiris por medio del tercero de tres sucesivos intentos hacia la triunfante inmortalidad y resurrección eterna.

También fue en esta etapa cuando la función de Osiris como juez de los muertos se estudió; y la viñeta en el papiro del Ani del juicio de Osiris, así como el colocar en la balanza el corazón de Ani contra la pluma de la verdad, representa el enjuiciamiento del alma por los Señores del Karma. Si el alma estaba purísima se le dejaba el paso hacia la inmortalidad; si no decía la verdad era mandada al monstruo Amemit, "el devorador" y era tragada otra vez en el ciclo de generación, para reencarnar de nuevo sobre la Tierra en otro cuerpo. Aunque estos símbolos y leyendas eran conocidos en el mundo externo, su verdadero significado interno era explicado solamente a los iniciados del Tercer Grado.

SIGNIFICADO DE LA HISTORIA DE OSIRIS

La historia de Osiris, al igual que la de Mithra y los demás dioses solares (entre los cuales algunos autores incluyen aun a Cristo mismo), es a menudo considerada simplemente como una apoteosis de los procesos de la Naturaleza, bien conocidos por un pueblo agrícola. Así es como Plutarco dice que Osiris era también tomado como Nilus, el río Nilo; Isis como la tierra de Egipto, periódicamente fertilizada por las avenidas de aquél, o sea, sus inundaciones. Astronómicamente, Osiris era el Sol, Isis la Luna, y Tifón la obscuridad y el Invierno, quien al triunfar destruía los poderes fertilizantes del Sol, impidiendo que éste diera su vida al mundo. Es la historia universal del dios sol quien después de una lucha por la existencia y el desarrollo de su poder al principio del año, al fin se yergue en triunfo en el altocielo o cenit de su gloria, y aplica su vida a todas las criaturas, madurando el maíz y la uva, solamente para dar lugar una vez más, al avance del Invierno.

El Sol en los cielos, como la vida total del mundo, tiene como plan este ciclo de muerte y resurrección; y la vida pequeña en la semilla sigue un proceso similar: germina y llega al fruto, que es cosechado y sacrificado para la nutrición del hombre y otras criaturas; pero así como Tifón no destruyó totalmente a Osiris, sino que dejó los fragmentos de su cuerpo por medio de los cuales su vida fue porteriormente renovada, así el hombre no se come todo el maíz, sino que conserva una parte para sembrarla de manera que reinicie el proceso de vida. El hombre, a su vez, crece a través del mismo ciclo de cambios: niñez, madurez y vejez; y tampoco él escapa del sacrificio que caracteriza a toda vida, mas renace una vez y otra vez, conforme a su ciclo de reencarnaciones.

La historia de la semilla es como la del hombre ordinario, mas la historia del Sol es como la del hombre que se está haciendo divino. En los Misterios egipcios lo llamaron osirificado, y los místicos cristianos se refirieron a él como unificándose con Cristo, como cuando San Pablo habló a sus adeptos como "Pequeños míos, de quienes sufro las torturas del parto una y otra vez, hasta que Cristo quede formado en ustedes". Lo que distingue al sacrificio divino de los sacrificios terrestres es que es voluntario. Es por esto que siempre se proclamó que el método humano para alcanzar la divinidad es la ausencia de egoísmo y el sacrificio personal en favor de los demás; y toda la historia de Cristo y de Osiris no es más que un breviario de lo más saliente y un ejemplo de cómo ese sacrificio puede ser expresado en términos de vida humana sobre la tierra al igual que lo es en los cielos.

Las investigaciones del iniciado en los Misterios de Osiris eran extendidas aún más allá, hasta incluir la verdadera morada del hombre, esa tan elevada sección del mundo mental o celeste en la cual el ego funciona en su cuerpo causal; y, al mismo tiempo, la ceremonia de la elevación era explicada, en muchos estratos de interpretación, como el descenso del Logos a la materia, Su muerte y entierro místicos, y su elevación de nuevo al reino que no tiene fin; y también como el descenso personal del alma hasta los cuerpos, su resurrección de la muerte, en vida, de los mundos inferiores de la forma, y su reencarnación sobre la tierra una vez más.

Los signos de los Misterios de Osiris eran casi los mismos como ahora los tenemos, aunque los signos reconocimiento y de orden eran los que se usaban en los trabajos escoceses y americanos; pero las palabras eran diferentes, siendo mucho más positivas en carácter. Los tocamientos, marchas y baterías eran idénticos a los que usamos ahora, y el de saludo ha quedado también sin cambio.

LOS MISTERIOS INTERNOS DE OSIRIS

Había también un círculo interno en el seno de este Grado, en el cual la instrucción práctica era llevada hasta lo más elevado del plano mental, para que el Iniciado, perfectamente adiestrado en los Misterios de Osiris, adquiriera plena conciencia de su ego, más allá de las limitaciones de la vida personal única, que es todo lo que la mayoría de gentes conoce.

EL PUESTO DE MAESTRO

Más allá del Tercer Grado las varias líneas de progreso en los Misterios se bifurcaban. Había cargos en las Logias, que se extendían durante muchos años, dejando el fruto de un espléndido adiestramiento a quienes los ejercían. Cada oficial en una Logia tiene su propio trabajo especial que desempeñar, su peculiar aspecto de la Deidad que manifestar, su propio poder sacramental que transmitir a la Logia de la que forma parte; el curso de adiestramiento pasando por puestos sucesivos era y es, por lo tanto, de inestimable valía para adquirir un desenvolvimiento del carácter que cubra todas las fases necesarias. En la cúspide del antiguo sistema masónico, existía el grado de Maestro Instalado, que daba muchísimo más pleno poder que el que había sido conferido aun en los Misterios de Osiris, y que capacitaba al Maestro para llegar a ser hierofante de los Misterios a su vez, pudiendo instruir y adelantar a sus HH. en la secreta sabiduría de Egipto. En casos comunes esta espléndida posición era ganada solamente cuando ya se había entrado en años, y en el tiempo que el Maestro había dirigido su Logia había llegado a adquirir el más valioso entrenamiento que bien podría la más valiosa experiencia que se permitía avanzar el curso de su evolución mucho más de lo que lo harían varias vidas ordinarias.

La misma sucesión nos ha sido transmitida hasta hoy dentro de la Masonería, y todo Maestro Instalado está en posesión del poder de los sacerdotes egipcios de la antigüedad; si bien es cierto que si también poseyera el concimiento de los sacerdotes egipcios, podría hacer muchísimo mejor uso de ese poder.

LOS GRADOS SUPERIORES DE LOS MISTERIOS

Más allá de la enseñanza y adiestramiento proporcionados por los Misterios, clasificados en los tres grados ya considerados, los hierofantes también tomaban por su cuenta instruir y guiar a los aspirantes que habían demostrado ser aptos para ir aun más adelante. No podemos decir que hubiera en Egipto algunos grados organizados más allá del tercero, el de Osiris, pero sí que había enseñanza individual que conducía a la adquisición de todavía mayores poderes, y a la formación de eslabones con seres de los más elevados niveles.

Los más altos grados del Antiguo y Aceptado Rito Escocés de nuestros días (los cuales quizá fueron establecidos allá por el Siglo XVIII, cuando se formó el Rito de la Perfección) reflejan en cierto límite estas más avanzadas líneas de progreso que existieron en Egipto. Pudiéramos, a partir del breve repaso a continuación, clasificarlos como están expresados en nuestra masonería Roja, Negra y Blanca.

MASONERIA ROJA EN LOS MISTERIOS

Para aquellos Maestros Masones que, según la opinión de los sacerdotes en funciones, prometían, se fundó lo que ahora llamamos la Masonería roja y la enseñanza que ahora está incluida en nuestro Real Arco y grados relativos, culminando en la espléndida investigación (búsqueda) de los Caballeros de la Rosa Cruz acerca del mundo perdido, la verdadera divinidad del hombre.

En la enseñanza simbólica correspondiente a nuestro grado del Sagrado Real Arco, se le enseñaba al aspirante a deshacerse, en los varios niveles de su conciencia, de todos los velos que aún obstruían su visión de la realidad, y luego, en poder de esa visión, reconocer por sí mismo la Luz Oculta en todas las formas, sin importar qué tan honestamente pudiera estar enterrada y escondida para los ojos físicos. Esto era tipificado como un viaje hacia arriba, durante el cual se cruzaban cuatro velos, y luego por una pesquisa hacia abajo en busca de una bóveda escondida, profundamente enterrada en el suelo, en la cual estaba simbolizado el nombre de Dios.

El propósito central de esta etapa era un positivo darse cuenta, en la conciencia, de que los muchos son Uno. Era más o menos sabido entre los no iniciados del mundo de afuera que todas las extrañas deidades de Egipto eran en realidad solamente manifestaciones de Una, mas, con toda probabilidad ellos no se dieron cuenta del hecho de la unidad, con absoluta claridad. En lo que correspondía al Real Arco en Egipto, encontramos que Dios era inmanente en todas las cosas y había descendido hasta lo mínimo en lo mínimo que pudiera llegar a existir. Los poderes conferidos en esta etapa capacitaban al candidato a darse cuenta de esta gran verdad, con alguna profundidad, y cierta expansión de conciencia le era dada para apresurar el desarrollo del principio intuicional interno, y de esta manera se le ayudaba a reconocer la divinidad en los demás.

Había un considerable intervalo entre esta etapa y la siguiente, durante la cual el candidato estaba recibiendo instrucción de los sacerdotes y practicando la meditación acerca de lo que había aprendido. Gradualmente se llegaba a dar cuenta de que, aunque había encontrado el Divino Nombre, y había tenido contacto él mismo con la Luz Oculta de Dios, se abría ante él un más profundo campo de investigación en el que llegaría más hondo dentro de la conciencia y el ser de la Deidad. Era entonces cuando iniciaba su segunda gran búsqueda, que lo llevaba por numerosas etapas, durante las cuales, diferentes atributos de la Deidad eran estudiados y hasta cierto punto comprendidos, hasta que culminaba en la magnificente iluminación otorgada en lo que hoy llamamos el grado décimo octavo, el de Soberano Príncipe de la Rosa Cruz del Imperio de Aquí. El candidato entonces encontraba al Amor divino reinando en su propio corazón y en el de sus HH. También sabía que Dios había descendido y compartido nuestra más baja naturaleza a fin de que pudiéramos ascender a compartir con El Su verdadera naturaleza.

Este eslabón de contacto se hace todavía para los HH. de la Rosa Cruz, y cada uno debe llegar a ser, por donde quiera que vaya, centros radiante de ese amor olvidándose de sí mismo al maximo en aras de los demás. Los esplendentes y purpúreos Angeles de la Cruz Rosada, que ahora asisten a nuestros Soberanos Capítulos, y derraman a través de ellos la plenitud de su amor con miras al auxilio del mundo, eran también conocidos en el antiguo Egipto, y estaban conectados con los Soberanos

Príncipes y con sus altos principios, para que su seráfico amor también estuviera a la mano para distribuirlo en bendición. El candidato era confinado a ellos, como sus guardianes, y tenía que darse cuenta de su unidad con los Angeles, Así como con sus HH.

A estas alturas, la intuición o buddhi en el candidato, esa oculta sabiduría que es Horus o el Cristo morando en el hombre, era inmensamente acelerada y excitada, para que el candidato llegara a ser, hasta cierta medida, una manifestación del amor eterno que a las últimas fechas fue llamado el Cristo, y así quedaba capacitado para trabajar sobre la naturaleza emocional, que es un reflejo parcial de ese amor en la materia del mundo astral, como para elevar su poder de amor a alturas a las que nunca antes había llegado. Ahora se convertía en verdadero sacerdote, capaz de hacer bajar y esparcir el amor divino para auxiliar al mundo. Un todavía más elevado grado de este extraordinario poder capacitaba al H para conferir esta expansión de conciencia y transmitir estos esplendidos eslabones de contacto a los demás. Es este el poder reservado en nuestros Soberanos Capítulos al Sap.·. Maest.·. y a los que han pasado el Trono en el grado Rosa Cruz.

MASONERIA NEGRA EN LOS MISTERIOS

Pocos de nuestros HH. egipcios parecen haber pasado más allá de la Rosa Cruz, pues solamente unos cuantos necesitaban algo más que la espléndida revelación del morador interno, el Amor de Dios, que ellos recibían en lo que llamamos el Grado Décimo octavo. Mas para esos que sentían que aun había más por aprender acerca de la naturaleza de Dios, y que con ansia deseaban comprender el significado del mal y el sufrimiento, y su relación con el plan divino, existía el prototipo de nuestra Masonería Negra, la enseñanza y progreso comprendidos en nuestros grados del decimonono al trigésimo. Esta karma en acción, en sus diferentes aspectos, estudiado como ley de retribución, desde cierto punto de vista, obscuro y terrible. Este es el meollo de la verdad que está detrás de los elementos de venganza en el grado de Caballero Kadosch. Los aspectos obscuros del karma están en gran parte conectados con la ignorancia humana sobre la naturaleza de Dios y la confusión respecto a las muchas formas en las que El Se revela, y de este modo los signos del grado 30 albergan el corazón de la filosofía kármica. Tal grado no sería plena y válidamente conferido a menos que éstos signos fueran debidamente comunicados, ya que expresan el significado y propósito internos del karma.

En la antigua instrucción correspondiente a este grupo de grados se enseñaba que lo que se siembra se cosecha, si se siembra el mal, el resultado sería doloroso para el que lo sembró. También se estudiaba el karma de naciones y razas y las modalidades de acción de la ley kármica en diferentes planos era investigada por medio de la visión interna, y mostrada al estudiante. El total de lo que hoy llamamos Masonería Negra conducía a una explicación del karma como justicia divina, la cual ha sido preservada para nosotros en la sombra de lo que ahora es el grado 31, el de Gran Inspector Comandante Inquisidor, cuyo símbolo es una balanza. En Egipto, ésta era tomada como emblema del perfecto equilibrio de la justicia divina; el aspirante aprendía que todo el mal y el horror asociados con el karma en acción sí estaba basado en la justicia perfecta, aunque haya aparecido como mal ante la pequeña visión de profano.

Así es que el primer período de la elevada instrucción, el de la Rosa Cruz o Masonería Roja, estaba dedicado al conocimiento del bien, en tanto que el segundo, el de Kadosch o Masonería Negra, estaba dedicado al conocimiento del mal. Luego, en los primeros pasos de lo que llamamos Masonería Blanca, coronando toda la gloriosa estructura, el candidato aprendía a ver la básica justicia de ese eterno Dios, Amen-Ra, En días remotos, antes del **kali yuga**, en el que el mal predomina sobre el bien, los Caballeros Kadosch vestían de amarillo en vez de negro, para su oficio.

Nuestro grado 30 conecta al Caballero Kadosch con la rama directriz más bien que con la instructora de la Gran

Jerarquía; el Caballero debe convertirse en centro radiante de energía perenne al mal y para hacer de él un auténtico poder en el lado del bien. El color prevaleciente de la influencia es un azul eléctrico (el del Rayo Primero, totalmente diferente del azul de las Logias Azules o Simbólicas) orlando con oro, aunque sin ahogar el rosa del grado 18. Existen también, asociados con el grado, grandes Angeles púrpura auxiliando a los Excelentes y Perfectos C∴C∴ de la Rosa Cruz. Un nivel más elevado de la misma energía se transmite a lo que hoy debiéramos llamar el Trono del Comandante Soberano, quien puede transmitir la gracia sacramental del grado a los demás.

MASONERIA BLANCA EN LOS MISTERIOS

El más elevado y último de los grandes poderes sacramentales de los Misterios qe nos han sido transmitidos es el que se confiere en el grado 33, el de Soberano Gran Inspector General. En el antiguo Egipto, había sólo tres que ostentaban el equivalente de ese grado supremo, el Faraón y otros dos, formando con él un triángulo interno, que era el corazón de todo el sistema de los Misterios, y el canal hacia ellos, de la Luz Oculta proveniente de la Logia Blanca detrás. Los tres eran altos Iniciados de la Gran Hermandad Blanca, y el Faraón poseía un nivel aún más elevado de poder que el usualmente otorgado en el grado 33, el de Soberano Ungido y Coronado.

Se puede decir que los HH. de esta alta Orden habían pasado de una concepción de la justicia divina a la certeza de conocimiento y a la plenitud de la gloria divina en la Luz Oculta. El grado 33 conecta al Soberano Gran Inspector General con el Poderoso Rey Espiritual del Mundo –el Poderoso Adepto que está a la cabeza de la Gran Logia Blanca, y en cuyas fuertes manos están los destinos de la Tierra-, y despierta los poderes del triple espíritu hasta donde pueden ser despertados en la actualidad. El acto de conferir el grado era y es una grandiosa experiencia cuando se mira con la vista interna; ya que el Hierofante de los Misterios (quien en estos días modernos es el G∴M∴ de Cer∴), se sitúa arriba o junto al Iniciador en esa extensión de Su conciencia que es llamada Angel de la Presencia. En el caso de que quien recibe el grado sea ya un Iniciado, la Estrella (llamada en Egipto la Estrella de Horus) que marca la aprobación del Iniciador Unico, una vez más flamea por sobre él con toda su gloria; en tanto, que en cualquier caso los dos grandiosos Angeles blancos del rito entregan su centelleante esplendor proveniente de sitios celestiales, y se muestran descendiendo al nivel etéreo para poder dar su bendición al candidato.

El Hierofante ejecuta las conexiones reales tanto consigo mismo como con el manantial de poder separado para el trabajo de la Hermandad Masónica, y a través de él mismo, con el Poderoso Rey cuyo representante es El, en tanto que los grandiosos Angeles blancos de la Orden, de por vida quedan como guardianes del H. El tiene en la mano derecha una aura de luz blanca brillante con dorado, y representa a Osiris, el Sol y la vida, el aspecto positivo de la Deidad; ella, en la mano izquierda tiene un aura de luz semejante, veteada de plata, y representa a Isis, la Luna y la verdad, el aspecto femenino o negativo de la gloria divina. El poder de ellos es austero y espléndido y da fuerza para actuar con decisión, certeza, valor y perseverancia en el plano físico; pertenecen a las órdenes cósmicas de Angeles, los cuales son comunes a otros sistemas solares ajenos del nuestro, y sus centros de conciencia permanentes están en el plano intuitivo, aunque sus formas puedan ser vistas siempre, pendiendo sobre la cabeza del iniciado de este grado en el nivel mental elevado. Debe recordarse que en realidad no existe sexo en estos grandiosos Angeles, y, sin embargo, uno de ellos es preponderantemente masculino en apariencia, y el otro preponderantemente femenino.

Cuando ellos lo consideran adecuado, se materializan mental y astralmente –como en las mayores ceremonias en la Logia– y están siempre listos para otorgar su bendición a cualquier hora que sea invocada. Son inseparablemente uno con el Soberano Gran Inspector General, conectados a su yo elevado para nunca desertar, a no ser que por indignidad él los abandone primero y los aleje. Los guanteletes del Soberano Gran Inspector General, y hacen referencia a estos poderes angélicos en los mundos internos.

Los poderes asociados con el grado 33 parecen haber sido ligeramente modificados desde los tiempos antiguos de Egipto. Los grandiosos Angeles blancos parecían ser más austeros y más radamantinos en el antiguo Egipto; los que ahora pertenecen al grado, en cierto modo son más suaves, si bien su poder no es menos espléndido. Esta etapa combinaba el maravilloso amor de Horus, el Hijo, con la inefable vida y fuerza de osiris, el divino Padre, e Isis, la Madre eterna del mundo; y esta unión del amor con la fuerza es todavía su más sobresaliente característica.

Confiere, a los que se acojen a su influencia, poder similar y sólo un poco abajo del de la primera gran Iniciación, y aquellos que poseen el grado 33 debieran con firmeza perfeccionarse para aquel paso a la mayor brevedad. En los grandiosos tiempos de los Misterios, en realidad esta etapa era accesible tan sólo a los Iniciados, y creemos que así debiera hacerse ahora, de igual manera sería conveniente que el maravilloso don del episcopado debiera ser conferido solamente a miembros de la Gran Hermandad Blanca. El poder del grado, al operar, se presenta en un aura de brillante blanco y oro, envolviendo en ella el rosa y azul del eléctrico que es el signo especial de la presencia del Rey. El Soberano Gran Inspector General es el "Obispo" de la Masonería, y si de verdad vive la vida del grado, debe ser un centro eternamente radiante de poder un auténtico sol de luz, vida y gloria, dondequiera que vaya.

Tal era el más elevado y el más santo de los poderes sacramentales conferidos en los Misterios del antiguo Egipto, tal es el más alto grado que nos es conocido en la Masonería actual, entregado en su plenitud a sólo unos cuantos. La oportunidad de disfrutar de esa sublime gloria está abierta para todos los que reciben el grado; qué tan lejos se lleve, y qué empleo se dé a ese poder, es asunto que está exclusivamente en manos del H., ya que para emplear el poder como es debido, se necesita alto desarrollo espiritual y una vida de constante humildad, observancia y servicio. Si lo invoca para el servicio de los demás, fluirá a través de él potente y dulcemente para auxilio del mundo. Si descuida el poder, éste quedará aletargado y los eslabones sin uso –y Aquéllos que se encuentran detrás se alejarán de él en busca de otros de mayor valía. El poder del grado 33 es un verdadero océano de gloria, fuerza y dulzura, pues es el poder del Rey, del Señor que gobierna sobre la tierra como Subregente del Logos de eternidad en eternidad.

LAS ETAPAS DE LA SENDA OCULTA

La Logia de la Gran Hermandad Blanca estuvo siempre,secreta y calladamente, guardando celosamente los Misterios de Egipto en este país, protegiéndolos y empleándolos como canal de la Luz Oculta, cuya radiante existencia fue desconocida a todo aquel que quedaba fuera de los círculos internos. La Hermandad seleccionaba para la iniciación, del interior de sus filas, solamente a los que habían llenado los ancestrales requisitos que se imponían a todo candidato para ese elevado grado. Las condiciones de idoneidad para el grado estaban establecidas en la **Parte I** del Manual de Instrucción Oculta, ahora llamado **Luz en el Sendero,** que representa las enseñanzas de la Logia Egipcia. Por lo tanto los candidatos eran generalmente escogidos de entre los HH. que habían recibido esa elevada instrucción y se habían preparado con muchos años de meditación, estudio y servicio. Mas aun, a veces acontecía que alguien había sido escogido para la Iniciación sin que hubiera pasado por los pasos externos de los Misterios, pero que en vidas anteriores había quedado preparado, ya que es el ego el que recibe la Iniciación no la personalidad de los planos inferiores.

Siempre han existido cinco grandes Iniciaciones, que en las enseñanzas cristianas han sido ilustradas por etapas en la vida del Cristo tal como se relata en los Evangelios, que contienen elementos derivados de las enseñanzas

64

de los Misterios egipcios. El discípulo Jesús fue un iniciado de la Logia Egipcia, y por lo mismo mucho del simbolismo egipcio fue adoptado por Sus adeptos, y posteriormente tejido en la trama del Evangelio. En **Los Maestros y la Senda** describí algunas de las ceremonias de Iniciación en uso actual en la Gran Hermandad Blanca. En cuanto a su forma, en ciertos aspectos los rituales egipcios diferían ligeramente de las actuales ceremonias, siendo idénticos en esencia debido a que la Logia Egipcia poseía la tradición transmitida desde los iniciados de la Atlántida, algo modificada, después, para adaptarse a las necesidades de la lenta evolución humana de la raza aria.

LAS PRIMERAS TRES INICACIONES

La primera de las verdaderas Iniciaciones internas era llamada Nacimiento de Horus, y correspondía en esa gran religión al nacimiento de Cristo en Belén según la presentación cristiana. Horus nació de Isis, la Madre Virgen; a su nacimiento, la Estrella se llenó de brillo y las huestes Angélicas entonaron su cántico de triunfo; él fue adorado por pastores y sabios y salvaguardado del peligro que le acechaba desde el exterior. En **El Libro de los Muertos** se asienta: "Conozco el poder del Este, Horus el de la Elevación Solar, la Estrella del Amanecer". La historia del iniciado es la historia del Dios Sol, el Cristo universal que nace en el corazón del hombre, y Su nacimiento místico es la finalidad de la Primera Gran Iniciación.

Si el candidato aún no había pasado por ellas, como la mayoría de los estudiantes en los Misterios lo habían hecho, tenía que someterse a las pruebas de tierra, agua, aire y fuego, en esta etapa, aprendía con absoluta certeza que ninguno de estos elementos podría hacerle ningún daño, ese ningún caso, en el cuerpo astral. Todo esto era en preparación para empezar el servicio en el plano astral, ya que el Iniciado tenía que adecuarse a sí mismo para llegar a convertirse en que el Iniciado tenía que adecuarse a sí mismo para llegar a convertirse en un diestro y útil servidor de la Humanidad en este mundo y en el otro.

La Segunda Gran Iniciación corresponde al período de la vida de Cristo que es tipificada por el Bautismo, en la cual viene un ensanchamiento de las facultades intelectuales, de igual modo que el resultado de la Primera Iniciación fue maravillosa expansión de la naturaleza emocional. Es a estas alturas cuando la prueba interna tipificada por la tentación en el desierto tiene lugar en la vida del candidato. Luego viene el esplendor de la Transfiguración, cuando la Mónada desciende y transforma el ego a semejanza de Su propia gloria.

LA CUARTA INICIACION

La Cuarta Gran Iniciación corresponde a la Pasión y Resurrección del Cristo; el candidato tiene que pasar por el valle de la sombra de la muerte, soportando los máximos sufrimientos y soledad para poder levantarse para siempre hacia la plenitud de la inmortalidad. Esta tremenda y maravillosa experiencia es la realidad que se refleja a una distancia casi infinita en el grado de M.M.; a través del portal de la muerte él es elevado a la eterna gloria de la Resurrrección.

Ciertas partes del ritual de esta cuarta iniciación, de acuerdo con el rito egipcio, fueron curiosamente embrolladas con las enseñanzas cristianas, y llegaron a quedar enormemente materializadas y desfiguradas de un modo parecido a la desfiguración de la leyenda de Osiris en Egipto mismo. El ritual de esta parte de la Iniciación era:

Luego el candidato será atado a la cruz de madera, morirá, será enterrado, y descenderá a las entrañas de la tierra; después del tercer día será recobrado de los muertos y levantado hasta el cielo para colocarlo a mano derecha de El a quien él vino, habiendo aprendido a guiar (o gobernar) a los vivos y a los muertos.

Durante la ceremonia, el candidato por sí mismo se acostaba sobre una cruz de madera, fabricada hueca para recibir y soportar su cuerpo. Sus brazos eran ligeramente atado con cordones cuyos extremos eran dejados flojos para evidenciar la naturaleza voluntaria del sacrificio. Entonces el candidato entraba en trance, dejaba el cuerpo físico y entraba en plena conciencia al plano astral. Su cuerpo era bajado al interior de una bóveda bajo el templo y era colocado en un inmenso sarcófago, donde quedaba durante tres días y tres noches en el corazón de la tierra.

Durante la muerte mística del cuerpo el candidato tenía muchas extrañas experiencias en el mundo astral, predicaba a "los espíritus prisioneros", aquellos que recientemente habían dejado el cuerpo al morir y aún estaban encadenados a sus pasiones y deseos.

En la mañana del cuarto día del entierro, el cuerpo del candidato era levantado de su sepultura y traído al aire exterior, del lado oriental de la gran pirámide, para que los primeros rayos del sol naciente lo despertaran de su largo sueño.

Era a la altura de esta Iniciación donde el candidato era elevado al "cielo" para recibir una expansión de conciencia en el plano espiritual, a menudo llamado átmico o nirvánico. Es el plano de la unión absoluta, y tal conciencia conoce todo a partir del interno, es una con todo y está en todo. De esta manera el Iniciado era convertido en "la mano derecha de Aquel de quien él vino", quedando ahora comprometido para siempre al servicio de Dios y hombre, y de aquí en adelante iba a ser su trabajo guiar a los vivos y a los muertos hacia la Luz Ocuita única en la cual hay paz. La gran verdad de que todo poder que se adquiere es solamente prestado en confianza, para ser empleado como medio de ayudar a los demás, no ha sido ni más clara ni más grandiosamente presentada.

En **La Luz Oculta en la Francmasonería** he derivado ciertas correspondencias entre los tres grados de la Masonería Azul y las Grandes Iniciaciones, mostrando que la iniciación del Aprendiz Masón refleja el gran paso de entrada al sendero de prueba o del noviciado, que el Pasar puede ser comparado con la primera Gran Iniciación, y que la Elevación se asemeja a la **Cuarta**. Podemos ahora agregar los Misterios de Egipto y plantear el siguiente cuadro de correspondencias, sin perder de vista, es claro, las vastas diferencias de nivel que existen entre estas Ordenes y las Etapas en el Sendero:

Los Grados Masónicos	Los Misterios	El Sendero
A.	Isis	Novicio
C.	Serapis	Iniciado
M.	Osiris	Arhat

LA QUINTA INICIACION Y LA SUPERACION

Solamente una etapa más queda antes de lograr la perfección humana: la que se tipifica por medio de la Ascensión al cielo. En esta quinta Iniciación el Adepto asciende por encima de toda vida terrestre y se convierte en Uno con ese aspecto de la Deidad que en la Cristianidad llamamos Dios, el Espíritu Santo.

Y aún existen estadios de mayor elevación, pasos en el Sendero, aunque no pertenezcan ya a la evolución humana, sino al desenvolvimiento del hombre superior. Aun aquí nuestras ceremonias masónicas reflejan simbólicamente algo de aquellas glorias superiores, dando la clave de todo el extenso plan. Mucho más allá del grado de Adepto, Él, que es el Cristo, se planta como Señor del Amor, Maestro de Angeles y hombres, y en cuanto a esta interpretación Su alto estado de evolución se refleja en el grado 18, que es esencialmente un grado de ser Cristo, un grado crístico. Igual que Él, pero en el Rayo de Mando, está el Manú, cuyo rango es reflejado a una distancia casi infinita en el grado 30; y como corona de toda la Jerarquía reina el Iniciador Uno, cuya vida, y luz, y gloria son vislumbrados en el esplendor del grado 33. Así el plan maravilloso de la iniciación Masónica es una sombra de las cosas vistas allá arriba "en la Elevación"; y aquí está la grandeza de nuestra poderosa fraternidad y su valía en conexión con la humanidad.

Bastante más abajo existen aún correspondencias. El grado 18 significa amor y belleza relucientes, las cuales tienen como espejo a la posición del Segundo Vigilante; el grado 30 otorga una superabundancia de fuerza, que se tipifica por medio de la columna del Primer Vigilante, en tanto que la sabiduría y la simpatía que todo lo abarcan, pertenecientes al grado 33, deben ser reflejadas en la actitud del Sapientísimo Maestro de la Logia.

CAPITULO III

Los Misterios Cretenses

LA UNIDAD DE LOS MISTERIOS

El conjunto de teorías y prácticas al cual llamamos los Misterios ha existido en muchos países y en diversas formas, la mayoría de las cuales han influenciado a la Francmasonería en mayor o menor extensión. A pesar de lo ampliamente esparcidos, Su unidad de origen puede captarse en el hecho de que tenían un esquema de desarrollo que era siempre el mismo, si bien mostrando divergencias en asuntos de poca importancia. En aquellos días, al igual que en el presente, un H. de una Jurisdicción de otro lugar que deseaba visitar, tenía que retejarse a la puerta de la Logia; pues no importa qué diferencias haya habido en las modalidades externas del ritual, los signos fueron siempre los mismos, ya que son las llaves para los poderes sacramentales tras de todos los sistemas de Misterios.

LA VIDA EN LA ANTIGUA CRETA

Uno de los más fuertes ejemplos de esta unidad se puede hallar en Creta, donde los comparativamente recientes descubrimientos de Sir Arthur Evans han sacado a la luz muchas formas y símbolos masónicos, con muchísima semejanza con los de Egipto. La antigua Creta estaba dividida en tres partes o estados –Knossos, Goulas y Polurheni. El Rey de Knossos era el Rey en Jefe de toda la isla, ya que los gobernantes de los otros Estados lo reconocían como un consejero y guía, aunque eran autónomos en el manejo sus propios asuntos internos. Había también, en el sur de la isla, una ciudad independiente con un territorio anexo de unos cuantos kilómetros.

Todos estos Reyes eran también sumos sacerdotes **ex officio**, como en Egipto, y el palacio del Rey era siempre el templo principal de su Estado. El pueblo adoraba a una deidad dual: Padre–Madre, y ambos eran considerados como uno, si bien algunas gentes daban su devoción más al aspecto Padre, en tanto que otras al aspecto Madre. Cuando por separado se mencionaba al aspecto Padre, se le llamaba Brito, y a su vez, Diktynna a la Madre. No se hicieron estatuas de estas deidades, pero se hacía objeto de gran reverencia a su símbolo, que era un hacha de metal, con un mango y dos cabezas, montada en una base de piedra, y colocada en los templos donde normalmente uno esperaría encontrar una estatua. Por lo que toca a la escritura de esa época, la deidad dual era representada por un dibujo convencional del **labrys**, que era el nombre de tal hacha, habiendo sido por ella que el famoso laberinto fue construido, para informar a la gente de lo difícil que era hallar el Sendero que conduce hacia Dios.

Gran parte del servicio religioso era efectuado al aire libre. Varios picachos notablemente aislados fueron considerados como sagrados para la Gran Madre, y el Rey y su pueblo se dirigían a uno u otro de ellos ciertos días de cada mes y al unísono decían sus loas y sus rezos. Se prendía una hoguera y cada quien se tejía una corona de hojas y se la ponía por un rato para despues arrojarla al fuego como una ofrenda al Dios Madre. Cada uno de estos picachos celebraba una festividad anual una especie de feria pueblerina pseudo religiosa, a la cual llegaba gente de todas partes de la isla para comer al aire libre por dos o tres días y gozar plenamente. En alguna ocasión, bajo un viejo y enorme árbol de forma raramente perfecta, que era considerado como sagrado para Diktynna, se hacían ofrendas y se encendía mucho incienso, que se esperaba fuera absorbido por las hojas para que el aroma se quedara en el árbol y cuando las

hojas cayeran en el Otoño, fueran recogidas y distribui-
das entre la gente, que las consideraba como talismanes
protectores contra el mal. Es innegable que estas hojas
tenían fuerte fragancia, aunque no se sabe hasta que
punto era debida al incienso.

La gente poseía características raciales obviamente
griegas, vestían sencillamente, pues, para el diario, la
vestimenta masculina consistía en un taparrabo, y para
las festividades religiosas u otras, se ponían primorosos
trajes oficiales. Las mujeres usaban un vestido que cubría
todo el cuerpo, y que en su parte inferior daba la impresión de ser una falda dividida.

El interior de la isla era montañoso como Sicilia, y tenía
muchos parajes hermosos. La arquitectura era sólida y las
casas arregladas en curiosa forma. Al entrar se llegaba
directamente a un gran vestíbulo como el de una iglesia,
en el cual toda la familia y la servidumbre pasaba todo el
día, la comida se hacía en un rincón. A espaldas estaba
un pasadizo cubierto (como en las casas de Java, hoy día)
que conducía a lo que, en efectos, era un edificio separado, en el cual estaban los cuartos dormitorios, los
cuales eran muy pequeños y obscuros –simples cubícu-
los–, pero con una abertura de unos sesenta centímetros
en derredor del cuarto, cerca del techo, de manera que
había mucha ventilación. Alrededor de la pared de este
pasillo, bajo el techo, generalmente corría un friso de
bajorelieve coloreado, una procesión ejecutada, en la
mayoría de los casos, con un estilo de máxima inspiración.

Los edificios eran de granito, así como muchas de las
estatuas; otras eran de piedra suave, de cobre o de
madera. El principal metal que usaba esta raza era el
cobre, aunque también usaba el hierro. La alfarería era
completamente peculiar; todos los artículos más comunes eran hechos de barro amarillo claro, con toda clase
de dibujos, pintados generalmente, sobre una ancha
banda blanca alrededor del centro de la vasija, y los colores empleados eran casi siempre el rojo, café o amarillo, raramente, azul o verde. Estas eran las vasijas comunes de la casa, mas para la mesa usaban la porcela-
na y el vidrio; ambas muy bien trabajadas. La mayor par-

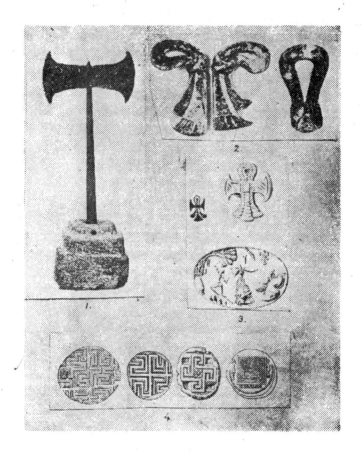

LAMINA I

1. Hacha sagrada o Labrys embutida en una base de piedra. (Evans)

1. Hacha sagrada o Labrys embutida en una base de piedra. (Evans)

2. Nudos sagrados. (Evans)

3. Doble hacha coronada con nudos sagrados que recuerdan la ANKH o cruz egipcia. (Evans)

4. Sellos y monedas minoicos con dibujos de laberinto. (Evans)

te de la vidriería era verde azuloso, como algunas de viejo vidrio veneciano, no incoloras como las nuestras. La gente grabadas y a veces con incrustaciones de piedras preciosas. Estas gentes eran muy hábiles en el trabajo de joyería de todo tipo, y creaban intrincados adornos. No se ven entre ellos ni diamantes ni rubíes, principalmente, amatistas, jaspe, o ágatas. Sin embargo, muchos de los ornamentos eran evidentemente importados, pues tenían estatuillas y modelos tallados en marfil.

Usaban dos tipos de escritura, evidentemente correspondientes a la escritura jeroglífica y demótica en Egipto, pero bien diferentes de la egipcia. Un sistema decimal era usado en el cálculo, y la Aritmética, generalmente, parece haber sido bien entendida. Estos cretenses eran buenos marinos, y tenían una poderosa flota de galeras, algunas de ellas hasta con sesenta remos. También usaron velas, que eran maravillosamente pintadas; pero aparentemente las empleaban sólo cuando el viento daba casi directamente a popa.

LA RAZA CRETENSE

Los cretenses eran una rama o familia de la cuarta subraza o céltica, de la quinta raza o raza aria. En el Capítulo **XIX**del libro **Man: Whence, How and Whither**, se da una breve historia de esa subraza y del mismo libro sacamos los siguientes párrafos relativos al origen de los cretenses:

La primera sección (de la cuarta subraza) que llegó a Europa después de cruzar el Asia Menor, fue la de los antiguos griegos; no los griegos de nuestra "Historia Antigua" sino sus muy lejanos ancestros, a los que a veces se llama pelasgos. Se recordará que los sacerdotes egipcios son mencionados en el **Timeo** y el **Critias** de Platón hablando a un griego posterior acerca de la espléndida raza que había precedido a su propio pueblo en su país; cómo habían resistido una invasión de la poderosa nación del oeste, la conquistadora nación que había subyugado a todos, hasta que se estremeció contra el valor heroico de estos griegos. En comparación con éstos, se dijo, los modernos griegos -los griegos de nuestra historia que nos parecen tan grandiosos– son como pigmeos. De aquellos salieron los troyanos que

combatieron a los modernos griegos, y la ciudad de Agadé en el Asia
Menor estaba poblada por sus descendientes.

Aquellos, entonces, habían tenido por largo tiempo las costas del Asia
menor y las islas de Chipre y Creta y todas la mercancías de aquella
parte del mundo eran transportadas en sus navíos. Gradualmente se
edificó una gran civilización en Creta, que duró miles de años. El
nombre de Minos será siempre recordado con el de su fundador o más
saliente edificador, y él provenía de estos griegos más antiguos, aún
antes del año 10.000 a. de C.

RECIENTES DESCUBRIMIENTOS EN CRETA

Es sólo a partir del año 1900 que, debido principalmente
al trabajo de Sir Arthur Evans, el mundo moderno ha
llegado a conocer algo de la civilización cretense, y a
darse cuenta de que en antiguedad y esplendor se compara aun con la grandeza de existir bastante apreciación de la valía arqueológica de los descubrimientos
en Creta, los Francmasones todavía no le prestan mucha
atención al altamente significativo hecho de que tal civilización nos demuestra la existencia, hace cinco mil
años al menos, de una religión basada en Misterios, la
cual en cuanto a símbolos y emblemas generales se
parece muchísimo a nuestro ritual moderno. Una característica de esos Misterios cretenses, especialmente
atrayente para los comasones es que en ellos eran admitidos hombres y mujeres. La admisión de las mujeres era práctica de casi todos los Misterios del mundo
antiguo, pero los más claros vestigios de tal hecho se
encuentran hoy en Creta, más que en ningún otro país.
Estos Misterios no se encuentran en la línea masónica de
descendencia directa, mas los restos arqueológicos de
los ritos iniciáticos son tan impresionantemente similares
a nuestro sistema presente que resultan ser interesantes
de manera excepcional.

Para quienes no están familiarizados con los resultados
de las excavaciones en Creta, sería bueno presentarles
un breve estudio del conocimiento histórico logrado con
su auxilio. Hasta recientemente la mayoría de los textos
de historia nos enseñaban que la civilización griega se
inició en el siglo VIII a de C. Había tradiciones de una

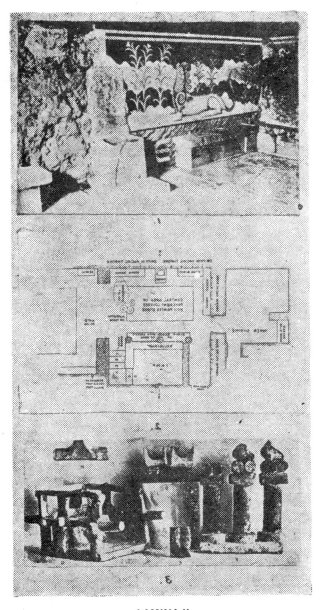

LAMINA II

1. Cámara ritual en el Palacio de Minos. (Dussaud)
2. Plano del terreno de la Cámara Ritual. (Evans)
3. Objetos de terracota procedentes de un santuario votivo. (Evans)

civilización más antigua, con centro en Creta, donde el Rey Minos gobernaba en su palacio de Knossos, y otra en la parte principal de Grecia, donde, en las ciudades micénicas Agamenón y sus héroes se habían preparado para la expedición contra Troya, pero estos relatos habían sido tomados como de carácter puramente legendario, hasta que la tenaz perseverancia de Schliemann verdaderamentse desnudó las paredes de la antigua Troya y descubrió las tumbas de los reyes micenios, obligando a los historiadores a darse cuenta de que en este caso como en otros, la leyenda había resultado más apegada a la verdad que la Historia.

Los descubrimientos en Creta fueron aún más impresionantes. Cuando Sir Arthur Evans comenzó sus excavaciones en el lugar que ocupó la antigua Knossos, no sólo descubrió el palacio del Rey Minos, sino una serie de capas sucesivas, indicadoras de una civilización continua, de muy elevado carácter, que se extendió por un período de varios miles de años. Se demostró que las viejas leyendas del laberinto de Creta y el terrible Minotauro, que se suponía habitaba en sus más recónditas profundidades, estaban básadas en hechos, no en fantasías. Ahora también se sabe que durante la era de la primera dinastía de Egipto, en Creta floreció una civilización tan poderosa como la egipcia. En tal respecto, Sir Arthur Evans dice:

El elemento protoegipcio en la Antigua Creta del período de Minos está, en verdad, tan claramente definido y es tan intenso en su naturaleza que casi sugiere algo más que la conexión que pudo haber traído el comercio primitivo. Se puede, con fundamento, preguntar si durante el tiempo de cambio y presión que señaló el triunfo del elemento dinástico en el Valle del Nilo, parte de la antigua población entonces expulsada, no haya iniciado un verdadero centro de población en el suelo de Creta.

Aunque las civilizaciones del antiguo Egipto y de Creta tienen mucho en común, cada cual tenía distintamente un espíritu propio, y muchas de las semejanzas entre ambas pueden explicarse por el hecho de que por larguísimo tiempo no sólo el Delta, sino también el Medio y el Alto

LAMINA III

1. Placa de oro, procedente de Micenas, que representa un santuario. (Dussaud)
2. Palomas posadas sobre una figura femenina simbolizando
la protección divina. (Evans)

Egipto se mantuvieron en relación ininterrumpida con la Creta de Minos.

No es nuestro objetivo entrar a mayor descripción de esta civilización minoica, que en muchos aspectos era igual, o quizá superior, a la de nuestros propios días. Nuestra principal tarea es la religión y los usos rituales de los antiguos minotas, que en sus detalles muestran tan gran parecido con la moderna Francmasonería. En vista de que la escritura minoica todavía no ha sido descifrada, estamos informados, de modo muy parcial, acerca de los pensamientos y creencias de la raza minota, mas, sin-embargo, a partir de los objetos hallados y los monumentos descubiertos podemos sacar algunas conclusiones que nos bastan para el presente propósito.

EL CULTO EN CRETA

El culto principal parece haberse concentrado alrededor del aspecto femenino de la deidad ya mencionada, quien, como Isis entre los egipcios y deméter entre los griegos posteriores, simbolizaba el poder creador y el protector cuidado y nutrición por parte de la Naturaleza en plan de madre. Conectado con el culto a ella, estaba el árbol sagrado, representado en tantas formas en los templos minotas, en tanto que la deidad misma era asociada con la paloma, el león, el pez y la serpiente, tipificando su dominio sobre el aire, la tierra, el agua y el fuego en el mundo.

Como ya dije antes, el más sagrado símbolo en el culto minoico era la doble hacha o labrys. Esta se halla, en los templos de la antigua Creta, montada sobre una columna de piedra, y cuando se representa sobre algún objeto o edificio, invariablemente denota su carácter sacro (Ver láminas I, 1 y IV, 2).

Fue siempre un emblema del más Elevado Dios, y es en realidad el antepasado del mallete del Maestro que éste lleva, porque, en forma humilde, representa al Comendador en Jefe, gobernando su Logia en nombre del Rey Espiritual. En Creta a menudo la hallamos asociada con lo que se llama el nudo sagrado. (Ver lámina I, 2). Cuando

LAMINA IV

1. Fresco de un santuario en el cual se ven tres columnas con la Doble Hacha. (Dussaud)
2. Fresco de un santuario mostrando columnas sagradas y pavimento teselado. (Dussaud)
3. Fresco de un santuario en el que se muestra un piso teselado. (Evans)

está así combinada se asemeja mucho al **ankh** egipcio, la insignia de la inmortalidad (Ver lámina I, 3).

La Madre–Diosa Dictynna representó la productividad y el poder creador de la Naturaleza, esta doble hacha, especialmente cuando estaba coronada por el nudo sagrado, significaba la eterna verdad de la muerte y la resurrección, que era el misterio central de la religión de Creta así como lo fue de Egipto, de manera que con frecuencia se colocaba ante ella para tipificar el eterno milagro del renacer del árbol y la semilla a partir de la muerte del invierno. La forma misma del laberinto, en cuyos antros se ocultaba este sagrado emblema, era en sí mismo simbólico y lleno de significación; estaba basado en la cruz, y las representaciones de éste en sellos y monedas a veces toman la forma de una esvástica.

Conectados con este culto religioso externo, en la antigua Creta había Misterios de iniciación para unos cuantos, y es en ellos donde encontramos el principal elemento de similitud con la Francmasonería. En el palacio de Minos en Knossos, como también en el palacio de Festos –otro sitio de Creta– encontramos criptas y cámaras, con pilares por doquier, las cuales eran indudablemente de carácter sagrado e iniciático. La más importante de estas piezas es el llamado salón del trono en el palacio de Minos, que deriva su nombre del trono, magníficamente esculpido, que fue hallado intacto cuando se excavó (Ver lámina II, 1).

EL SALON DEL TRONO

En relación con este salón, Sir Arthur Evans dice:

Ahora es claro que una gran parte del ala occidental del Palacio era poco más que un conglomerado de templos pequeños, de criptas con pilares, designadas para uso ritual, y sus correspondientes pasillos arriba. En esta ala, la cámara mejor conservada, y que aún existe, es el "Salón del Trono" que abunda en sugerencias religiosas. Con su asiento catedralicio exuberantemente tallado al centro y rodeado de bancas de piedra, los grifos sagrados a un lado del trono mismo, y enfrente, comunicada por escalones descendentes, su misteriosa piscina o alberca, bien pudiera evocar la idea de una especie de

LAMINA V

1. Cripta columnaria en la que aún quedan dos columnas. (Evans)
2. Anaquel de templo con objetos procedentes del repositorio. (Evans)
3. Sacerdotes con doble mandil.

83

consistorio o casa capitular. Un rasgo singularmente dramático del momento de la catástrofe final, fue proporcionado aquí por los vasos de alabastro en el piso, junto a la garrafa de aceite volteada, listos para ser llenados en vista, inferimos, de alguna ceremonia de unción. Es imposible acallar la conclusión de que "La sala del Trono" en Knossos estaba dedicada para las ceremonias religiosas.

Los rasgos salientes de su distribución, (Lámina II, 2) sugieren una interesante comparación con una cámara ritual recientemente descubierta en uno de los muy parecidos santuarios de Anatolia. Es ésta la "Cámara de la Iniciación" excavada por los exploradores ingleses en el santuario de Hombres Ascanios, y una Diosa Madre, descrita como Deméter, cerca de la Antioquía pisidiana. El trono mismo, las bancas de piedra en derredor, y la alberca del lado opuesto del trono, hallan todos sus grandes analogías y están distribuidos en las mismas posiciones relativas. En el Santuario gálata vemos, a mayor escala, es cierto, una cámara con un trono -en este caso cerca, en realidad no contra la pared posterior– a la derecha de la entrada, en tanto que opuesta a ella, al lado izquierdo, al entrar a la cámara, está una piscina oblonga. Aquí, también, en el sentido de la pared posterior corre un diván o banca de piedra cortada, y se llegaba a la cámara por una antecámara o *pronaos*.

Los arreglos del culto son a menudo transmitidos casi inalterados por largos períodos de años, y las fuertes analogías que aquí se presentan, permiten una suposición real para creer (admitir) que el mucho más antiguo Salón del Trono en Knossos y su estanque adjunto fueron planeados para ritos semejantes de iniciación y purificación. Tal vez para presidir estos ritos anatolios debió sentarse en el trono de Knossos un rey–sacerdote, el Hijo adoptivo, en la tierra, de la Gran Madre de los misterios isleños. Tal personaje puede ser realmente reconocido en el Palacio, en el relieve de una figura llevando una corona de lirios con plumas, y conduciendo, podemos creer, al Grifo sagrado. Es probable que en Creta el aspecto real estuviera más a la vista que en los centros religiosos del Asia Menor. Mas tanto la evidencia del lugar del Palacio como las divinas asociaciones atribuidas a Minos, nos conducen a la conclusión de que aquí, también, cada dinasta sucesivo, era "un sacerdote para siempre, según la orden de Melquisedek" y "hecho a semejanza del Hijo de Dios".

No hay duda de que en el salón así descrito encontramos uno de los templos minoicos de los Misterios. Mas probablemente, como sugiere Sir Arthur Evans, el trono que se muestra en la cámara era el asiento del Hierofante, y en las bancas de piedra adosadas a las paredes eran colocados los HH. que tomaban parte en el ritual. Los candidatos a la iniciación tenían que sujetarse a una purificación preliminar en el estanque lustral antes de poder ser admitidos a las ceremonias.

LAS TRES COLUMNAS

El plano de este Templo minoico puede verse en la lámina II, 2. Tenía tres columnas enfrente del trono del Hierofante, que son frecuentemente halladas en la religión de misterios de Creta y estaban íntimamente conectadas con sus ritos. La evidencia de que las tres columnas tenían un significado sagrado se encuentra en uno de los modelos en terracota que pertenecen a una capilla votiva, que con frecuencia nos proporciona información adicional relacionada con los Misterios cretenses (Véase Lámina II, 3). Citaremos a Sir Arthur Evans en su descripción de las tres columnas rematadas con unas palomas (que repetidamente aparecen en varios modelos de templos minoicos), así como su explicación del significado religioso:

Mas, de todos estos restos, el más alto interés religioso se le adscribe al grupo de terracota perteneciente a alguna estructura religiosa en una mayor proporción que las demás. Consiste en tres columnas sustentadas por una base común, soportadas en cada caso sobre un capitel cuadrado, los extremos redondos de un par de vigas sobre las cuales se posa una paloma (Ver lámina 2, sec.3). El capitel cuadrado y las puntas de las vigas encima de él, deben ser consideradas aquí como el equivalente, en forma abreviada, de las vigas del techo y entabladura de un edificio. En otras palabras, son los **pilares de la casa**, y las palomas posadas encima de ellos son el signo externo y visible de la divina presencia y protección. Un sello de barro con un motivo similar o sea el de la paloma posada sobre las vigas del techo que descansaban sobre una columna, la cual tenía como base la de un altar, como en el esquema de la Reja o Puerta del León, ha salido a luz recientemente en Micenas; una singular ilustración del origen minota del culto.

Cada una de las mismas columnas, puede ser considerada como una entidad religiosa separada, puesto que en lugar de una común entabladura, la superestructura está en cada caso separadamente representada por una especie de taquigrafía arquitectónica. Esta Trinidad de pilares, hechos de piedras de meteoro (que tiene muchos paralelos en el culto semítico), en sí misma, recuerda la triple distribución que se ve en el caso del Fresco del Templo en Knossos y de varios templos minoicos y micenicos posteriores. Las triples capillas de oro de Micenas están también apareadas con palomas en reposo.

LAMINA VI

1. Reliquia de hueso, procedente del repositorio del templo. (Evans)
2. Plancha votiva hecha de bronce, procedente de la cueva Psychro. (Evans)
3. Anillo de oro, procedente de Micenas. (Dussaud)

Tales aves, como ya se observó, simbolizan, en este y otros casos, el descenso de la divinidad a lo interno del objeto poseído. A veces, como en los ejemplos anteriores, es el pilar meteórico o el claustro que lo encapilla o encierra. La célebre escena sobre el sarcófago de Hagia Triada muestra aves parecidas al cuervo, bajadas por medio de esfuerzos de ritual y libaciones dirigidas a las Sagradas Hachas Dobles, que de este modo quedan "cargadas" como si estuvieran con la divinidad. Las palomas sobre el cáliz de oro de Micenas y de "la Copa de Néstor" repiten la misma idea.

Mas no era sólo el objeto de culto el que podía ser de este modo santificado por el emblema, descendiendo del morador interno. En el caso de las placas de oro del Sepulcro del Tercer Túnel en Micenas, las palomas se ven no sólo posadas sobre la capilla sino también sobre la cabeza, y flotando sobre los hombros de una mujer desnuda (Ver lámina 3, sec. 2). Así también la imagen central, en barro, de la "Capilla de las Dobles Hachas" en Knossos, muestra la paloma posada sobre su cabeza (de la mujer). En estos casos tenemos, o bien imágenes de la Diosa Paloma, reforzada por lo que pudo haber sido su antigua apariencia zoomórfica (de la mujer), o bien de una sacerdotisa deificada por el descendimiento del espíritu-paloma.

La extensión en la que las concepciones religiosas minoicas primitivas eran conocidas por la mente semítica, está ilustrada otra vez aquí por el impresionante paralelo del bautismo en el Jordán y el cuadro descrito por los evangelistas acerca del Espíritu Santo "descendiendo en forma corpórea como una paloma" y "dirigiendo su luz" sobre Jesús. Lo que hay que tener presente durante todas estas conexiones es que no es sólo el objeto inanimado o anicónico, como el pilar o el hacha sagrada, que puede llegar a ser, por medio del adecuado ritual, la temporal morada de la divinidad, sino que el Ser espiritual pueda introducirse a lo interno del adorador o del que hace votos en forma humana, quien por el momento se convierte en Dios, igual el bautizado cristiano se vuelve alter christus. Esta "posesión" es a menudo señalada por profecías y bailes extáticos, o un baile orgiástico en un anillo sellador minoico, que después se describirá, encuentra su explicación pictórica en el descendimiento de la diosa. Tonos musicales como los de la lira, el caracol, o el sistro del culto egipcio, fueron medios de invocación.

Estos modelos de terracota, altamente interesantes, que ilustran las estructuras e ideas religiosas del M.M. del II Período, son complementadas por un objeto -la escala del cual corresponde a la misma serie que el grupo de columnas- en forma de asiento portátil (Lámina 2, sec. 3). En él están algunos restos de la porción baja y aditamentos de una figura. Es evidente que tenemos aquí una litera ya sea para una divinidad o para su representante terrestre, el Rey-Sacerdote, recordando la seda gestoria aún en uso por el Papa-Re en Roma.

LAMINA VII

1. Jarrón encontrado en Aphidne. en el cual se ven adornos masónicos. (Dussaud)
2. Sellos minoicos con figuras en actitud ritual. (Evans)
3/4. Figuras votivas en actitud ritual. (Bossert)

En su distribución general la cámara ritual del palacio de Festos era similar al templo Masónico en el palacio de Minos, pero no tenía trono; omisión que se explica por el asiento portátil hallado en la capilla. Evidentemente el iniciado en los misterios, en algunos casos era llevado en andas a la procesión, y se quedaba con el asiento en el que había sido transladado.

MODELOS DE CAPILLAS

Las figuras anexas (Lámina III, 1; Lámina IV, 1, 2, 3) muestran modelos de frescos de las capillas minoicas. En la lámina III, 1, una placa de oro de Micenas, vemos otra vez las tres columnas coronadas por los cuernos de la consagración, los que, como la doble hacha, denotan el carácter sagrado del objeto, y la significación ritual es aún más enfatizada por las palomas posadas en los extremos de los cuernos sagrados. Al observar estos dibujos de santuarios minoicos debemos tener presente que las paredes laterales del salón quedan en un solo plano en la fotografía por carecer de perspectiva, así que debemos imaginariamente doblar los muros laterales hacia nosotros para tener la sensación de profundidad de un salón del templo. Bajo los pilares, en diferentes ilustraciones, los pisos están cubiertos con cuadros blancos y negros, similares al mosaico de la Logia Masónica (Lámina IV, 2 y 3).

Hemos visto hasta aquí que en los santuarios minoicos el asiento del Hierofante o maestro se encuentra en un lado, las bancas para los hermanos a lo largo de los muros, tres columnas sagradas como los principales ornamentos del templo y un mosaico en el centro del piso, en cuadros blancos y negros alternados. Además, en algunos de los templos encontramos, a un lado del salón, dos pilares próximos, tal arreglo fue también descubierto por los dos pilares que estaban en la excavación de la cripta en el Palacio de Minos (Lámina V, 1). De estas criptas Sir Arthur Evans dice:

Existe clara evidencia, como abajo se demuestra, que tales criptas con pilares llenaban una función religiosa y estaban en relación con un templo columnario arriba. Poca duda puede haber que aquí tenemos los restos de un importante santuario que queda frente a la puerta interna del Palacio que ve hacia el mar.

LOS OBJETOS DEL ALTAR

Aún se tiene mayor evidencia del carácter Masónico de los ritos minoicos con los notables objetos hallados en las depositarías del templo en las cuales se guardaban los diferentes objetos del altar relacionados con el culto ritual en la cámara de iniciación. Sir Arthur Evans ha reacomodado tales objetos sobre el anaquel del altar para el cual sin duda estaban dedicados, y tenemos esta disposición a la vista en la Lámina V, 2. Quizá el rasgo más notorio es la cruz de mármol en el centro del altar. La cruz con brazos iguales, o sea cruz griega, así como la cruz latina y la esvástica, se hallan repetidamente en conexión con el culto minoico; y ya que la cruz ha simbolizado a través de las edades ya sea el misterio de la creación y el descendimiento de la divina vida hasta la manifestación, o bien, la muerte mística y la resurrección del alma, aquí tenemos una evidencia de impacto de que estas concepciones estaban también en la base de los Misterios Cretenses.

En cualquier lado de la cruz, sobre el anaquel del altar las figurillas llevan mandiles, los que son claramente de carácter ritual, ya que éstos no se usaban entre la ropa ordinaria de Creta (Véase lámina V, 3). El mandil era evidentemente doble, extendiéndose tanto al frente como atrás, y difería en detalles en el caso de la diosa y su sacerdotisa. Es posible, y en algunos aspectos aun probable, que ambas figurillas femeninas halladas en el altar sean adoradoras de la cruz y de la triple serpiente, en cuyo caso la diferencia en rango o grado de quienes los llevaban. Evans opina que los dobles mandiles son de carácter ritual.

LAMINA VIII

1, 2, 3, 4. Figuras votivas en actitud ritual. (Bossert)

SIMBOLOS DIVERSOS

Había también algunos símbolos menores y objetos que son de tan decidido carácter Masónico que vale la pena mencionar. En la Lámina VI, 1, vemos una reliquia ósea hallada en la depositaría del templo, de la que Evans dice: "es en su aspecto, alternadamente como de flores y capullos, que sugieren el de la granada". Otros símbolos conocidos de los Francmasones son la frecuente interpolación del sol y la luna, que se ve en nuestra ilustración (Lámina VI, 2 y 3) en una tableta votiva de la cueva Psychro, y un anillo de oro de Micenas. Del primero Evans dice:

El árbol, la paloma y el pez, que aquí aparecen como vehículos de posesión divina, apropiadamente simbolizan el dominio de ella sobre la tierra, aire y mar. El triple grupo de cuernos sagrados remarca más aún el triple aspecto del culto, que también explica la Triple pileta de la Mesa de Libación. Así, también, vemos las capillas con pilares de la diosa, como la del mural de Knossos, regularmente divididas en tres compartimientos.

La tableta votiva y el anillo están llenos de significación religiosa y de simbolismo Masónico, y merecen un estudio más a fondo. Ellos incidentalmente muestran qué tan lejos se esparció la adoración minoica desde Creta hacia el continente. Asimismo la introducción al cuadrado masónico como patrón decorativo sobre un jarrón hallado en Afidna, en la Grecia continental, es de interés, pues muestra que con el espaciamiento de la cultura de Minos hacia los centros de población micénicos, los símbolos de la religión de misterios de Minos también fueron exportados. (Lámina VII, 1).

LAS ESTATUILLAS

Pero a estas pruebas de simbolismo Masónico, por decisivas que sean, las sobrepuja el testimonio presentado por un número de estatuillas y figuras votivas halladas en Creta o en las avanzadas de la civilización minoica, las cuales están presentadas en tan indudables actitudes

 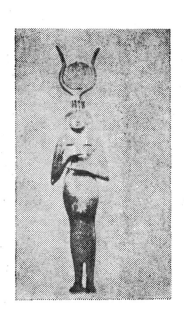

LAMINA IX

Los signos en Egipto.

Masónicas (algunas de las cuales pertenecen ahora a los grados superiores), que hasta el más escéptico de los estudiantes tiene que reconocer que ninguna casualidad puede explicar esta semejanza. (Véanse Láminas VII y VIII). No estaría de acuerdo con el secreto Masónico el mencionar los grados a los cuales pertenecen las diferentes actitudes, sin embargo, todo Masón prestamente las reconocerá. No obstante lo ridículas que parecen ser las estatuillas, si fueran la única evidencia hallada en Creta serían suficientes para indicar la existencia de Misterios de carácter Masónico en esa antigua civilización. Pero cuando la evidencia se apoya en las varias pruebas ya citadas, queda fuera de duda que hace cuatro mil años o más, existieron en Creta Misterios en los que se usaban símbolos y signos Masónicos, y que a tales Misterios se admitían hombres y mujeres, y que celebraban sus ritos en templos muy semejantes a los de la moderna Francmasonería.

CAPITULO IV

Los Misterios Judíos

LA LINEA DE DESCENDENCIA JUDIA

Aunque nuestros modernos ritos y símbolos masónicos son derivados de Egipto, como se ha demostrado en **The Hidden Life in Freemasonry** nos han llegado, en su mayor parte, a través de los judíos. La tradición que más ha tenido influencia sobre nuestra moderna Masonería es la de los Misterios Judíos, de manera que la mayoría de nuestras ceremonias y signos están vertidos en una forma judía.

En el libro antes mencionado se ha explicado que muchas de las tradiciones conservadas en el Viejo Testamento, de hecho, tienen una base, aunque los eventos de la historia judía fueron magnificados y desfigurados por la lente de un casi fanático patriotismo a manos de posteriores compiladores de datos. Los libros sagrados judíos, como se conocen ahora, fueron casi totalmente reescritos después del retorno del cautiverio; y los escritores sacerdotales que ejecutaron tal obra transfiguraron en una llamarada de entusiasta romance las poéticas tradiciones de su nación.

LAS MIGRACIONES JUDIAS

La raza judía es una rama de ese pueblo semítico que formó la quinta subraza de la raza raíz, la atlante. Unos cuatro mil años antes del gran cataclismo de 75.025 a. de C. que arrasó el primer imperio atlante de Egipto, el Manú había guiado a Sus especiales partidarios a las tierras altas de Arabia a fin de que pudieran ser separados del grueso de los atlantes, y que un nuevo tipo se originara de ellos el cual, más tarde, se convertiría en la raza raíz aria. Rigurosa prohibición contra el casamiento de judíos con razas vecinas fue ordenada por el Manú, para que la pureza de la nueva estirpe pudiera ser mantenida, y la idea de estos hombres de que ellos eran un "pueblo elegido" fue alimentada hacia ese fin. Poco antes del cataclismo, unos setecientos de los mejores y más prometedores de entre el pueblo judío fueron guiados por el Manú al Asia Central, y allí se convirtieron en una gran nación después de muchos miles de años, en el núcleo de la raza aria que luego gobernaría al mundo.

Cerca del año 40.000 a. de C. el Manú sacó a la segunda subraza de la nueva raza raíz, para colonizar Arabia una vez más, ya que los semitas que habían sido dejados atrás eran los más cercanos de entre los pueblos atlantes, a la nueva estirpe. Arabia se convirtió en un gran reino ario, exceptuado solamente una cierta sección de los que habitaban la parte sur de la península, quienes declinaron reconocer al Manú o casarse con Sus gentes, citando Sus propias prohibiciones como argumento de su negativa al casorio con judíos. Más tarde, este trozo del país fue conquistado por los arios, y una sección fanática de sus habitantes abandonó sus hogares y se estableció en la costa opuesta del Mar Rojo, en lo que ahora se llama Somalilandia. Allí vivieron durante algunos siglos, pero, a consecuencia de un intento de la mayoría de mezclarse en casamiento con los negros del interior, una gran parte de la minoría se desprendió de la comunidad, y, después de mucho errar, se encontraron en territorio egipcio. El Faraón, interesado en la historia de ellos, les ofreció un lugar aledaño por si querían quedarse ahí. Con el tiempo, un Faraón les exigió impuestos adicionales y trabajos forzados, lo cual consideraron una violación a sus privilegios, así que una vez más emigraron en masa bajo el liderato de aquel a quien ahora llamamos Moisés, y después de más intentos se establecieron en Palestina, donde fueron conocidos como los Judios, todavía manteniendo tenazmente que ellos eran un pueblo elegido.

Durante su permanencia temporal en Egipto algunos de ellos habían sido iniciados en algunos de los grados de los Misterios egipcios. Moisés, como se dijo mucho mas tarde, "fue instruido en toda la sabiduría de los egipcios", y tal parece que es el verdadero fundador de los Misterios judíos, por más que la tradición sugiere, que introdujo en ellos la sucesión de Maestro Instalado que él había recibido de los sacerdotes egipcios. Nuestras investigaciones no han confirmado los eventos relatados en los primeros capítulos del libro del Exodo, en relación con las diez plagas y el castigo a los egipcios; los judíos partieron sin mucha oposición, y después de muchos años de vida errante en los desiertos, conquistaron varias tribus y tomaron posesión de Palestina. Su migración parece haber sido inspirada en cierto punto por el Manú. En los días de su marcha usaban una tienda de campaña para celebrar sus Misterios, preservados en la tradición hebrea como el tabernaculo; en éstos, ellos trabajaban, en esencia, los rituales egipcios, aunque toda la celebración se efectuaba, en menor escala y con menos esplendor. Estos son los hechos que existen detrás de la tradición Masónica de la Primera Logia o Logia Santa.

LOS PROFETAS

Parece que Moisés estaba también familiarizado con el gran ritual de Amen conforme al modo de ser utilizado en los Misterios de Egipto, y al menos, una porción de esta tradición fue transmitida por él a sus sucesores. Surgió en días posteriores una escuela en conexión con los Misterios, los miembros de la cual tenían la idea de personificar a los hijos de Israel como su ser que podría desparramar bendición a todas las naciones; e intentaron acrecentar entre ellos mismos el sentimiento de unidad necesario para este propósito, en parte por medio del ritual. También tuvieron la escuela de los profetas, que eran diestros en los Misterios y estudiaban la profunda enseñanza guardada dentro de los antiguos ritos. En el Antiguo Testamento se menciona una escuela de éstas, que, al parecer, existía en Naioth bajo la dirección del profeta Samuel, y hubo otras después en Bethel y Jericó.

Estas escuelas no estaban muy interesadas en la profecía, en el sentido moderno de predicción del futuro, sino en la tarea de instruir al pueblo por medio de la predicación. Se parecían en muchas cosas a los frailes predicadores enviados por la Iglesia Romana en la edad media, tal era la orden de los franciscanos y algunas otras. Los predicadores fueron seleccionados de entre los Levitas, y se enviaron a proclamar las profundas enseñanzas en forma que alcanzara a las mayorías. Es probable que muchos de los grandes profetas judíos pertenecieran a un posterior desarrollo de tales escuelas –Isaías, Jeremías, Ezequiel y otros–, pero siempre tuvieron un punto de vista pesimista, aunque algunos de ellos incuestionablemente tocaron altos niveles de conciencia en sus visiones. Su método era, aparentemente, ponerse en un estado de tremenda exaltación, y luego asomarse a un plano superior a través de una especie de túnel que habían abierto. Así fue como Ezequiel tuvo la visión de los cuatro Reyes de los elementos. Estos Grandes pueden ser vistos claramente sólo con la vista del plano espiritual o nirvánico; no parece que Ezequiel hubiera tocado ese exaltado nivel directamente, sino que se dio cuenta de él en su éxtasis como si lo mirara desde abajo.

LOS CONSTRUCTORES DEL TEMPLO DEL REY SALOMÓN

Alguna parte de los poderes internos y de los rituales egipcios había sido transmitida fielmente de generación en generación desde los días de Moisés hasta el momento en que el Rey Salomón subió al trono de su padre David. Hay algo de verdad en la Tradición preservada en la Biblia, aunque haya exageraciones y equivocaciones en los relatos que nos han llegado, y mucho del significado interno de los símbolos haya sido olvidado. El Rey Salomón parece haber sido un hombre de considerable fuerza de carácter, con algo de conocimiento oculto, y la gran ambición de su vida fue unificar sólidamente a su pueblo hasta convertirlo en un reino fuerte y respetado, capaz de tener una posición de influencia entre las naciones que le rodeaban. Con tal fin erigió el templo en Jerusalén para que fuera el centro de la veneración religiosa de su pueblo y símbolo de la unidad nacional; tal vez no fue tan magnificente como relata la tradición, pero el Rey estaba en extremo orgulloso de él y lo consideraba uno de los grandes logros de su época.

En esta obra contó con la ayuda de su aliado, Hiram, Rey de Tiro, quien aportó una buena cantidad de material para el edificio y prestó muchos hábiles artesanos para ayudar en el trabajo; pues los fenicios eran más diestros en la construcción que los judíos; éstos eran, principalmente, un pueblo pastoril. También unos cincuenta años antes, alguno de los grupos errantes de Constructores (Masones) que decían llamarse Artífices Dionisíacos se habían establecido en Fenicia, de modo es que el Rey Hiram pudo contribuir con muchos trabajadores expertos. Esta alianza es un asunto de historia secular, pues Flavio Josefo, el gran historiador judío, nos cuenta que aun en sus días algunas copias de las cartas que se cruzaron los dos Reyes, existían en los archivos de Tiro y podían ser consultadas por los estudiantes. Hiram Abiff fue también un personaje real, aunque no halló la muerte de la manera reportada en la tradición masónica. Fue un decorador, más bien, que el auténtico Arquitecto del Templo, como claramente lo dicen los relatos bíblicos. "Estaba saturado de sabiduría y entendimiento, y hábil en todo trabajo con latón". Era "hábil para trabajar el oro, la plata, latón, hierro, piedra, madera, lino fino, rojo, azul, rosa; también para grabar toda clase de grabados, y para hallar solución a todo problema que se le planteara".

Josefo confirma la tradición de que él fue un artista y artesano, más bien que arquitecto: "Este hombre era diestro en toda suerte de trabajos, pero su fuerte era trabajar el oro, la plata y el latón, y él hizo todo el trabajo minucioso del templo según deseos del Rey". Era hijo de una viuda de Neftalí, y su padre era de Tiro, trabajador en latón antes que él. En vista de tanta resposabilidad en sus manos y de que era un consumado artista, parece haber gozado de la íntima confianza del Rey Salomón, y de haber sido miembro del consejo. Evidentemente era tratado como un igual por los dos Reyes, y ésa es una de las razones que influenciaron al H. Ward a traducir Hiram Abiff como "Hiram su padre (de él)" y a representar al Rey de Tiro como enviando a su abdicado padre como superintendente del decorado del templo.

LA ADAPTACION DE LOS RITUALES

Mas los planes del Rey Salomón para la consolidación de su pueblo no estaban aún completos; por la construcción del templo había formado un centro externo de veneración nacional, y ahora deseaba que los Misterios, o sea el corazón de la religión de su pueblo y centro de la conciencia espiritual del mismo, tuviera una forma judía pura. El ceremonial transmitido desde los días de Moisés era aún egipcio, y los iniciados en los Misterios todavía estaban simbólicamente ocupados en la construcción de la gran pirámide, la Casa de la Luz, y en celebrar la muerte y resurrección de Osiris. Aun cuando el templo no tenía los correspondientes pasadizos de la iniciación, el Rey Salomón deseaba que para el futuro ocupar el lugar de la Casa de la Luz, y se convirtiera en el centro espiritual de los Misterios judíos. El Rey Hiram de Tiro calurosamente apoyó la idea; él mismo había heredado ritos iniciatorios que habían sido derivados de los Misterios de Caldea, una muy antigua línea de tradición que corría paralela a los Misterios de Egipto desde los días de los atlantes, y que tenía sus principales pasadizos de iniciación en Babilonia. El también acariciaba la idea de que un centro más cercano a casa y en manos amistosas era altamente deseable, y por lo tanto, cooperó con el plan de judaizar los antiguos ritos y enfocarlos en el templo en Jerusalén.

Primero, según parece, los dos Reyes enviaron una embajada a Egipto a estudiar con el Faraón el grave asunto, pidiéndole total reconocimiento para la rama judía de los Misterios. El Faraón no aceptó sus proposiciones ni mostró ningún entusiasmo, y mas bien dejó entender con frialdad, que ninguno que no fuera egipcio podría entender los Misterios de Egipto. Tal parece que los egipcios de esos días consideraban a sus hermanos judíos como lo harían los de la Gran Logia de Inglaterra si el Gran Oriente de Haití les propusiera alteraciones al ritual. No hallamos ninguna confirmación de la historia del casamiento del Rey Salomón con la hija del Faraón, según un relato de la Biblia; es más, la unión es ahora generalmente rechazada por los críticos como imposible, pues de acuerdo con las tabletas de Tel-el-Amarna, una princesa no podía casar con ningún extranjero.

LA AMALGAMA DE TRADICIONES

Al regreso de los embajadores de su viaje a Egipto, el Rey Salomón y el Rey Hiram ordenaron asamblea del consejo en Jerusalén, y se decidió que de inmediato debían de proceder con el trabajo de adaptación de los rituales para darles forma judía. Es un hecho interesante el que las tres diferentes líneas de tradición fueran representadas en las personas de los tres miembros en jefe del concejo y de los cuales podemos hallar rastros en nuestros modernos trabajos. El mismo **Rey** Salomón había heredado la línea egipcia de sucesión derivada de Moisés; el Rey Hiram de Tiro conservó la sucesión caldea, en tanto que Hiram Abiff trajo consigo otra línea de tradición, que no derivaba de ninguna de esas fuentes.

Esta última línea era extraña y terrible; probablemente perpetuada por conducto de tribus salvajes y primitivas que tenían costumbres sangrientas de mutilación y sacriticios humanos. Creo que a esta línea es a la que se refiere el H. Ward en su notable obra **Who was Hiram Abiff?** en la cual aduce una vasta cantidad de evidencias para demostrar que nuestra historia tradicional está basada en el mito de la muerte y resurrección de Tammuz, y es en realidad un relato del asesinato ritual de uno de los Reyes–sacerdotes de esa religión. Señala que muchas de las razas primitivas representaban un drama en el que alguien, generalmente un sacerdote o rey, representa a un Dios que es muerto y luego resucita; que en tiempos antiguos, sea como fuere, realmente mataban a tal representante y lo ofrendaban como sacrificio para asegurar la fertilidad; que cuando primero oímos de este mito de Tammuz, fue en relación con Babilonia, y que las tribus en la vecindad de Judea eran todas adictas a la veneración de esa deidad. Entre los mismos judíos encontramos a los profetas acusando a las mujeres hebreas de tomar parte en el ritual de luto dedicado a él.

El propio Salomón de ninguna manera fue definitivo monoteísta, y su pueblo desgraciadamente mostró una tendencia clara de adorar dioses extraños. Parece haber mucha evidencia para probar que el canto de amor (Cantar de los cantares) que se le atribuye en la Biblia es realmente un himno ritual dedicado a Astarté, para quien él construyó un templo muy cerca del de Jehová. Hay considerable inseguridad de que Balkis, Reina de Saba, haya sido una persona real, o sólo una personificación de Astarté. El H. Word explica que los festivales de los dos santos patronos de la Francmasonería, San Juan el Bautista en Verano, Y San Juan el Evangelista en Invierno, son solamente una perpetuación de las fiestas del viejo culto a la fertilidad, verificadas durante los solsticios de verano e invierno; que ritos culturales similares son hallados en otras latitudes, teutónicos, celtas y griegos, que también ellos sobrevivieron entre los esenios, y que los Caballeros Templarios trajeron a su regreso de Siria una historia muy similar a la del grado 3. El cuento de Jonás, él remarca, ha sido siempre entendido como un mito de muerte y resurreción, y que también fue sacrificado para apaciguar a una deidad y obtener la salvación para otros, tal como lo fue el Rey–Sacerdote de antes. Cita muchos ejemplos de sacrificios de fundación y consagración; y sostiene, como lo ha venido haciendo, que Hiram Abiff fue el padre de ese otro Hiram que fue Rey de Tiro; luego escribe:

Los adeptos fenicios y judíos del antiguo culto de Tammuz, sin duda sintieron que la Gran Diosa había sido defraudada de su justa parte cuando Hiram Abiff no fue sacrificado, como era la antigua costumbre, cuando su hijo subió al trono, y estaban confiados de que si él no era sacrificado cuando se terminara el templo, la estabilidad y futuro de éste peligraría...Así que considero que los trabajadores fenicios, con o sin el consentimiento de Salomón, tomaron la vida del antiguo Rey de Tiro, Abibaal o Hiram Abiff, como sacrificio de consagración".

Si bien apenas podemos aceptar la sugestión de que la ascendencia de nuestro rito moderno sea totalmente seria, no podemos dudar que la influencia de la tercera línea de tradición con la que especialmente contribuyó Hiram Abiff fue considerable. También notamos que parece haber estado especialmente relacionada con el trabajo de los metales.

Todo eso que se halla en nuestros rituales modernos acerca de Lamech y sus hijos; acerca de Jubal, el fundador del arte musical; y de Tubal Caín, el primer artífice de metales, parece pertenecer a la línea de tradición que Hiram Abiff introdujo.

Este consejo fue el iniciador de la mayor parte de nuestro trabajo Masónico moderno; el perfil principal del ritual egipcio fue cuidadosamente conservado (aunque el Rey Salomón, en más de una ocasión, citaba como autoridad, en cuanto a puntos de detalle, a su hermano de Tiro) junto con los signos, y aunque las palabras eran dadas en hebreo, en su mayor parte conservaron el mismo significado. El Rey Salomón parece haber sido responsable en gran parte, de la ceremonia de elevación; él fue quien, por iniciativa de Hiram Abiff, cambió la inscripción de Osiris por la del maestro constructor que intentó escapar por las puertas del Sur, del Norte y del Este y fue asesinado porque no divulgó los secretos de un M. M. El nombre del auténtico maestro constructor no era dado, por supuesto, como ahora, pues él mismo ayudó a la elaboración de la leyenda; tampoco hubo ninguna fatalidad conectada con la construcción del santo templo. La inserción del nombre acual fue obra de Rehoboam, cuando sucedió en el trono a Salomón su padre, como lo digo en **La vida oculta en la Masonería;** Así que la historia vino a aplicarse a la persona de Hiram, el hijo de la Viuda.

Una muy curiosa tradición aún existe en el grado 3 del rito de Mizraim. En este rito la figura central de la leyenda no es Hiram Abiff, de quien se dice que regresó con su familia después de la construcción del templo; mas la historia es transferida hasta muy atrás, a los días de Lamech, cuyo hijo Jubal, bajo el nombre de Harrio–Jubal–Abi, se dice que murió asesinado por tres traidores, Hagava, Hakina y Heremda. (Enciclopedia por Mackey, artículyo **Mizraim**). El rito de Mizraim, como veremos despues, es en extremo antiguo, y puede haber sido incorporado a otra tradición diversa a la transmitida en Europa; Ya que parece haber sido introducido del Este hacia fines del siglo XVIII. Puede ser que tengamos aquí otra huella de la linea de tradición que Hiram Abiff representó en el consejo del Rey Salomón.

Ese fue el importante trabajo efectuado por la segunda Logia, o Logia Sagrada. La sucesión de Maestros Instalados fue transmitida dentro del seno de la nueva organización, y desde entonces los Maestros de Logias que derivan su sucesión de los Misterios de los Hebreos, se han sentado siempre en el trono del Rey Salomón, mientras los dos Vigilantes ocupan los de Hiram, Rey de Tiro y de Hiram Abiff. De tal manera hay una auténtica verdad respaldando a nuestra tradición Masónica.

La auténtica historia tradicional, tal como quedó adaptada por el Rey Salomón, contenía mucho más de la leyenda de Osiris y era más coherente y sensata que hoy; ya que había una resurrección del maestro-constructor así como una muerte, y la búsqueda de Isis tras el cuerpo de Osiris era reflejada en la búsqueda, por ciertos artesanos, del cuerpo del Maestro. Pero esto era más bien un cargo de naturaleza verbal que una parte de trabajo ritual, y por lo tanto, quedaba más expuesta a desfiguración en el curso de los tiempos. Esto es exactamente lo que aconteció: Las ceremonias fueron trasmitidas de era en era con muy pocos cambios, pero fueron en ciertas épocas vestidas con un nuevo grupo de palabras, que reflejaba el espíritu de esos días; en tanto que la leyenda asociada con el ritual del grado 3 quedó tristemente desfigurada al paso de los siglos, hasta que en su forma presente no es más que una silueta de la gloriosa enseñanza de los Misterios de Egipto de los cuales derivó.

LA TRANSMISION DE LOS NUEVOS RITOS

Los Misterios fueron transmitidos de generación en generación durante los siguientes 350 años, mientras sobrevivió el reino de Judá. En 586 a. de C. la ciudad de Jerusalén fue destruida por Nabucodonosor, y el pueblo conducido en cautiverio a Babilonia. Los Misterios quedaron interrumpidos durante la cautividad, y no parece problable que se hayan trabajado con seriedad durante los cincuenta años en el exilio. Sin embargo, la sucesión de Maestros Instalados quedó intacta, y cuando el pueblo regresó de Babilonia a reconstruir el templo, también intentaron reconstruir los ritos de iniciación.

Aquí es donde encontramos los hechos que fundamentan la tradición de la tercera o Gran y Real Logia; Pues Zorobabel, el príncipe de Judá, y Josué, el Sumo Sacerdote fueron en gran parte, los realizadores de este trabajo de restauración y renovación. La misma dificultad se presentó después, ya que no se permitió nunca poner los rituales por escrito; una vez más fue necesario confiar a la memoria la mayor parte de la tradición, y sólo unos cuantos pudieron haber recordado los trabajos efectuados en los días previos a la cautividad. Sin embargo, tuvieron éxito al reconstruir los ritos con aceptable exactitud, aunque una vez más la historia tradicional sufrió desfiguración a causa de ser recordada imperfectamente. Tal es la historia de esta línea de sucesión que finalmente halló su camino a los Colegios Romanos, primero por descendencia directa de las enseñanzas del Rey Numa, luego por la migración de los ritos de Attis y Sibeles a Roma por el año 200 a de C., y de nuevo trasladada por medio de los soldados de Vespasiano y Tito que retornaban a Roma. De estos Colegios fue transmitida con notable aproximación en sus detalles esenciales hasta nuestras modernas Logias.

Además de los tres grados de la Masonería que formaron la estructura principal de los Misterios Judíos, hubo también otras tradiciones Masónicas transmitidas desde Egipto. Lo que ahora es el Santo Real Arco tenía su lugar en el trabajo, en tanto que las ideas contenidas en lo que ahora llamamos el grado Mark estaban asociadas con el grado 2, igual que el Arco lo estaba con el grado 3. Aunque en el trabajo inglés el período del Arco se representa como el de Zorobabel y el Segundo Templo, los Capítulos irlandeses ligan toda la leyenda a los días del Rey Josué, mientras que el Real Arco de Enoch, que difiere considerablemente en cuanto a detalle, aunque la simbología tenga el mismo significado y propósito, sea descrita como perteneciente a los días del Rey Salomón. Es digno de notarse la ausencia de un período fijo como indicador que el marco histórico solamente tiene una importancia secundaria, y que el principal propósito del grado es transmitir instrucción simbólica.

LOS ESENIOS Y EL CRISTO

La tradición de los Misterios fue transmitida de siglo en siglo, hasta que la hallamos entre los esenios, quienes parecen haber heredado ritos caldeos. Fue en esta escuela donde el discípulo Jesús vivió en preparación para Su ministerio, después de recibir una elevada iniciación en los verdaderos Misterios de Egipto. Los esenios habían heredado entre otros ritos caldeos lo que posteriormente se conoció como eucaristía mitraica, la ceremonia del pan, el vino y la sal, como ya veremos, fue transmitida a través de los tiempos hasta que fue incorporada al moderno grado de la Rosacruz del Imperio de Aquí. La consagración de esos elementos era y es maravillosa, aunque no haya un descendimiento de la Divina Presencia tan pleno como en el correspondiente ritual de Amen en el antiguo Egipto. Sin embargo, parece probable que el Señor Cristo tomara la cena mitraica como base de Su santa eucaristía, y mientras conservaba el antiguo simbolismo de los elementos los cambiaba en Su propio vehículo especial, simbolizado como Su Cuerpo y Sangre; el más íntimo y más cercano de todos los sacramentos conocidos por el hombre.

La eucaristía mitraica puso al adorador en contacto íntimo con la Vida divina; la cena mística de la Rosacruz alza al Príncipe Soberano hasta ponerlo en una maravillosa unión con Cristo, el Señor del amor; en el ritual de Amen los HH. reverenciaban a todo el que tomaba parte del sacramento diciendo "Tú eres Osiris". La santa eucaristía de la Iglesia Cristiana es la última y más maravillosa de todas, pues en ella recibimos a Él, el Señor del Amor, y la sagrada Hostia es tan precisa y planamente Su vehículo como lo fue el cuerpo de Jesús en Palestina hace dos mil años. Es muy probable que Él tomó el sacramento existente, que era celebrado regularmente en la comunidad esenia, y lo transformó en otra más santa eucaristía, la cual ha convertido en la gloria de Su Iglesia, de generación en generación.

CABALISMO

Con el tremendo ímpetu debido a la venida del Señor, los Misterios recibieron una mayor inspiración de la que habían tenido desde los días de Moisés. Parte de la enseñanza mística de ellos pasó después a la forma escrita, y en la Cábala encontramos fragmentos del conocimiento simbólico que fue antes propiedad exclusiva de los iniciados. Tan grandes son las semejanzas entre ciertas de las doctrinas de la Cábala y las de los anteriores grados de la Cábala y las de los anteriores grados de la Masonería que se ha supuesto que los estudiantes de Cábala fueron los que introdujeron la Masonería especulativa a nuestra Masonería moderna. El estudiante de ocultismo no sustenta este criterio, pues sabe que nuestros rituales especulativos pertenecen en substancia a un pasado que queda mucho más allá del siglo dieciocho, y que ellos perpetúan la tradición de los judíos exotérica escrita de ciertas enseñanzas que pertenecen a los judíos, aunque transmitidas por una línea independiente que puede, sin embargo, haber cruzado la de nuestra propia Masonería y, hasta cierto punto influenciarla en días posteriores. Hay mucho en la Cábala que aclara nuestras ceremonias y símbolos, y un estudio de Tesofía Cabalística puede ser provechoso e interesante para el Masón.

Un brevísimo sumario es lo más que podemos intentar aquí. La literatura de la Cábala representa un desarrollo de muchos tipos de pensamiento –judío, gnóstico, neoplatónico, griego, árabe y hasta persa– y nunca ha sido completamente traducido a ninguna lengua europea. Consiste en ciertos grandes textos escritos en hebreo y arameo, y un cúmulo de comentarios sobre ellos, compilados por judíos de muchas partes y épocas. Los más importantes textos son el **Sepher Yetzirah,** que explica el significado místico que se oculta bajo el alfabeto hebreo, y erige un vasto sistema de especulación mística y oculta sobre las combinaciones y colaboración de sus varias letras; y el **Sepher ha Zohar**, o **Libro del Esplendor**, que es un mosaico de historia y leyenda, de fábula y de realidad, de misticismo y fantástica especulación que, como toda esa literatura, contiene valiosas gemas de sabiduría oculta escondidas en una porción de desperdicios. Ambos libros pretenden venir del siglo dos d. de C., mas en realidad no fueron escritos sino hasta un período posterior, el primero terminado por el siglo X, y por el siglo XIII el otro. Llegaron a ser conocidos de la gente culta de Europa allá por el tiempo en que la Masonería especulativa empezaba a surgir a la luz del día (o sea por el siglo XVII) a través de varias obras latinas, siendo la principal de éstas **Kabbala Denudata,** del Barón Knorr von Rosenroth, el **Aedipus Aegiptiacus** de Reuchlin y una traducción latina de el **Yetzirah.** Como el H. A. E. Waite, nuestra principal autoridad en este campo ha señalado:

La tradición escrita judía presupone, de principio a fin, una tradición que no se transmitió por escrito. El **Zohar,** por ejemplo, que es su principal monumento, hace referencia por todas partes a un gran cuerpo de doctrina como si fuera algo perfectamente bien conocido por el círculo de iniciación para el cual fue dedicada tal obra.

El esquema de ese cuerpo de doctrina nos ha llegado en el simbolismo de la Masonería, aunque por una línea bien diferente; y en la Cábala podemos hallar una guía para mucho de lo que está obscuro en nuestros rituales modernos.

LA ESPIRITUALIZACIÓN DEL TEMPLO

Dos conceptos místicos hallados en el **Zohar** se relacionan directamente con nuestro tema: la espiritualización del templo del Rey Salomón, y la doctrina de la palabra perdida. Ambas tienen sus raíces en los Misterios egipcios, como ya se ha visto. El templo del Rey Salomón formaba la base física de una vasta estructura de especulación e investigación místicas; pues se decía que sus dimensiones guardaban una proporción con las del Universo, y todos los objetos sagrados que contenía tenían sus interpretaciones macroscósmicas y microcósmicas. El Shekinah o divina gloria que irradiaba el más interno santuario, el Santo de los Santos, se interpretaba no sólo como la divina Presencia que santifica al templo visible, sino como Dios inmanente en Su universo y morando en lo interno del corazón del hombre.

Más aún, la idea de los judíos de que algún día el templo debiera ser reconstruido, está en sí misma espiritualizada y transformada, y fue tomada como una alegoría del logro de la perfección divina en el hombre y el universo. Los judíos, cuya rica mente oriental se deleitaba en exuberantes y complejas alegorías, concibieron una verdadera ciudad y templos, de la cual el Rey Salomón era solamente el símbolo; templos y palacios, cada uno relacionado con un diferente aspecto o plano de la Naturaleza y formando un intrincado sistema de reflejos y correspodencias. El prototipo de toda esta riqueza de simbolismo se encuentra en los Misterios de Egipto, en los que las proporciones de la gran pirámide eran estudiadas como emblemáticas de las proporciones del Universo, y contenían vasta reserva de conocimiento oculto y astronómico. Los judíos aplicaron al templo del Rey Salomón lo que sabían del sistema egipcio, reflejando la sabiduría de Egipto por medio del espejo de su temperamento ardiente y poético, de donde alguna porción pasó a la literatura escrita y exotérica, y también fue transmitida en las Logias secretas de la Masonería.

LA PERDIDA DEL DIVINO NOMBRE

La segunda gran doctrina del cabalismo que nos interesa aquí es la pérdida del divino Nombre, o más bien del correcto método de pronunciar ese nombre. Los judíos pensaron en este nombre como una palabra de cuatro letras, J. H. V. H., que eran generalmente leídas como Jehová. La tradición refiere que la **Omnífic** (sic)[2] Palabra, la cual, siendo el nombre de Dios, comandaba todas las fuerzas de la Naturaleza, era pronunciada por el sumo sacerdote una vez al año, el día Yom Kippur, o de la purificación por medio del ritual sagrado; pero después del exilio, la verdadera pronunciación se perdió. Las consonantes fueron conservadas, pero los puntos para las vocales, esenciales para la correcta articulación, habían sido olvidados. (El presente sistema masorético de puntos para las vocales fue introducido apenas en el siglo diez d. de C.). Esto fue entretejido en una hermosa alegoría del descendimiento a la materia y de la caída del hombre; pues sumergidos en agua como estamos en nuestro actual período evolutivo, no podemos emitir la palabra ni conocer la divina Naturaleza en su plenitud, y sólo podemos percibir la cáscara o cubierta de las cosas, representada por las consonantes que quedaron. Y ni aun esto entendemos, y por lo tanto, hasta para esa parte del Divino Nombre es necesario un secreto substituto. Y es así como en la tradición siempre que aparecía la palabra Yaheh durante la lectura de la Ley, era substituida por el nombre Adonai (que significa "mi Señor"). (La moderna palabra **Jehová** se forma usando las consonantes JHVH, e intercalando las vocales de la palabra Adonai) La tradición tiene los ojos en el futuro esperando que el

----

(2) Esta palabra pertenece a la lengua inglesa, y está formada por dos palabras latinas: **omnis** todo y **facere** hacer. Es decir; El que todo lo crea.

tiempo o las circunstancias restituyan el método original de pronunciación; y el hombre retornará a Dios de quien provino, ya capaz de pronunciar la palabra en todo sus gran poder, para comandar las fuerzas latentes en su propia divinidad.

Todo esto fue entretejido con la doctrina del Logos, la Palabra de Dios, explicaba tan admirablemente por Filón, y conocida de todos los cristianos a partir de las palabras iniciales del Evangelio de S. Juan; ya que toda la tradición de la divina Palabra se deriva de los Misterios de Egipto. El verdadero tetragrámaton no era el Nombre de Dios en hebreo, sino otra palabra mucho más antigua, que ha sido siempre conocida por los iniciados de grado superior. Un desarrollo cristiano de este simbolismo está en la figura de una joya usada por cierto alto oficial en el Rito Escocés. Bajo el antiguo pacto la palabra fue perdida, y aun cuando fue restaurada por el descubrimiento de una cierta bóveda secreta, su verdadera pronunciación quedó sin conocerse; la terminación de la pesquisa no se logró, a pesar de que ya se vislumbraba. El nuevo pacto agregó en el centro todavía una letra más, la mística **Shin** (sonido sh) emblemática del fuego y del Espíritu; y de tal modo, la palabra **Jehová** se convirtió en Jehoshva, el Nombre de Cristo. Tales cosas son una alegoría, ya que sólo encontrando el Cristo en el corazón es como se puede redescubrir la palabra perdida, y tal hallazgo por sí mismo trae el conocimiento del verdadero tetragrámaton; el secreto del eterno ser del hombre, que desde el principio ha sido escrito en la cruz del sacrificio, y siempre guardado oculto en el corazón del mundo en medio de las cosas secretas de Dios.

Este es el bosquejo relámpago de los Misterios Judíos, cuya tradición fue llevada a Roma, de donde pasó a los Colegios y de ellos a las fraternidades del medievo, emergiendo finalmente en los rituales especulativos de los grados de la Hermandad, en el siglo diecicho, en el Santo Real Arco y el grado de Maestro Masón Mark, y en esos otros emblemas y ceremonias que han sido incorporados a algunos de los grados subsidiarios pertenecientes en su simbólica era al antiguo convenio. Los

Misterios Judíos son la fuente de nuestra presente tradición, pues los tres grados de la Hermandad son, y siempre han sido, la base de todo el sistema de iniciación Masónica, puesto que ellos son el estuche de las reliquias de los Misterios Menores y Mayores de Egipto, únicos que pueden ser llamados grados, en su forma original.

Sin embargo, antes de pasar a nuestro siguiente eslabón en la cadena Masónica de genealogía —el de Roma y sus Colegios- nos vendrá bien tomar nota de algunos de los otros grandes sistemas basados en Misterios que alcanzaron renombre en el mundo antiguo.

CAPITULO V

Los Misterios Griegos

LOS MISTERIOS DE ELEUSIS

Ahora llegamos a los Misterios de Grecia, de los cuales los mejor conocidos y más importantes en los tiempos clásicos fueron los eleusinos. Parece haber un muy extendido engaño, cuyo origen podemos hallar en los escritos de los Padres Cristianos. Dicho engaño consiste en que los Misterios de la antigüedad fueron guardados en secreto debido a que estaban plagados de impropiedades y que no soportarían la luz del día. Nada más lejos de la realidad que esto, y yo puedo dar mi testimonio directo, por haber sido un iniciado de los Misterios; en realidad no había nada objetable en ellos. Las enseñanzas eran todas de la más elevada y pura calidad, y no podían hacer otra cosa que beneficiar grandemente a todos aquellos que tenían el privilegio de ser iniciados en ellos. En los tiempos clásicos y postclásicos muchos de los más grandes hombres han dado testimonio de su valía. Unas cuantas citas -entre miles- bastarán para demostrarlo.

Sófocles, el gran poeta de la tragedia, dice de ellos:

Triplemente felices son aquellos mortales quienes después de la contemplación de los Misterios descienden a los dominios de Hades; porque ahí ellos solos poseerán la vida verdadera: para los demás no hay otra cosa que sufrimiento.

Platón dice, por boca de Sócrates, en esa grandiosa escena de la muerte en el **Fedón**:

Me imagino que esos hombres que establecieron los Misterios

113

no estaban carentes de iluminación, sino que en realidad tenían un significado oculto cuando dijeron, hace mucho tiempo, que quienquiera que llegue sin iniciación ni santificación al otro mundo se quedará en el lodo, mas quien llegue iniciado y purificado morará con los Dioses.

Cicerón fue iniciado en ellos y les tuvo la mayor reverencia, en tanto que Proclo nos dice:

Los santísimos Ritos de Eleusis otorgan a los Iniciados el disfrute de los buenos oficios de Cora en el momento de ser sacados de sus cuerpos.

Es verdad que en los días de la decadencia de Roma existieron ceremonias degeneradas conectadas con los Misterios de Baco, que incluían orgías de carácter bien desagradable, pero de ningún modo estaban conectadas con los Misterios Eleusinos originales, los cuales, por esa época, se habían desvanecido casi por completo, hasta quedar en una posición de muy escasa importancia.

El mundo moderno conoce poco acerca de los Misterios Griegos, debido a que sus actividades y doctrinas fueron realmente guardadas en secreto. Además de la fuerte presión de la opinión pública, que consideraba la más ligera violación de los secretos como un acto de terrible irreverencia, oímos de la pena de muerte en un caso de intrusión accidental de dos no iniciados, al interior del recinto sagrado en Eleusis durante la celebración de los Misterios. Por lo tanto, muy poco de los hechos directos nos ha llegado de fuentes paganas; la mayor parte de nuestra información viene de los autores cristianos, Hipólito, Clemente de Alejandría, Orígenes, Arnobio y otros, ocupados en destruir tanto como les era posible la religión pagana, y que por lo tanto siempre se expresaron de los Misterios de la peor manera posible. Se conoce algo de las pruebas de tipo externo aplicadas a los candidatos; y de la enseñanza administrada a través de los diversos mitos, porque cuando la gente de afuera presionaba en busca de información y no era descartada, eso era todo lo que los oficiales revelaban.

EL ORIGEN DE LOS MISTERIOS GRIEGOS

El fundador de los Misterios Griegos fue Orfeo, quien fue encarnación del mismo Maestro del Mundo que había venido a Egipto el año 40,000 a. de C. como Toth o Hermes, a predicar la doctrina de la Luz oculta. Mas ahora el método de Su mensaje era diferente, por estar dirigido a una raza diferente.

Por el año 7,000 a. de C., El vino, vivió principalmente en las selvas, donde agrupó a Sus discípulos a Su alrededor. No hubo rey que le diera la bienvenida, ni corte fastuosa que lo aclamara. Vino como cantante, vagando por el país, amando la vida de la Naturaleza, sus espacios iluminados por el sol y sus retiros de la selva, que no parecían interrumpir la quietud.

El enseñó por medio de la canción, de la música, música vocal y de instrumento, un instrumento de cinco cuerdas, probablemente el origen de la lira de Apolo, empleando una escala pentatónica. Con este acompañamiento El cantó, y maravillosa fue su música, los Angeles se acercaban a oír las sutiles tonadas; por medio del sonido El obró sobre el cuerpo astral y mental de Sus discípulos, purificandolos y engrandeciéndolos; con el sonido desligó de lo físico a los cuerpos sutiles, dejándolos libres en los mundos superiores. Su música era completamente diferente de la de secuencias; se repetía una y otra vez, por lo cual siempre se conseguía el mismo resultado en el grupo étnico raíz de la raza, resultado que fue llevado por este grupo a la India. Aquí El trabajo por medio de la melodía, no por la repetición de sonidos similares; y el despertar de cada centro etéreo tenía su propia melodía, excitándolo a la actividad. El mostró a Sus discípulos imágenes vivientes, creadas por medio de la música, y en los Misterios Griegos esto era forjado del mismo modo, la tradición descendiendo de El. Enseñó que el Sonido era inmanente en todas las cosas, y que si un hombre estaba en armonía con sí mismo, entonces la Divina Armonía se manifestaría a través de él, comunicando regocijo a toda la Naturaleza. Así atravesó la Hélade cantando y escogiendo de aquí y de allá uno que Lo siguiera, y también cantando para el pueblo de manera diferente, entretejiendo sobre Grecia una red de música, que haría a sus hijos hermosos y alimentaría el genio artístico de su tierra.

Esta maravillosa tradición de los Misterios de Orfeo fue transmitida por miles de años hasta que, en los tiempos clásicos, encontramos las Escuelas Orficas, de las cuales la Pitagórica fue un espléndido producto, y también los más grandiosos de todos los Misterios Griegos, que conservaron mucho de la enseñanza ancestral en forma ceremonial. Una reliquia de la tradición de Orfeo radica en el hecho de que el hierofante de los Misterios Eleusinos era siempre escogido de entre la familia sagrada de Eumólpidas, los descendientes del rodeado de fábula Eumolpo, cuyo nombre significa el dulce cantante; y una de las más importantes cualidades para el puesto era la posesión de una bella y resonante voz con la cual pudieran ser correctamente entonados los cantos sagrados.

LOS DIOSES DE GRECIA

La idea griega de veneración era muy diferente de nuestras concepciones modernas. No debe suponerse que cualquier griego culto creyera en la mitología de su religión como algo que tuviera que ser tomado a la letra. Algunas personas a veces se preguntan cómo era posible que grandes naciones como Grecia o Roma permanecieran satisfechas con lo que comúnmente llamamos su religión; un caos de mitos carentes de buen gusto y muchos de ellos hasta de decencia, describiendo dioses y diosas que eran claramente humanos en sus actos y pasiones, sosteniendo constantes querellas entre sí. La verdad es que nadie estaba satisfecho con ella, y nunca fue ni con mucho, lo que entendemos por religión; aunque no hay duda que fue tomada literalmente por gentes ignorantes. Toda la gente culta y pensadora estudió cualquiera de los sistemas de filosofía, y en muchos casos eran también iniciados de la escuela de los Misterios; era esta elevada enseñanza lo que realmente modelaba sus vidas y tomaba para ellos el lugar de lo que llamamos religión, a menos que fuesen francamente agnósticos, como lo son muchas personas cultas hoy día. No obstante, algunos de estos fantásticos mitos eran explicados en los Misterios, y se veía que eran la cubierta de una enseñanza oculta relacionada con la vida del alma.

Sin embargo, muchos de los dioses de Grecia eran personajes reales, que cumplían con su cometido en las vidas de las gentes, para quienes eran canales de la bendición divina. El aspecto fundamental de la religión externa de Grecia era el culto a lo bello. Se sabía en Grecia que toda verdadera obra de arte irradiaba una atmósfera de alegría y belleza; por lo tanto, los griegos se rodeaban de cualquier clase de objetos bellos, y otro tanto hacían con su culto. Sabían que los dioses se manifestaban a través de la belleza; que eran aspectos y canales para la Belleza Una; y de este modo, recogían a su alrededor efluvios de la influencia divina, y así, derramaban bendiciones sobre el mundo. Los dioses de Grecia no eran los mismos que se reverenciaban en Egipto; representaban aspectos algo diferentes del Dios eterno, en formas adecuadas al desarrollo de la subraza céltica, que era un pueblo esencialmente artístico, al igual que el egipcio lo había sido científico. Como es sabido por los estudiantes del lado oculto de la religión, cada subraza tiene su propia representación de la verdad, sus propias formas divinas, por medio de las cuales se ofrece veneración al Supremo; y el tipo de religión es formulado por el propio Maestro del Mundo de acuerdo con el desarrollo y cultura que han de ser las características distintivas de esa raza y su contribución al plan para la evolución del mundo. En Grecia, como en Egipto, había una multitud de estas formas divinas, algunas de ellas representadas y dotadas de alma por grandes Angeles, que pueden ser comparados, hasta cierto punto, con los adornos en tierras cristianas; S. Miguel, S. Gabriel, S. Rafael y otros. Los dioses de Grecia no eran menos reales que estos grandes dioses, aunque pertenecían a un tipo enteramente diferente, semejando a los Angeles que presiden a los varios países más bien que a los Jefes de las nueve órdenes de huestes Angélicas.

Palas Atenea, la ojigris diosa de la sabiduría, era un magnífico y espléndido Ser, que prácticamente gobernó Atenas por medio de sus devotos. Su influencia era grandemente estimulante, mas ella no era una concreción de la compasión o del amor en la alta medida en que lo es la Bendita Virgen María, sino más bien de la eficiencia y de esa perfecta exactitud de forma que es la esencia de todo lo que es arte. Mucho del maravilloso arte

117

de Grecia fue inspirado directamente por ella; y para satisfacerla tenía que ser el más elevado, el más verdadero y el más exacto. Ella no podía tolerar una simple línea fuera de sitio, ni en el más pequeño objeto. Había algo de acero pulido en Atenea; era fría y cortante como espada de doble filo, tremendamente poderosa, conservando a la gente en lo más elevado, lo más noble, lo más puro, lo más bello; y sin embargo, no tanto por un amor abstracto a la belleza, sino porque habría sido una desgracia para ella ser algo menos que bella. Prácticamente no había emoción conectada con Palas Atenea; tenemos una apreciación intelectual de su grandeza, una intensa devoción que se desenvuelve en líneas mentales, un espléndido entusiasmo para seguirla; pero no nos aventuraríamos en nada parecido a la afección personal. Mantuvo a Atenas en perfecto orden, dirigiéndola, gobernándola, animando a su pueblo con su maravillosa inspiración; vigiló el desarrollo de su ciudad con el mayor interés; determinó que debía sobrepujar a Esparta y a Corinto y demás ciudades de Grecia.

Hera fue un personaje real también, pero diferente de Palas Atenea. Ella era una de las muchas encarnaciones o formas del aspecto femenino del Primer Rayo, y se pensó que era la Reina del Cielo; corresponde con mucha cercanía a la diosa hindú Parvati, la **shakti** o poder de Shiva, imaginada como Su esposa, igual que Hera lo fue de Zeus.

Dionisio fue el Logos mismo, igual que Osiris lo había sido en Egipto, aunque en un diferente aspecto; y la leyenda de Su muerte y resurrección correspondía estrechamente con la de Osiris, y fue enseñada con la misma significación en los Misterios de Grecia. Febo Apolo, el Dios del Sol y de la música, cuyo símbolo fue la lira, parece haber sido originalmente Orfeo; así que, al venerarlo, los griegos, en realidad ofrendaban su amor al gran Instructor del Mundo. Deméter y su hija Perséfone o Core eran especialmente reverenciadas en Eleusis. Esas dos deidades eran personificaciones de las grandes fuerzas de la Naturaleza, la primera lo era de la protectora maternidad de la tierra, y la segunda, de la vida creadora que hace que la tierra florezca y prospere con grano, flor y fruto y que luego regrese al período de descanso a la llegada del Invierno; invernación o vida oculta, latente, sólo para brotar de nuevo como si se tratara de una nueva encarnación bajo la influencia de la Primavera. Deméter parece equivaler a Uma, La Gran Madre, aún venerada en la India.

Afrodita, la diosa del Amor –"inmortal Afrodita la del trono bordado", como Safo le llama- representaba el aspecto femenino de la Deidad como la divina compasión; fue llamada "nacida de la espuma" porque místicamente se suponía que había surgido de las aguas del océano. Swinburne la describe en bellas líneas:

> Su abundante pelo fuertemente impregnado
>   del color y del aroma de las flores
> Rosa ebúrnea del agua blanca rosada,
>   un esplendor plateado, una llama...

quien, a la hora de su nacimiento místico,

> Sonrojada emergió de la ola, toda sonrojo e imperial
>   posó su pie sobre el mar.
> Y las maravillosas aguas la conocieron,
>   los vientos y los invisibles senderos,
> Y las rosas se trocaron más rosadas, y más azul
>   la corriente azul marino de las bahías.

Este hermoso simbolismo de su nombre se refiere al aspecto formal de la Deidad, la raíz de la materia –llamado el "profundo mar" o el "mar virgen" que está impregnado de vida y belleza divinas, y de este modo da nacimiento a las más bellas de las formas El título "nacida de la espuma" es particularmente adecuado si consideramos que todas las formas están construidas de agregados de burbujas sopladas, en el "profundo mar", el éter del espacio. Todo esto era explicado a los iniciados de los Misterios. La misma idea mística se halla en el título de nuestra Señora María, Mar–ía, "Estrella del Mar", si bien en este caso ella es la corporización de una más plena manifestación del amor divino en la perfección de la eterna maternidad, y en su persona convergen muchos aspectos de la Deidad que estaban divididos en Grecia. Había, no obstante, dos facetas del culto de Afrodita: la más elevada estaba sintetizada en **Afrodita Urania,** la Afrodita del cielo, que era "la Madre del Amor Bello"; pero había un aspecto inferior de su veneración como **Afrodita Pandemos,** el amor común, terrenal, conducente a mucho deseo malo y bajo, indigno de ser llamado amor; y este aspecto era el más prominente en los días en que la antigua religión había perdido su valor y entrado en corrupción Afrodita corresponde, aproximadamente, a Lakshmi en la India.

Los dioses estaban conectados con los Misterios y trabajaban con y a través de sus fieles creyentes; pero hasta en los Misterios había menos devoción y más apreciación intelectual que en las religiones actuales. Al estudiar diferentes ramas de los Misterios tal como se trabajaban en diferentes países, no podemos sustraernos a algunas analogías –no podemos tener la esperanza de hacer comparaciones exactas; y la dificultad aumenta cuando tratamos de comparar la fe antigua con la moderna– toda su perspectiva era muy diferente de la nuestra.

LOS OFICIALES

El control de los Misterios de Eleusis en los tiempos clásicos quedó en manos de dos familias: los Eumólpidas y los **Keryces** o heraldos, quienes estaban también conectados con la adoración de Apolo Pitio en Delfos. La mayoría de los oficiales eran escogidos de entre estas dos familias, aunque también había representantes civiles del estado ateniense quienes eran responsables del ceremonial público de los Misterios así como del control de las finanzas.

El oficial en jefe era el hierofante, electo por sorteo, para toda la vida, de entre los Eumólpidas. Sólo él tenía el cargo de guardián de los Consagrados (Hiera), o sean los tesoros sagrados que fueron tan cuidadosamente conservados en Eleusis y que tuvieron tan importante papel en la magia ceremonial de los Misterios. Invariablemente era un hombre de edad avanzada y posición distinguida, y en sus manos se depositaba el supremo control del ceremonial secreto. Quien lo seguía en rango era el Dadoukós, el portador de la doble antorcha, escogido de por vida entre la familia de los Keryces. Ambos oficiales tenían casas en el sagrado recinto en Eleusis, a la cual sólo los iniciados podían tener acceso; sin embargo, mientras el Dadoukós a menudo tomaba parte prominente en los asuntos públicos. Un tercer oficial era el Hieroceryx, o heraldo sagrado, quien también era electo de por vida de entre la familia de los Keryces; uno de sus deberes era hacer la solemne proclamación a los **Mystae** antes de su iniciación en los Misterios Mayores para conservar silencio acerca de asuntos sagrados. Un cuarto oficial era el Presbítero del Altar, también seleccionado de entre los Keryces, quien en los últimos tiempos fue responsable de los sacrificios. En los días grandes de los Misterios nunca se ofrendaron sacrificios animales, pero, como en todo sistema religioso, vino una época en que la tradición había llegado a formalizarse y mucho del conocimiento interno había sido retirado. Fue entonces cuando ciertas enseñanzas acerca del significado del sacrificio y su lugar en la vida espiritual fueron desfiguradas y materializadas en la cruel superstición de que era necesario sacrificar animales a la Deidad.

También había dos mujeres hierofantes, dedicadas a las dos diosas que presidían los Misterios, Deméter y Cora; y además de ellas estaba la sacerdotisa de Deméter quien parece haber estado muy cercanamente conectada con otros ocultos ritos de la diosa a los cuales la admisión era femenina únicamente (Thesmoforia, Haloa), así como también con los Misterios de Eleusis. Un número de oficiales menores también tomaba parte en el ceremonial. Como en Egipto, las mujeres eran admitidas a los Misterios en igualdad de condiciones que los hombres, y no se hacía distinción de sexos excepto para los asuntos de adscripción de puestos. La instrucción de los candidatos era colocada en manos de los Mistagogos, quienes enseñaban bajo la supervisión del hierofante y preparaban a los iniciados para la celebración de los Misterios, comunicándoles ciertas fórmulas que serían requeridas en el curso del ceremonial. Una orden enclaustrada de sacerdotisas vivía en retiro en Eleusis, con votos de celibato y dedicadas a la vida elevada. Parece probable que éstas sean las "abejas" de quienes Porfirio y varios gramáticos hablan.

LOS MISTERIOS MENORES

Los Misterios de Eleusis estaban divididos en dos grados, los Menores y los Mayores. No vemos ningún indicio del sistema de tres grados que algunos estudiosos sugieren, aunque había ceremonias especiales para la instalación de los oficiales principales. Los Misterios Menores eran celebrados en el Templo de Deméter y Cora en Agra, cerca de Atenas, durante el mes de marzo. En ellas se daba enseñanza sobre la vida después de la muerte en el mundo intermedio o astral, igual que en los Misterios Menores de Egipto, y en este sentido es posible comparar los Misterios Menores con nuestro primer grado masónico, aunque los detalles del ceremonial no corresponden exactamente. La ceremonia era conducida por el hierofante de Eleusis, asistido por sus oficiales; y los iniciados de este grado eran llamados mystae.

Las ceremonias se iniciaban con una purificación preliminar o bautizo en las aguas del Ilissus, al tiempo que ciertas fórmulas rituales eran recitadas; se continuaban en el ambiente secreto del templo, donde se mostraban representaciones del mundo astral al candidato, e instrucción impartida acerca de los resultados de ciertas líneas de acción en la vida post mortem. En días anteriores, cuando el hierofante, al dirigir los estudios, describía el efecto de algún particular vicio u ofensa moral, usaba su poder oculto para materializar algún buen ejemplo del destino mientras lo explicaba con palabras, en algunos casos, se afirma, haciendo que el paciente hablara y explicara la condición en la que se encontraba como resultado de su indiferencia, mientras estuvo en la tierra, de las leyes eternas, bajo las cuales los mundos son gobernados. En ocasiones, en vez de esto, una imagen vívida del estado de alguna víctima de su propio pecado era materializada para la instrucción de los neófitos.

En los días de la decadencia, al igual que en Egipto, no quedaba hierofante que tuviera el poder de producir estas ilustraciones ocultas, y consecuentemente el lugar de éstos fue tomado por actores con indumentaria adecuada para representar a los pecadores, y en algunos casos por medio de imágenes de espectros proyectadas empleando espejos cóncavos, o aun por medio de figuras mecánicas o estatuarias manejadas inteligentemente. Por supuesto era perfectamente entendido por todos, que éstas eran sólo representaciones y a nadie se le hacía creer que fueran auténticas. Sin embargo, algunos de nuestros escritores eclesiásticos no se dieron cuenta de esto, y emplearon mucho tiempo e ingenio en "exhibir" los engaños que nunca habían engañado a nadie, y menos a quienes estaban especialmente relacionados con ellos. Además de esta enseñanza sobre los resultados exactos en la vida astral, del pensamiento y del acto físico, se impartía mucha instrucción de Cosmogonía, y la evolución del hombre sobre esta tierra era cabalmente explicada, una vez más, con la ayuda de figuras y escenas ilustrativas, producidas, al principio por medio de materializaciones, pero, después, sólo con imitaciones en varias formas.

Los iniciados de los Misterios tenían muchos proverbios y aforismos que les eran peculiares. "La muerte es vida, y la vida es muerte" era un proverbio que no necesitará explicación para el estudiante del lado interno de la vida, quien comprende, al menos hasta cierto punto, cuán infinitamente más real y vívida es la vida en cualquiera otro plano que no sea este aprisionamiento dentro de la carne. "Quien busca realidades en esta vida las buscará después de la muerte; quien busca irrealidades en esta vida, también las buscará después de la muerte" era otra afirmación por completo de acuerdo con los hechos de la existencia post mortem, y subraya la gran verdad sobre la cual tan frecuentemente nos vemos obligados a insistir, de que la muerte no cambia en lo mínimo al hombre real, sino qe su disposición y su modalidad de pensamiento siguen siendo exactamente como lo fueron antes.

Los mitos de la religión exotérica del país fueron admitidos y estudiados en los Misterios de Eleusis, tal como en los Misterios de Egipto. Entre los que se relacionaban con la vida después de la muerte, estaban los de Tántalo, quien fue condenado a sufrir sed perpetua en el Hades: lo rodeaba el agua por todos lados, pero huía de él cuantas veces intentaba beberla; sobre su cabeza colgaban ramas con frutas que igualmente se elevaban fuera de su alcance siempre que él intentaba tocarlas. Esto se interpretó con el significado de que todo el que muere lleno de deseo sensual de cualquier tipo se hallará después de la muerte aún lleno de deseo, pero incapacitado para satisfacerlo.

Otro relato era que Sísifo fue condenado a estar siempre rodando un bloque de mármol cuesta arriba, el cual al llegar a la cima caía al abismo nuevamente. Eso representa la condición siguiente a la muerte de un hombre lleno de ambición personal, que ha pasado su vida haciendo planes para sus fines egoístas, en el otro mundo continua haciendo planes y llevándolos a cabo, pero siempre descubre, en el momento de terminarlos, que no son más que un sueño. El hígado de Tityus era incesantemente devorado por las auras. Esto era. simbólico del deseo violento que desgarra al hombre hasta que lo incinera con el sufrimiento. En muchos casos como éste, el deseo es purificado y el hombre puede pasar hacia adelante a la vida del mundo celestial, que era un tema de instrucción en los Misterios Mayores.

En el seno de los Misterios Menores, al igual que en los de Egipto, existía una escuela interna para el adiestramiento de candidatos especialmente seleccionados, estos eran enseñados a despertar los sentidos del plano astral, de manera que la enseñanza administrada en los Misterios pudiera ser comprobada por ellos directamente. Como en Egipto, las severas pruebas de valor eran aplicadas sólo a la minoría de los que entraban a los Misterios y que querían tener adiestramiento oculto positivo, para llegar a convertirse en trabajadores activos en los planos astral y superiores. Decenas de millares de personas fueron reunión de treinta mil iniciados. Todas las gentes serias gravitaban en torno a estos Misterios, tanto cono la aristocracia de jóvenes y señoritas de nuestro tiempo lo hacen con destino a las mejores Universidades, y además, muchos estaban interesados en alguno de los otros sistemas filosóficos.

Esta escuela interna era guardada en secreto, de manera que nadie, ni aun los iniciados sabían de su existencia hasta que eran recibidos en su seno. La vestimenta de los mystae era la piel moteada de cervatillo (Nebris), un adecuado emblema del incontrolado cuerpo astral, que en este primer grado tenía que ser adiestrado y puesto bajo el mando de la voluntad. El vestido correspondía a la piel de leopardo usada por los sacerdotes egipcios, y a la piel de tigre o antílope tan a menudo usada por los Yoguis del Oriente.

LOS MISTERIOS MAYORES

Los Misterios Mayores se celebraban en Eleusis en el mes de septiembre (Boedromon), y en conexión con su celebración toda Grecia entraba en fiesta, y espléndidas procesiones públicas tenían lugar, en las cuales todo el pueblo, iniciados y no iniciados, se unían. Estas procesiones han sido descritas en detalle por escritores contemporáneos; pero más allá de esas descripciones exotéricas, nada de los Misterios Mayores es conocido por el mundo exterior, excepto unas cuantas obscuras alusiones. El día 13 de Boedromion los jóvenes se reunían en Eleusis para escoltar la solemne procesión hasta Atenas, que distaba unos dieciocho kilómetros. El día 14 los Consagrados, o sagrados tesoros, (Hallows) (Hiera) eran solemnemente escoltados a la gran ciudad, acompañados del hierofante y sus oficiales, los miembros de las familias sacerdotales, el colegio de sacerdotisas y todos los servidores del templo de Eleusis. Los consagrados tesoros eran tratados con la más profunda reverencia; eran transportados en cestas de mimbre asegurados con listones de lana púrpura, y colocadas en el carruaje ceremonial. Sólo el hierofante y sus ministros tenían el permiso de manipularlos, y nadie sino los iniciados podían siquiera verlos, pues la pena era la muerte. Durante el resto del año quedaban en un santuario o capilla (Anactoron) en el templo en Eleusis, y eran resguardados con el máximo cuidado y temor, por ser de origen divino. Cuando la procesión llegaba a las orillas de Atenas, los Consagrados tesoros eran recibidos por los magistrados y el pueblo, y escoltados con toda la magnificencia y pompa hasta el Eleusión al pie de la Acrópolis. Al igual que el templo madre en Eleusis, éste estaba rodeado de altos muros, y nadie, excepto los iniciados, pasaba jamás al interior. El día 15 del mes, el día de la luna llena, los muystae que iban a ser promovidos a los Misterios Mayores se reunían, y la solemne proclamación era hecha nombrando aquellos para quienes el acceso a los Misterios estaba prohibido... "Cualquiera que tenga manos no limpias... cualquiera que tenga una voz ininteligible". Esta última condición se ha tomado como significado que sólo los de habla griega podían ser admitidos a los Misterios; pero M. Foucart sugiere la más probable explicación de que la voz tiene que estar libre de impedimentos para que la fórmula sagrada pueda ser enunciada correctamente, y también él compara tal condición con el título egipcio **Maat-heru**, que calificó no sólo no "voz a tono" sino uno que puede manejar los poderes ocultos del sonido sin equivocación. Cuando recordamos la tradición de Orfeo y nos damos cuenta de la parte tan importante que el sonido tuvo en los Misterios griegos, podemos entender que esta conjetura no está carente de base.

El día 16 del mes los mystae tomaban un baño ceremonial de purificación en el mar; los días 17 y 18 se efectuaban varias procesiones públicas en Atenas; en tanto que los mystae permanecían recluidos en el templo, recibiendo instrucción y preparándose por medio de la meditación para su iniciación en los Misterios Mayores. El 19 la gran procesión de los tesoros eran transportados de regreso a su antiguo lugar de rep.~so con la máxima pompa posible y esplendor y los candidatos y HH. marchaban en triunfo al templo de iniciación acompañados de inmensas multitudes.

Primero venía el carruaje de Iacco, llevando la estatua de "el rubio y joven Dios" que era una de las formas de Dionisios, la "Incandescente Estrella de la Iniciación nocturna" como Aristófanes lo llama; detrás venían marchando los jóvenes, con coronas de mirto, con escudos y lanzas reluciendo bajo el sol, cuyo deber y privilegio era escoltar los Consagrados tesoros, sostenidos en lo más alto del carruaje ceremonial, en las grandes cestas de mimbre, aún atadas con lana púrpura: tras ellos venía el hierofante y sus oficiales, ataviados con sus túnicas púrpura y tocados con coronas de mirto, seguidos de los mystae a cargo de los mistagogos. Después de ellos marchaba la inmensa multitud de iniciados y pueblo, distribuidos conforme a tribus y poblados, precedidos por los magistrados civiles y el consejo de los quinientos; y toda la espléndida multitud era seguida por un séquito de animales llevando el equipaje, camas y aprovisionamiento para los breves días de permanencia en Eleusis.

La procesión llegaba a la sagrada villa después del oscurecer, y el replandor de las antorchas semejaba un río de luz; después de una tremenda ovación los consagrados tesoros eran llevados al recinto sagrado por el hierofante, quien los colocaba una vez más en la capilla secreta dentro del pasillo de iniciación (Telesterión). Los dos días siguientes, durante los cuales la instrucción ceremonial en sí era realizada, los iniciados permanecían dentro del área enmarcada por los altos muros del templo, y toda la gloriosa celebración terminaba con una asamblea festiva, fuera de los muros del templo, en la que todos los ciudadanos tomaban parte, y después regresaban a sus hogares tranquilamente.

En los Misterios Mayores la enseñanza de la vida después de la muerte era extendida hasta el mundo celestial; hasta cierto punto, tal forma correspondía a nuestro grado 2º. Los iniciados eran llamados apoptae, y su vestimenta ceremonial ya dejaba de ser la piel de cervatillo, y se sustituía por un vellón de oro; de donde naturalmente, resulta todo el mito de Jasón y sus compañeros. Esto simbolizaba el cuerpo mental, y, ciertamente el poder para actuar en él. Los que han visto la espléndida radiación de todo lo que pertenece a ese plano mental; quienes han observado los innumerables vórtices producidos por la incesante emisión e impacto de las formas de pensamiento, quienes recuerdan que un amarillo brillante es el color que especialmente manifiesta actividad intelectual, reconocerán que ésta no era una representación inadecuada.

En esta clase, como en la inferior, había dos tipos – aquellos a los que se les podía enseñar a usar el cuerpo mental, y a formar a su alrededor el fuerte vehículo temporal de la materia astral que algunas veces ha sido llamado el mayávi rupa- y la mayoría, muy superior, de los que aún no estaban preparados para este desenvolvimiento, pero que, sin embargo, podían ser instruidos con relación al plano mental y los poderes y facultades apropiados a él. Como en los Misterios Menores, los hombres aprendían el resultado exacto en el mundo intermedio, después de la muerte, de ciertas acciones y modalidades de vida en el plano físico, así que, en los Misterios Mayores, ellos aprendían cómo las causas generadas en esta baja existencia, tenían sus resultados en el mundo celestial. En los Menores se ponía en claro la necesidad y el método de controlar los deseos, pasiones y emociones; en los Mayores, la misma enseñanza era ofrecida en relación con el control de la mente.

También se continuaba, a mayor profundidad, la enseñanza de Cosmogénesis y Antropogénesis. En los Misterios Mayores en vez de ser instruidos sólo en los amplios esquemas de evolución por reencarnación (lo cual no parece haber sido claramente enseñado en la religión externa) y las previas razas de la humanidad, los iniciados recibían entonces una descripción de todo el plan o esquema tal como lo tenemos ahora, incluyendo las siete grandes cadenas de mundos y sus posiciones en el sistema solar como un todo. La terminología era diferente a la nuestra, pero la instrucción era en esencia la misma; donde hablamos de sucesivas ondas de vida y desparramamientos, ellos hablaron de eones y emanaciones, mas no hay duda que estuvieron plenamente en contacto con los hechos, y que los representaban a sus alumnos en maravillosas visiones de procesos cósmicos y sus analogías terrestres.

Tal como en el caso de los estados post mortem, estas representaciones eran el principio producidas por métodos ocultos; y después, cuando los métodos les fallaron por medios mecánicos y pictóricos, cuyos resultados eran muy inferiores. Ilustraciones del desarrollo de un embrión humano, mostradas en dibujo o modelado, del mismo modo que podemos hacerlo con un microscopio, eran empleados para enseñar, por medio de la Ley de correspondencia, la verdad de la evolución cósmica. Podemos recordar cómo Madame Blavatsky adoptó en **La Doctrina Secreta** un método similar de ilustrar los mismos procesos evolutivos. Es probable que un mal entendimiento de la representación de algunos de estos procesos de reproducción fuera desfigurado como idea de indecencia, y así la semilla fue sembrada y brotaron las falsas y necias acusaciones de los cristianos ignorantes y mojigatos.

La culminación del ceremonial de los Misterios Mayores era la exposición de una espiga de trigo.

Hipólito habla de esto y dice:

> Los atenienses, al estar iniciando a las personas en Los ritos Eleusinos, les muestran, del mismo modo que lo hacen con los que están siendo admitidos al más alto grado de estos Misterios, el poderoso, maravilloso y más perfecto secreto apropiado para quien es iniciado en las más elevadas verdades misticas: Hago alusión a una espiga de trigo cosechada en silencio. Esta es también considerada entre los atenienses como la que constituye la perfecta y enorme iluminación que ha descendido del Indescriptible Uno; tal como el hierofante lo declara.

Este símbolo se refería a la vida divina de Dios, en eterno cambio, eternamente renovada, enterrada en los planos inferiores del mundo, solamente para levantarse en otras formas hacia una vida más plena y más abundante, pasando de manifestación en manifestación interminablemente. Esto era explicado por el hierofante a los iniciados y la simplicidad del símbolo y la belleza y profundidad del significado latente, eran el más adecuado final para una maravillosa ceremonia.

LOS MITOS DE LOS MISTERIOS MAYORES

El significado de varios mitos era explicado en detalle en la instrucción impartida a los iniciados. La Leyenda de Perséfone o Proserpina (Core) es una parábola claramente oculta del descendimiento del alma hasta la materia. Si recordamos que el relato nos dice que Proserpina fue raptada en los momentos en que arrancaba la flor del narciso, de inmediato captamos una sugestión que tiene conexión con ese otro mito de la vida del alma. Narciso es representado como un hombre joven de extraordinaria belleza que se enamoró de su propia imagen reflejada por la superficie de un estanque, y se sintió tan atraído por ella, que cayó al agua y se ahogó; posteriormente, los dioses lo transformaron en una hermosa flor. Se enseñaba que el alma no estaba, originalmente, sumergida en la materia, ni lo habría necesitado, excepto por haberse sentido atraída por la imagen de sí misma en las bajas condiciones de la materia, simbolizada por el agua. Seducida por este reflejo, el alma se identifica con la baja personalidad, y mientras tanto queda para siempre sumergida en la materia; sin embargo, la semilla divina permanece, y pronto brota como flor, una vez más. Mientras que Proserpina se inclinaba hacia el Narciso fue tomada y arrebatada por el Deseo, que es el rey del mundo inferior; y aunque fue rescatada del total cautiverio por los esfuerzos de su madre, aún después de eso tuvo que pasar la mitad de su vida en el mundo inferior y la otra mitad en el superior, o sea lo mismo que decir parte en la carne y parte fuera de ella.

El Minotauro, muerto por Teseo, era la personalidad del hombre "mitad animal y mitad hombre". Teseo tipifica el Yo superior, que ha estado gradualmente desarrollándose y ahorrando fuerzas, hasta que al fin pueda blandir la espada de su divino padre, el Espíritu. Conducido a través del laberinto de la ilusión que constituyen estos planos inferiores, por medio del hilo del conocimiento oculto que

130

le fue dado por Ariadna (quien representa la intuición), el yo superior puede matar al inferior y escapar de modo seguro de la red de la ilusión; pero, sin embargo, aún le queda el peligro de que, al desarrollar un orgullo intelectual, pueda descuidar la intuición, como Teseo descuidó a Ariadna, y por lo tanto, no pueda alcanzar, durante ese lapso, sus más altas posibilidades. La leyenda de la muerte de Banco a manos de los Titanes, la fragmentación de su cuerpo y su resurrección de entre los muertos, fue también enseñada, con la misma interpretación que la dada a la leyenda de Osiris en los Misterios de Egipto: el descendimiento de el Uno para convertirse en los muchos, y la reunión de los muchos en el Uno por medio del sufrimiento y el sacrificio.

LA MAGIA DE LOS MISTERIOS MAYORES

En los Misterios de Eleusis los iniciados eran llevados a una íntima comunión con la Deidad a través de la comida y la bebida especialmente consagradas. Se les daban copas de agua altamente magnetizada, y se comían tortas consagradas durante las ceremonias de iniciación. San Clemente de Alejandría nos da la fórmula o palabra de pase de los Misterios de Eleusis, que algunos han tomado para referirse a este sacramento: "Ayuné: bebí el trago; tomé del arca; después de probar (gustar) coloqué en el cesto, y del cesto al arca". En muchas religiones hallamos un método similar de comunicar la bendición divina a la gente.

Los Consagrados tesoros (Hiera) ya mencionados, eran objetos físicos extremadamente magnetizados, por medio de los cuales mucha de la magia de los Misterios era ejecutada. Eran propiedad personal de la sacerdotal familia de los Eumólpidas, siendo transmitidos de generación en generación; la solemne exposición de ellos y la explicación de la enseñanza simbólica conectada con ellos era una de las características del ritual de Eleusis.

Uno de éstos era el caduceo cetro del poder, rodeado por las serpientes ascendiendo en espiral, y rematado en lo alto con un cono de pino. Era lo mismo que el tirso; y se decía que era hueco y rellenado con fuego. En la India es una vara de bambú con siete nudos en ella, y representa la espina dorsal con sus siete centros o chacras. Cuando un candidato había sido iniciado, a menudo se le describía como uno que había sido tocado con el tirso, demostrando que él no era sólo un emblema, sino que también tenía uso práctico. Asimismo representaba la espina dorsal, terminando en la médula, y las serpientes simbolizaban los dos canales llamados en la terminología oriental **Ida** y **Pingala**; y el fuego encerrado en él era el fuego serpentino que en sánscrito es llamado **Kundalini.** Era puesta por el hierofante sobre la espalda del candidato, empleada así como un fuerte instrumento magnético para desatar las fuerzas latentes en él, y para liberar al cuerpo astral del físico, para que el candidato pudiera pasar en plena conciencia a planos superiores. Para ayudarlo en los esfuerzos que le esperaban, el sacerdote, de esta manera, le daba al aspirante algo de su propio magnetismo. Este cetro de poder era de la mayor importancia, y podemos entender por qué era considerado con tanto miramiento y aun temor al darnos cuenta de lago de su oculta potencia.

Había también el **Krater** o copa, siempre asociada con Dionisio, y emblemática del cuerpo causal del hombre, que siempre ha estado simbolizado por una copa llena con el vino de la vida y el amor divino. La tradición de esto fue transmitida a través de las épocas y llegó a quedar entremezclada con la del Cáliz Santo, que tan importante papel tuvo en el romance y la leyenda a principios del Medioevo.

Entre los símbolos santos había, también, estatuas ricamente enjoyadas y altamente magnetizadas, que han sido transmitidas desde un remoto pasado, y que eran las bases físicas de ciertas grandes fuerzas invocadas en los Misterios; y también una lira que se dice es la de Orfeo, con la cual ciertas melodías eran ejecutadas, y con las cuales se entonaban los cánticos sagrados. También estaban los juguetes de Baco, con los cuales estaba jugando cuando fue sorprendido por los Titanes y hecho trizas; juguetes muy notables, llenos de significación. Los

dados con los que él juega son los cinco sólidos platóni-
cos, los únicos polígonos regulares posibles en Geometría. Se dan en una serie fija, y esta serie concuerda
con los diferentes planos del sistema solar. Cada uno de
ellos indica no la forma de los átomos de los diferentes
planos, sino las líneas por las cuales trabaja el poder que
rodea estos átomos. Estos polígonos son el tetraedro, el
cubo, el octaedro, el dodecaedro, extremos y la esfera en
el otro, tenemos un juego de siete figuras, que corresponden al número de planos en nuestro sistema solar.

En algunas de las antiguas escuelas de filosofía se
decía: "Nadie que ignore Matemáticas puede entrar". Eso
significaba no lo que ahora conocemos como Matemáticas, sino la ciencia que abarca el conocimiento de los
planos superiores, de sus relaciones mutuas y la manera
en que el todo está construido por la voluntad de Dios.
Cuando Platón dijo: "Dios geometriza" afirmó una profunda verdad que arroja mucha luz sobre los métodos y
misterios de la evolución. Esas formas no son concepciones del cerebro humano; son verdades de los planos
superiores Nos hemos formado el hábito de estudiar los
libros de Euclides, mas los estudiamos por ellos mismos y
no como un punto de apoyo para algo más elevado. Los
antiguos filósofos reflexionaron acerca de ellos porque
ellos conducían a un entendimiento de la verdadera ciencia de la vida.

Otro juguete con el que Baco Jugaba era un trompo,
símbolo del átomo en torbellino, descrito en la **Química
Oculta.** Otro más era una pelota que representaba la
Tierra, esa parte de la cadena planetaria a la cual Tierra,
esa parte de la cadena planetaria a la cual está especialmente dirigido el pensamiento del Logos por el momento.
También jugaba con el espejo. Este siempre ha sido símbolo de la luz astral, en la cual las ideas arquetípicas se
reflejan, y luego son materializadas. Así cada uno de esos
juguetes indica una parte esencial en la evolución del
sistema solar.

LOS MISTERIOS OCULTOS

Las dos divisiones de los misterios menores y mayores antes mencionados eran generalmente conocidos, mas no se sabía que siempre existió, tras de ellos y por encima de ellos, el misterio mayor de la Senda de la Santidad, cuyos escalones están constituidos por las cinco grandes iniciaciones ya mencionadas. La existencia misma de la posibilidad de ese futuro progreso no era conocida ni aun por los iniciados de los Misterios Mayores hasta que ya estaban cabalmente preparados para recibir el llamado místico desde su interior. Si pensamos en las condiciones de esos días, fácilmente entenderemos la razón para guardar el secreto. Los Emperadores Romanos, por ejemplo, sabían de la existencia de los Misterios Menores y Mayores, e insistían en ser iniciados en ellos. Sabemos, por la Historia, que muchos de los Emperadores escasamente tenían el carácter necesario para permitírseles tener un papel de mando en un cuerpo religioso, mas les habría sido muy difícil a los hierofantes de los Misterios rehusar la entrada a un Emperador Romano. Como se le dijo alguna vez: "No se puede discutir con el amo de treinta legiones". Muchos de los Emperadores habrían sin duda asesinado a quien se atravesara en el camino de cualquiera de sus deseos; de manera que la existencia de los verdaderos Misterios no se hizo pública y nadie sabía de ellos hasta que era juzgado, por quienes lo podían hacer, digno de ser admitido en los Misterios. La enseñanza de estos elevados grados está todavía esperando a los dignos de ella, y solamente a los dignos; pero ciertas condiciones deben ser llenadas, como lo he explicado en **Los Maestros y el Sendero**.

Así que los Misterios de Eleusis tenían una íntima correspondencia con los de Egipto, aunque en detalle diferían; ambos sistemas conducían a los iniciados, cuando estaban debidamente preparados, a esa Sabiduría de Dios que fue "antes de los principios del mundo". Nosotros, en la Masonería, no heredamos la sucesión de Eleusis directamente, si bien algo de su inspiración e influencia fue transmitida a algunas escuelas místicas de la Edad

134

Media. Sin embargo, nuestros ritos tienen el mismo propósito, simbolizan los mismos mundos invisibles, y su
tarea es preparar candidatos para la misma augusta realidad que se encuentra tras de todos los verdaderos sistemas de los Misterios por igual.

LA ESCUELA PITAGORICA

El gran filósofo Pitágoras, nacido en Samos por el año
582 a. de J. C., fue el fundador de la escuela que llevó su
nombre y en la que se estudiaba de acuerdo con sus
enseñanzas. De Grecia pasó a Italia, Egipto, y Asia Menor.
G. R. S. Mead dice de la escuela pitagórica:

Los más finos caracteres hallados entre las mujeres, y legados a
nosotros por la Antigua Grecia, fueron forjados en la Escuela de
Pitágoras, y lo mismo se dice de los hombres. Los autores de la
antigüedad están acordes en que esta disciplina ha tenido éxito en
producir los más elevados ejemplos no sólo de la más pura castidad y
sentimiento, sino también de sencillez de maneras, de una delicadeza
y un gusto para dedicaciones serias que no tuvo paralelo.

Pitágoras viajó por muchos países del Mediterráneo,
estudió durante algunos años en Egipto, donde fue
iniciado en Sais. También fue iniciado en los Misterios
eleusinos, Kabíricos, y caldeos, y de esta manera estaba
en pleno dominio de todo el conocimiento oculto del
mundo antiguo. Además de sus viajes alrededor de las
playas del Mediterráneo, Pitágoras fue a la India, donde
conoció al Señor Buda, y se convirtió en uno de sus discípulos. Estuvo algunos años en la India, y se dice que
tuvo el alto honor de una entrevista con el siguiente Instructor del Mundo, el Santo Niño Shri Krishna, quien lo
bendijo y lo regresó a Europa a fundar su sistema de filosofía e instrucción esotérica. Es así como en la escuela
pitagórica convergieron muchas tradiciones y se fun-
dieron en una enseñanza comprensiva acerca del lado
oculto de la vida.
Hay un antiguo y curioso escrito llamado el manuscrito
Leyland—Locke, que en un tiempo estuvo en la Biblioteca
de Sir Thomas Bodley, pero investigadores recientes no

han podido descubrir su paradero. Su autenticidad ha sido discutida por algunas autoridades en el terreno, "pero", como dice el H. Ward, "en mi opinión sobre terreno muy inadecuado. Se dice que data del año 1436, y está escrito en Inglés Antiguo en su forma muy peculiar de aquel período, y en secuencia de preguntas y respuestas. En la parte referente a la Francmasonería, pregunta dónde empezó ésta, y la contestación es que empezó con los primeros hombres del Este, quienes antes fueron los hombres del Oeste. Luego pregunta quién la trajo al Oeste, y la contestación es: "Los venecianos, etc." y luego continúa:

(Con la peculiar modalidad de Inglés Antiguo) -¿Cómo llegó la Francmasonería a Inglaterra? Peter Bower, un griego, viajó por curiosidad, en Egipto y en Siria, y en todas las tierras en las que los venecianos habían planteado la Masonería, y ganando su entrada a todas las logias de masones aprendió mucho y regresó y trabajó en Grecia Magna, vigilando y llegando a convertirse en una persona muy sabia, muy renombrada, Y aquí formó una gran Logia en Groton, e hizo muchos Masones, algunos de los cuales fueron a Francia, donde hicieron muchos masones, en el correr del tiempo el arte pasó a inglaterra.

Se dice que esto produjo gran confusión en John Locke hasta que se dio cuenta de que Peter Gower era Pitagore; la pronunciación francesa de pitágoras, y que Groton era Crotona, y los venecianos, los fenicios.

No es de extrañar que Mackey diga: "No es nada singular que los antiguos Masones hubieran llamado a Pitágoras su «antiguo amigo y hermano»".

Por 529 a. de J. C. Pitágoras se estableció en Crotona, en el Sur de Italia, y permaneció allí hasta que dificultades políticas lo obligaron a mudarse a Metaponto. En crotona se convirtió en centro de una organización muy extendida e influyente, una confraternidad religiosa que se extendió en todo el mundo de habla griega. "El número es grande, perfecto y omnipotente, a la vez que principio y guía de la vida humana y divina", dijo Filolaus, y la oración expresa la clave del sistema pitagórico. El número es orden y limitación por sí sólo hace posible al cosmos. Por los números la Naturaleza se mueve, y quien entiende los números es amo de la Naturaleza. Por ello los pitagóricos trataron de entender la naturaleza de los números y de descubrir su acción en el universo, ya sea en los vastos y ordenados movimientos en el cielo, o en los acomodamientos en la tierra. De aquí también su devoción a las Matemáticas, ciencia que, en cuanto respecta a Europa; puede decirse que casi fue creada por Pitágoras, en vista de lo mucho que le agregó y cuanto hizo para su sistematización; él la recibió como una serie de hechos separados y carentes de relación y la dejó convertida en una ciencia. La reencarnación o metempsicosis era parte esencial de la enseñanza pitagórica; la purificación del alma era lograda por repetidos descensos a la materia seguidos de retiradas a los mundos invisibles, para transmutar experiencia en facultad o capacidad.

LOS TRES GRADOS

Las escuelas pitagóricas trabajaron en íntima asociación con las enseñanzas de los Misterios, pero sin las ceremonias; hacían una exposición filosófica de los mismos hechos de los mundos internos. En esas escuelas los alumnos eran divididos en tres grados que correspondían casi exactamente a los de los primeros cristianos quienes los llamaron etapas de purificación, iluminación, y perfección respectivamente; este último incluía lo que San Clemente de Alejandría llama el "conocimiento científico de Dios" En el programa pitagórico el primer grado era el de los **akoustikoi** u oyentes, quienes no tomaban parte en las discusiones o conferencias durante los primeros dos años, sino que guardaban absoluto silencio en las reuniones, para escuchar y aprender.

Al final del lapso, si desde otros ángulos eran considerados satisfactorios, los estudiantes quedaban aptos para el segundo grado, el de los **mathematikoi.** Las Matemáticas que ellos aprendían no estaban circunscritas a lo que hoy definimos con tal término. Nosotros estudiamos esta ciencia como un fin, pero ellos lo hacían considerándola sólo como una preparación para algo de mayor alcance, más elevado y más práctico. La Geometría, como ahora la conocemos, era impartida en el mundo externo de la vida ordinaria como una preparación; pero dentro de estas escuelas la materia era llevada mucho más lejos, hasta el estudio y comprensión de la cuarta dimensión, y las leyes y propiedades del espacio superior. Puede ser plenamente entendida sólo si la tomamos como un todo, no fragmentariamente, y como una introducción a un desarrollo superior. Conduce al hombre hacia arriba, hacia el entendimiento de todas las octavas de vibración, tales como las inmensas áreas de las cuales la ciencia aún no sabe nada; hacia las intrincadas relaciones ocultas de los números, colores y sonidos, las varias secciones tridimensionales del poderoso cono del espacio, y la verdadera forma del universo. Hay una enormidad que se puede ganar con el estudio de las Matemáticas; para quienes sepan abordarlas del modo apropiado; nos ayudan a ver cómo están hechos los mundos.

Los **mathematikoi** coordinaron a la Geometría, las Matemáticas y la Música y obtuvieron las correspondencias que entre ellas existen, y que son muy notables. Todo el que sabe algo de Música se da cuenta de que hay una proporción invariable entre las longitudes de las cuerdas que hace que se produzcan ciertos tonos. Un piano puede ser afinado de acuerdo con un cierto sistema de quintas, y la relación de los diferentes tonos entre sí puede ser expresada por el número de vibraciones de cada tono; así que una cuerda armoniosa puede ser matemáticamente planteada. Esto fue descubierto primero simplemente a través de la experimentación; después los matemáticos hallaron la proporcionalidad, y esto se comprobó por la experimentación y resultó exacto. Pero lo peculiar es que los números que produce una cuerda armoniosa conservan entre sí una relación idéntica a la que existe entre ciertas partes de los sólidos de Platón. Nuestra escala, tan diferente de la de la antigua escala griega, que consistía de cinco tonos, puede aún ser deducida de las proporciones de esas cinco figuras platónicas, que se estudiaron en Grecia hace más de dos mil años. Se podría pensar que no hay mucha relación entre la Matemática y la Música, pero vemos aquí que ambas son partes de un gran todo. El tercer grado de los pitagóricos era el de los **physikoi;** no físicos en el moderno sentido del vocablo, sino estudiantes de la verdadera vida interna, que la vida divina, y de tal modo podían comprender el curso de la evolución de ella. La vida que se exigía a todos estos alumnos, era de la más exaltada pureza. Mackey nos da el siguiente relato sobre la escuela en Crotona:

"Los discípulos de esta escuela vestían el tipo más simple de ropa, y como a su entrada entregaban todas sus posesiones del fondo común, se sometían durante tres años a pobreza voluntaria, tiempo durante el cual estaban obligados a un silencio riguroso. Los estudiantes pertenecían a dos grupos: exotérico o esotérico. Esta distinción la había traído Pitágoras de los sacerdotes egipcios, quienes practicaban un modo similar de instrucción. Los estudiantes exotéricos eran los que asistían a las reuniones públicas, en las que el sabio exponía enseñanzas sobre Etica general. Pero solamente los esotéricos constituían la verdadera escuela, y sólo a ellos, Pitágoras les llamaba compañeros y amigos, dice Jámblico. Antes de otorgarles los privilegios de la escuela, el pasado y en la iniciación preparatoria se aseguraba el secreto por medio de juramento, y se les imponían las más severas pruebas a su fortaleza y autodominio. La fraternidad, unos seiscientos, en números redondos, con sus esposas e hijos, residían en amplio edificio. Todas las mañanas se señalaban los asuntos y deberes del día, y por la noche se rendían las cuentas respectivas. Se levantaban antes que amaneciera, para rendir sus tributos al Sol, y recitaban varias horas estudiando, y durante el cual caminaban y hacían gimnasia. Los alimentos consistían principalmente en pan y miel".

Aunque no encontramos ninguna conexión directa entre la Escuela de Pitágoras y los grados de la moderna Masonería, sin embargo, la influencia de Pitágoras en nuestros Misterios fue profunda, como los Masones lo han reconocido siempre. La tradición de los pitagóricos fue transmitida a las escuelas Neoplatónicas; de donde mucho de la enseñanza oculta pasó a manos cristianas, y formó la base de muchas de esas escuelas de instrucción mística que duante la época medieval cubrieron varios de los secretos ahora conservados en los grados superiores de la Masonería. Hay una sucesión de ideas así como de poder sacramental; y con certeza se puede decir que la escuela de Pítágoras fue uno de los eslabones de la cadena de la filosofía Masónica, aunque hoy, la mayor parte de ésta, se ha perdido en nuestros ritos. A Pitágoras se atribuye el descubrimiento de la cuadragésima séptima proposición de Euclides, que ahora forma el joyel del Ilustre Past Master en la parte de la Geometría exotérica, sino, en un sentido místico, de todo el sistema de los Misterios, y también del universo mismo. Es imposible calcular con exactitud la influencia de una línea de tradición. Lo único que podemos decir es que algunas de las enseñanzas pitagóricas, transmitidas probablemente por varias líneas de tradición que tuvieron entre sí una influencia interna recíproca, llegaron a fusionarse con la Masonería del Medioevo y formaron parte de la instrucción oculta que estaba asociada con las ceremonias transmitidas entre los constructores operativos desde fuentes judías. Estas fueron preservadas con juramento solemne de guardar el secreto, y salieron a flote en la Masonería especulativa después de la Reforma, y ahora forman parte de nuestro actual sistema masónico.

OTROS MISTERIOS GRIEGOS

Otra línea de tradición es la de los Misterios de Dionisio (o Baco, como los Romanos lo llamaban), que eran más semejantes a los egipcios que los ritos eleusinos. Se celebraban en toda Grecia y Asia Menor, pero principalmente en Atenas; fueron llevados a Roma, y después formaron un eslabón en la cadena de descendencia Masónica. Su leyenda central se refiere al asesinato de Dionisio perpetrado por los Titanes y la subsecuente resurrección.

Los misterios comenzaban con la consagración de un huevo, simbolizando el huevo mundano del cual todas las cosas provienen. El candidato era coronado con mirto, vestido con las túnicas sagradas, e incitado a tener valor, y luego conducido a través de oscuras cavernas entre los aullidos de animales salvajes y otros temibles ruidos, en tanto que relámpagos aquí y allá ponían ante su vista monstruosas apariciones. Después de tres días con sus noches de este tipo de experiencia se pasaba a una celda solitaria en donde se le acostaba en un sofá; se oía un repentino ruido de agua que arrasaba, simbolizando el diluvio; y se representaba la muerte de dionisio, y piernas y brazos eran arrojados al agua. Luego, en medio de lamentos. Rea comenzaba la búsqueda de los restos de Dionisio, y los departamentos se llenaban con agudos chillidos y gruñidos, acompañados de las frenéticas danzas de los Coribantes. De repente el cuerpo era hallado, la escena cambiaba a total alegría, y el aspirante era liberado de su confinamiento. Después de eso, él descendía a las regiones infernales donde veía los sufrimientos de los malvados y las recompensas de los buenos, y depués llegaba a ser un epopt o veedor; que podía observar el mundo desde arriba, verlo como todo, y por lo tanto entenderlo. Entre los partidarios de esta forma báquica de los Misterios estaban los famosos Artífices Dionisíacos, una sociedad secreta, atada por los más rígidos juramentos de nunca revelar sus secretos y herramientas, y que empleaba emblemas adoptados del oficio de la construcción. Estos grupos de viajeros, compuestos por trabajadores, construyeron templos por toda Siria y Asia Menor, lo mismo que los grupos de Francmasones, más tarde, construyeron iglesias en Europa. El H. Ward escribe acerca de ellos:

Parecen haber llegado al Asia Menor procedentes del sudeste, y de acuerdo con Estrabón, pueden seguirse sus pasos a través de Siria y Fenicia, vía Persia e India. Aparentemente llegaron a Fenicia unos cincuenta años antes de la construcción del templo del Rey Salomón, y es su presencia que por sí sola explica cómo el templo llegó a ser fue construido por judíos, quienes eran durante esos días una raza de agricultores, bastante incapacitados para emprender la tarea de erigir tan ornamentado edificio.

De la misma fuente tomamos el conocimiento de que los arquitectos y hombres, unos y otros en posiciones de mando, llegaron de Fenicia; y se han hallado cartas fenicias sobre lo que se cree que fueron los cimientos del primer templo... De Fenicia se dirigieron primero al Asia menor, y de ahí a Grecia, y de este lugar, los colonizadores griegos, sin duda, al correr del tiempo, llevaron miembros de la unión a Grecia Magna, que tal era el nombre antiguo de esa región Sur de Italia.

Se dice que el culto de Dionisio sobrevivió hasta 1908 en Tracia, en forma ligeramente modificada en Viza, y quizá todavía exista.

En la misma tierra de Fenicia, los misterios de Adonis o Tammuz eran celebrados en Byblos o Gebal, donde vivían los gibelim o Escuadrones de piedra, derivando su nombre del pueblo. La leyenda de estos misterios es una interesante combinación de los de Egipto y de Eleusis, la muerte y resurrección de Adonis, que estaba entretejida con un tema relativo a su exilio y retorno durante seis meses del año, nos recuerda el destino de Perséfone.

Este culto aparece en muchas formas, algunas de ellas salvajes y sanguinarias, evidentemente derivadas de las oscuras y envilecidas torpezas de tribus prehistóricas y aun caníbales.

Los misterios de Attis y Cibeles en Frigia tenían muchos puntos en común con los que nos ocupan ahora; la muerte y resurrección de Attis era el mito central. Otros cultos de misterios existían también, y todos enseñaban ideas similares. El de Kabeiroi en Samotracia, para el cual había gran respeto en el mundo antiguo, es reputado por algunos estudiosos como el más antiguo de todos; una teoría que está reforzada por los bárbaros nombres de las deidades respectivas. Pero hasta éstos son mitos de muerte y resurrección, el dios en este caso era llamado Kasmillos.

Parece probable que cuando Virgilio, en el sexto libro de la **Eneida**, describió el descenso de Eneas al infierno, intentó dar una representación de lo que sucedía en algunos de estos Misterios.

dad de las Armas ahora tenemos la del Am
el amor substituye a la influencia militar de
nque el método de consagración en los mu
res sea el mismo. Esto es debido a una mezc
a egipcia de tradición.
íntimas las analogías entre mitraísmo y cris
están bien resumidas en la **Enciclopedi**

aternal y democrático de las primeras comunidades, y su
de; la identificación del objeto de adoración con la luz y el
ndas de los pastores con sus regalos y sus adoración, el
rca; la representación en el Arte de la carroza de fuego, el
ta de la roca, el empleo de la campana y la vela, el agua
comunión; la santificación del domingo y del 25 de
insistencia en la conducta moral, el énfasis dado a la
y al autocontrol; la doctrina del cielo y el infierno, de la
imitiva, de la mediación del Logos emanando de lo divino,
xpiatorio, la constante lucha entre el bien y el mal con el
del primero, la inmortalidad del alma, el juicio final, la
de la carne y la flamígera destrucción del universo; son
las semejanzas... Tienen como raíz un común origen
bien que simple influencia.

des Poderes que están detrás de la evolución
aber pensado alguna vez que el mitraísmo
eligión de la quinta subraza en vez del estro-
stianismo que había rechazado su propia gnosis
un lado sus Misterios. Sin embargo, el ideal de
itraico era tan elevado que probablemente les
do imposible a los hombres respetarlo durante
Media; además de la otra objeción grave al
or excluir totalmente a las mujeres. Por tales
se dejó al mitraísmo caer a segundo plano y
e desaparecer de la vista del mundo exterior. A
ello, todavía se salvaguarda la antigua suce-
s ritos están preservados bajo la custodia del
TODOS LOS MASONES DEL MUNDO; de ma-
el mitraísmo puede aún entrar en juego en la
iosa del futuro.
de los Misterios de Mithra, había una tradición
e los Misterios; aquella a la que nos referimos

CAPITULO VI

Los Misterios de Mithra

ZARATUSTRA Y EL MITRAISMO

Los Misterios de Mithra eran en muchos puntos semejantes a los de Grecia, pero siempre tenían ciertas características que les eran peculiares, y la línea de sucesión
que transmitieron era distinta de la de los tres grados de la
Masonería Azul; algunos de los rasgos más importantes
de su ritual parecen haber ido al ritual del grado 18.
Tenían un fuerte aire militar, y exigían a sus partidarios
una vida que casi era ascética.

Así como los Misterios de Egipto y Grecia surgieron
respectivamente de las encarnaciones del Instructor del
Mundo como Thoth y Orfeo, así el esquema mitraico
surgió debido a Su encarnación como el primer Zara-
thustra por el año 29,700 a. de C. en Persia. Su enseñanza
se refería a Mithra, Capitán de las huestes del Dios de Luz
y Salvador de la humanidad.

EL MITRAISMO ENTRE LOS ROMANOS

Se dice que el mitraísmo fue primero transmitido al
mundo romano durante el siglo I a. de C. por los piratas
cilicianos capturados por Pompeyo; pero como ya hemos visto, antes de ese tiempo estaba ya en posesión de
las comunidades esenias en Palestina. Por casi dos siglos no alcanzó gran importancia en Roma, y no fue sino
hasta fines del siglo I d. de J. C. que empezó a atraer fuertemente la atención. Hacia fines del siglo II el culto se
había esparcido rápidamente a través de la milicia,los

comerciantes y los esclavos, sectores compuestos principalmente por asiáticos. Floreció especialmente en los puestos militares y las rutas del comercio, donde sus monumentos han sido descubiertos en la mayor abundancia. Aún quedan unos veinte de los templos mitraicos, y muestran ciertos puntos de semejanza con nuestras logias masónicas. El templo era rectangular, con una plataforma elevada en el extremo oriental, a menudo en forma de ábside, unas bancas corrían a todo lo largo de sus paredes laterales, para dar asiento a los de la confraternidad, y la forma del cielo simbolizaba el firmamento.

Jerónimo (**Epist. CVII**) nos platica que el sistema consistía en siete grados: **Corax**, el Cuervo, así llamado no sólo porque el cuervo era el sirviente del sol en la mitología mitraica, sino porque el cuervo puede tan sólo imitar el habla y no originar ideas por sí mismo; **Cryphius**, el Oculto, un grado en el que, tal vez, el místico al tomarlo se encontraba en el santuario, oculto de los demás por medio de un velo, cuyo descorrimiento era una solemne ceremonia; **Miles**, el Soldado, significando la santa guerra contra el mal, en servicio de Dios; **Leo**, el León simbólico del elemento de fuego, que jugó tan importante papel en la fe pérsica; **Perses**, el Persa, ataviado con ropa asiática típica, una reminiscencia del antiguo origen de la religión; **Heliodromo**, el mensajero del Sol, con quien Mithra estaba identificado; y **Pater**, el Padre, un grado que traía lo místico entre los que tenían la dirección general del culto, por el resto de sus vidas.

No es fácil distinguir correspondencias exactas entre estos siete estadios y nuestros propios grados, debido a la diferencia entre los sistemas. El Corax es bastante paralelo con el A., y el Cryphius y el Miles con el C., con la distinción de que el Miles incluía conocimiento adicional que puede compararse con el del grado Mark. Estas tres clases juntas eran consideradas como de servidores hasta cierto punto; el estadio siguiente, Leo, era el primero cuyos miembros eran llamados "participantes" y admitidos al sacramento mitraico. Podemos considerar las etapas de Leo, Perses y Heliodromo, como divisiones de grado de M.M.; el primero daba pleno derecho de

compañero en l...
pasaba a quien l...
impresionante, e...
mente asesinado...
Mithra; y el terce...
cimiento adiciona...
dado en el Santo...
tenía ese conocim...
deidad estaba apt...
Sol a llevar su f...
correspondía a n...
solo puede confe...
sucesión a la post...

LO...

El culto mitraico...
soldados, una aut...
mujeres nunca fue...
aunque parece pr...
biera grados aparte...
ritos daba especial...
candidatos en amb...
vadas. Había una...
hermandad entre lo...
es lograda en nuest...
a luchar por la justi...
bro contra todo ene...
El sacramento mitr...
consagrado en una s...
estaba ligado al asp...
sentaba; también es...
za de las líneas cara...
ternidad, y ayudaba...
confraternidad, en e...
como soldados de L...
nos ha sido transmiti...
Culdee de tradición,...
Heredom; mas las fu...
sido algo modificad...

Confratern...
El poder d...
valentía, au...
dos superi...
con la líne...
Son muy...
tianismo, ...
Británica:

El espíritu fr...
origen humil...
Sol; las leyer...
diluvio, y el a...
agua que br...
bendita y la...
diciembre; l...
abstinercia...
revelación p...
el sacrificio...
triunfo final...
resurrección...
algunas de...
oriental, má...

Los Gran...
parecen...
fuese la r...
peado cris...
y hecho a...
pureza m...
hubiera s...
la Edad...
sistema...
razones...
finalmen...
pesar de...
sión y lo...
JEFE DE...
nera que...
vida relig...
Además...
atlante...

como línea de sucesión caldea. Durante los días de su esplendor, los rituales caldeos ponían al iniciado en contacto con los grandiosos Angeles de las Estrellas que eran adorados en esa fe; una reliquia de esta tradición aún se halla en el lado oculto de ciertos grados de los ritos de Menfis y de Mizraim. El método caldeo respecto a los asientos de los Oficiales Principales de una Logia, se conserva todavía en la Masonería Europea y también ha pasado a ciertos grados superiores.

LOS COLEGIOS ROMANOS

Ya podemos entroncar de nuevo con la principal línea de descendencia Masónica, la de los tres grados de la Masonería Simbólica. Ya dejamos visto cómo los Misterios Judíos transmitieron los puntos esenciales de nuestros ritos masónicos; nos resta seguir el hilo de su transmisión hasta nuestras Logias modernas. El eslabón que sigue en la cadena es el de los Colegios Romanos, que es donde tuvo lugar la transición de la Masonería especulativa a operativa.

Hemos visto que la Arquitectura estuvo siempre en íntima conexión con los Misterios, y que nuestro ritual de la Masonería Simbólica, cuando se trabaja apropiadamente, tiene por objeto construir un templo suprafísico del órden jónico de arquitectura, que fue escogido porque es el vehículo del tipo especial de fuerza que fluye a través de la Masonería Simbólica.

Los grados superiores construyen otros tipos de arquitectura, según las influencias que han de ser irradiadas a través de ellas; así es que, según esto, estamos en presencia de una ciencia de construcción espiritual, de la cual la Arquitectura Material sólo es su reflejo en la materia densa del plano físico. Cada orden arquitectónico expresa una idea y es el canal de ciertos tipos de influencia asociados con tal idea, atrayendo la atención de ciertos tipos de Angeles que trabajan en las líneas de esa idea en los mundos invisibles. Cada subraza tiene su propio tipo de arquitectura característico, así como su propio tipo de música, y éstas son utilizadas a menudo por

147

los Grandes Seres, que están en el trasfondo, a fin de imprimir en el pueblo ciertas características para que evolucione.

Los principios de esta ciencia oculta de la Construcción se enseñaban en los antiguos Misterios, y los templos de las diferentes denominaciones o "fes", fueron planeados por los sacerdotes con plena conciencia del lado oculto de tal tarea, y esta es la razón por la cual los constructores estaban siempre asociados con los templos y los cultos de los templos, y así los secretos de la construcción eran salvaguardados con cuidado, como parte de la enseñanza de los Misterios. Así es como la confusión entre especulativa y operativa, deliberadamente efectuada al derrumbamiento del Imperio Romano, no presentó dificultades a los Poderes que están detrás, ya que los dos aspectos habían siempre trabajado en estrecha asociación, y fue meramente una cuestión de recalcar uno y, temporalmente, retirar al otro a un mayor silencio y más profundo secreto. No hubo necesidad de ningún cambio esencial.

EL TRABAJO DEL REY NUMA

Plutarco nos cuenta que los Colegios Romanos fueron fundados originalmente por Numa, el segundo rey de Roma, quien vivió durante el siglo VII a. de C. Numa es, para nuestros historiadores, una figura semilegendaria, sin embargo, fue un personaje muy real, y el fundador de los Misterios de Roma, así como de las congregaciones, uniones del oficio. Sobre su carácter, Plutarco dice:

Estaba dotado de un espíritu raramente atemperado por naturaleza, e inclinado a la virtud, al que subyugó aún más por medio de disciplina, vida severa, y el estudio de la filosofía... Desterró todo lujo y molicie de su propio hogar, y mientras los compatriotas y visitantes encontraron en él un incorruptible juez y consejero, en lo privado no se dedicaba a la diversión ni al lucro, sino al culto de los Dioses inmortales, y a la contemplación racional de los divinos poderes de ellos y su naturaleza.

Numa era "un profundo conocedor, tanto como nadie

pudiera haberlo sido en esa era, de toda clase de ley, divina y humana", dice Livio; en tanto que Dio Cassius nos cuenta que aquél dio forma a las instituciones políticas y pacíficas de Roma, igual que Rómulo había determinado la ruta militar. Además de toda su capacidad externa, estaba muy adelantado en el Sendero de la Santidad, y era un alto Inicado de la Logia Blanca. Su trabajo especial fue, en los principios mismos del Estado Romano, asentar las bases internas de la futura grandeza de Roma; moldeó tanto su religión externa como sus Misterios internos, los que en días posteriores iban a ser el canal de esa fuerza espiritual que haría a Roma poderosa entre todas las naciones, uno de los más grandiosos imperios que el mundo haya nunca conocido.

Numa envió mensajeros a Egipto, a Grecia, a Caldea, a Palestina y otras tierras, a estudiar todos los existentes sistemas de los Misterios, para que él pudiera adoptar en Roma los más adecuados para el desarrollo de su pueblo. Su alto rango oculto le abrió todas las puertas; y como Pitágoras (un Iniciado aún mejor, que llegó más tarde), fue capacitado para sintetizar muchas líneas de tradición en un todo comprensivo. El sistema que parece haber sido adoptado en Roma fue el de los Misterios de Dionisio o Baco, que, como ya hemos visto, correspondía íntimamente al sistema egipcio; y aquí tenemos el primero de los slabones con los Artífices Dionisiacos, de quienes la dición Masónica tan persistentemente habla.

ma introdujo la línea egipcia de sucesión, y de esta era los hierofantes de sus Misterios eran maestros talados a la manera de los sacerdotes de Egipto y de s Masones de hoy. Esta sucesión parece haber sido ansmitida en secreto entre los Colegios de Arquitectos hasta los días en que el cristiano empezó a dominar el mundo romano a principios del siglo III d. de C. La suerte de los Colegios o las congregaciones que fueron así formados, fue muy variada; gradualmente se elevaron hasta obtener un gran poder político, y fueron abolidos por el Senado por el año 80 a. de C., pero fueron restaurados otra vez veinte años más tarde. Los Emperadores, de tiempo en tiempo, publicaron edictos contra ellos, mas a los que pudieron probar su antigüedad o su carácter religioso se les permitió seguir existiendo. Finalmente quedaron abolidos en el año 378 d. de C.

LOS COLEGIOS Y LAS LEGIONES

De estos Colegios de Arquitectos uno era adscrito a cada Legión Romana, para que le construyera fortificaciones en tiempo de guerra, y, en tiempos de paz, templos y casas. Fue así como los Misterios Romanos fueron traídos al Norte de Europa. En cualquier parte en la que los romanos se establecían, los Colegios trabajaban sus ritos, y con el curso del tiempo, los soldados nativos eran iniciados dentro de sus filas, hasta que el sistema llegó a estar profundamente enraizado en todas las colonias romanas. En íntima conexión con estos ritos estuvieron los de Mithra, los cuales como hemos visto, fueron también esparcidos por los soldados romanos, si bien los dos sistemas fueron siempre conservados aparte y bien distintos.

La organización de los Colegios, como lo muestran los archivos existentes, correspondía en muchos puntos con la de nuestras modernas Logias. "**Tres faciunt Collegium**", "Tres hacen un Colegio" era uno de sus principios; y la regla era tan indispensable que se convirtió en máxima de la ley civil. El Colegio era regido por un **Magister** o Maestro, y dos **Decuriones** o Guardianes; y entre otros oficiales estaban un tesorero, subtesorero, secretario y archivista. También había un **Sacerdote** o Capellán, a cargo del aspecto religioso del trabajo. Los miembros del Colegio pertenecían a tres grados, que correspondían estrechamente a Aprendices, Compañeros y Maestros; y los archivos apuntan el hecho de que tenían ritos semirreligiosos que eran guardados en absoluto secreto, y también que adscribían interpretaciones simbólicas a sus herramientas, como la escuadra y el compás, el nivel y la plomada. Tomaron dioses paganos como sus santos patrones de manera muy semejante a como lo hicieron las subsiguientes congregaciones al adoptar santos cristianos como patronos. Los Cuatro

Mártires Coronados, santos patronos de la Masonería, fueron miembros cristianos de un Colegio y fueron torturados hasta morir, por el Emperador Diocleciano, por haberse rehusado a hacer una estatua de Esculapio. Posteriormente fueron confundidos con la tradición de los Cuatro Hermanos de Horus.

El H. J. S. M. Ward describe el edificio de un Colegio desenterrado en Pompeya en 1878, el cual había quedado sepultado el año 79 d. de C. por la gran erupción del Vesubio. Contiene impresionantes correspondencias Masónicas. Hay dos columnas, y en las paredes triángulos entrelazados. Sobre un pedestal en el centro fue encontrada una losa de mármol con incrustaciones, un cráneo, un nivel y una plomada, y otros diseños Masónicos en mosaico. Un fresco en otro edificio cercano muestra una figura en el acto de hacer la consagración. Los Colegios Romanos de Arquitectos fueron llevados a Gran Bretaña por los soldados romanos. Una legión bajo Julio César estableció una colonia en Eboracum o York, y más tarde se hizo muy prominente en la tradición y leyenda Masónicas; otro centro estaba en Verulam, después llamado Saint Albans.

LA INTRODUCCIÓN DE LA FORMA JUDÍA

La introducción de la forma judía en las ceremonias Masónicas fue intencionalmente arreglada por los Poderes que permanecen detrás de la Masonería, por los días en que el cristianismo iba ganando ascendiente en el Imperio Romano. Habría sido imposible continuar los Misterios de Baco o los de Mithra en su forma original, en tanto hubiera tanta oposición entre el cristianismo y la anterior religión. No se sentía tanta oposición hacia los judíos, de entre los cuales la nueva religión surgió y se nutrió en sus días iniciales; y la forma judía de los Misterios fue por lo tanto adoptada por la Logia Blanca como el mejor medio de transmitir los ritos antiguos durante la Edad Media, época de obscurantismo durante la cual la Iglesia, con todo rigor, persiguió a todos los que no estaban de acuerdo con sus doctrinas El primordial agente en el trabajo de transición fue Aquél que entonces se conoció como San Alban, pero que actualmente reverenciamos como el Maestro (el Conde de S. Germain), el Jefe de todos los verdaderos Francmasones en todo el mundo. He relatado algo de Él y Su encarnación romana, en **La Vida Oculta en la Francmasonería.**

LA TRANSICION A LOS OPERATIVOS

Los Misterios de Baco muy natural y gradualmente dejaron su lugar a la forma judía de la misma tradición cuando el cristianismo se fue haciendo más y más poderoso, ya que ésta no era incompatible con la religión cristiana como lo habrían sido las tradiciones griegas o egipcias; y los secretos especulativos fueron más y más confundidos con la terminología operativa hasta que la transición fue completa. Cuando el Imperio Romano del Oeste fue destruido, el poder político fue quedando más y más en manos de la Iglesia, la cual sospechó en forma creciente, de las sociedades secretas, y las suprimió con gran vigor. Sin embargo, no persiguió a los Masones operativos, a quienes consideraba como una corporación de hombres que prudentemente protegían los secretos de su oficio, y supuso que se relacionaban con las mediaciones de columnas y arcos, proporciones para hacer la mezcla, y cosas por el estilo.

Los Maestros de la Logia Blanca, por lo tanto, intencionalmente confundieron el trabajo simbólico con el operativo y así preservaron la Masonería Azul, pero permitieron que la sabiduría superior desapareciera de la vista. De esta manera se dejó margen para quienes habiendo nacido en Europa no pudieran desarrollarse bajo la muy burda enseñanza que fue erróneamente llamada Cristianismo.

Este esfuerzo para preservar los Misterios durante los días del obscurantismo de la Edad Media, tuvo éxito porque los Masones especulativos adoptaron, tanto como les fue posible, la terminología de los Constructores operativos, y confiaron a éstos algunos de sus secretos,

152

cuyas formas fueron transmitidas por ellos fielmente, aunque no comprendieran su significado más que a medias.

Después, aquellos que tenían ideas filosóficas que la Iglesia no aprobaba, se unieron con los constructores operativos, y por lo mismo no fueron tomados como aprendices, sino que fueron constructores operativos, y por lo mismo no fueron tomados como aprendices, sino que fueron constructores **libres y aceptados** dentro del grupo operativo, pero sin pertenecer a éste por derecho de trabajo en el plano físico. La tradición de los Colegios pasó a las Logias de las uniones, como lo veremos en el siguiente capítulo, y la antigua sucesión de Maestros Instalados, que en la gran Bretaña delineamos a través de S. Alban, fue transmitida ininterrumpidamente de siglo en siglo. A consecuencia de esta persecución, y la parcial restauración de la Masonería en diferentes formas y en diferentes países, su historia externa ha sido obscurecida y confundida en el mayor grado posible. Es un asunto que podría ser sin duda dilucidado por larga y cuidadosa investigación, pero sería una tarea que tomaría demasiado tiempo y energía.

CAPITULO VII

La Masonería Simbólica en la Edad Media

METODOS EVOLUCIONISTAS

La teoría de la evolución humana comúnmente puesta ante nuestros ojos, es la de un lento progreso ascendente del hombre a partir de condiciones extremadamente primitivas y casi animales pasando por la Edad de Piedra, la de Bronce, la de Hierro, hasta llegar a su presente nivel, el cual es, desde este ángulo, el más alto que haya alcanzado. Esto es sólo parcialmente verdad; por una parte está abarcando un desenvolvimiento con duración de muchos millones de años y esto sólo en un sentido muy amplio y general, y por otra, en un sentido puramente local, afectando a una o dos subrazas, y es solamente por estos dos motivos que tiene algo de verdad, pues deja fuera de toda consideración algunos de los más importantes factores en el caso.

Que nadie dude que la evolución es un hecho; que Dios tiene un plan para el hombre, y que ese plan es de eterno avance y desarrollo, llevándolo a las alturas de gloria y esplendor de las que ahora no se tiene la menor idea.

Sin embargo, no dudamos que a través de todas la eras un propósito eterno camina. Y el pensar del hombre se ensancha con el proceso de los soles.

Pero si queremos entender algo de este maravilloso plan tenemos que empezar esforzándonos por captar sus principios generales. Primero, no es un crecimiento al azar: está siendo definidamente dirigido desde su fondo por un cuerpo de hombres perfeccionados a quienes

155

llamamos la Gran Hermandad Blanca; un cuerpo que existe para llevar adelante la voluntad del Logos del sistema solar. Trabaja por medio de una tan vasta y complicada maquinaria, que desde el plano físico no podemos ver más que una porción de su operación, por lo tanto, constantemente lo subestimamos y lo concebimos erróneamente.

En segundo lugar, su trabajo se desarrolla cíclicamente. el alma del hombre crece al ir ocupado una sucesión de cuerpos, cada uno de los cuales nace, crece lentamente hasta alcanzar la madurez, vive su vida, aprende (o falla al aprender) la lección, y luego muere. Así tambien la humanidad crece por medio de encarnaciones en una sucesión de razas, cada una de éstas pasa por los estadios de niñez, adolescencia, plena madurez y decadencia. A menudo el último período parece triste, trátese del hombre o de la raza; a menudo el estudiante de historia no puede menos que sentir pena por alguna poderosa y espléndida civilización cuando ésta le deja el lugar a un salvajismo, posiblemente más viril, pero más propio de una niñez más grosera y ruda.

Un notable ejemplo de ello fue la destrucción de la gentil, refinada, y hermosa civilización del Perú por los increíblemente crueles atroces métodos de los invasores españoles; otro caso muy parecido fue el absolutamente injustificable ataque a la civilización de Roma por las feroces hordas de godos y vándalos provenientes del norte. Fueron tan groseros y brutales que empleamos sus nombres mismos para indicar una conducta igual a la suya. Y sin embargo, ellos fueron instrumento en manos del divino poder, y su crasa ignorancia contenía dentro de sí misma las cualidades que estaban en peligro de desaparecer y ser olvidadas entre las razas decadentes a las cuales ellos estaban destinados a afectar y parcialmente sustituir.

EL RETIRO DE LOS MISTERIOS

Aun antes de la destrucción del Imperio Romano el retiro de los Misterios como instituciones públicas había tenido lugar; y tal hecho fue debido a la excesiva intolerancia desplegada por los cristianos. Su fantástica teoría de que nadie, excepto ellos, podía ser salvado del infierno, infierno que ellos mismos habían inventado, y que, naturalmente, los condujo a probar todos los medios, aun las más crueles y diabólicas persecusiones, para obligar a la gente de otras religiones a aceptar su particular consigna. Como los Misterios eran el corazón y fortaleza de una creencia más racional, por supuesto los Cristianos se opusieron fuertemente, olvidando por completo que en sus primeros pasos habían asegurado tener tanto del conocimiento oculto como cualquier otro sistema.

LOS MISTERIOS CRISTIANOS

Todavía hoy se piensa que el cristianismo no tuvo misterios, y algunos de sus partidarios se jactan de que en éste no hay nada oculto. Esta errónea idea ha sido tan industriosamente impresa en el mundo, que hace que mucha gente sienta cierto rechazo hacia las religiones más prudentes que se han hecho cargo de todas las necesidades de sus creyentes, y que piensen que éstas están, sin necesidad, escondiendo parte de la verdad o administrándola a pequeñas dosis al mundo. En los tiempos antiguos, cuando no había tal pensamiento, se reconocía que solamente quienes tuvieran cierta cualidad de vivir eran aptos para recibir la instrucción superior, y quienes así lo querían se ponían a trabajar para llegar a estar aptos. El conocimiento es poder, y la gente debe probar que puede, antes de que se le confíe el poder, pues el objeto de todo el plan es la evolución humana, y los intereses de la evolución humana no serían servidos con la publicación a gran escala de la verdad oculta.

Los que sostienen que el cristianismo no tuvo misterios, no están familiarizados con la historia de la Iglesia. A pesar de que muchos de los primeros escritores cristianos son del todo hostiles a los Misterios, con indignación niegan la sugestión de que en su Iglesia no tienen nada que sea digno de tal nombre, y afirman que sus Misterios son por todos los ángulos tan buenos y profundos y de tanto alcance como los de sus oponentes "paganos". San Clemente dice: "Quien ha sido purificado en el bautizo y luego iniciado en los Misterios menores (es decir, ha adquirido los hábitos de reflexión y autocontrol) queda maduro para los Misterios Mayores, para la Epopteia o Gnosis, el conocimiento científico de Dios". También dijo que : "No está apegado a la ley revelar a los profanos los Misterios del Logos".

Orígenes, el más brillante y culto de todos los Padres eclesiásticos, también asegura la existencia de la enseñanza secreta de la Iglesia, y habla abiertamente de la diferencia entre la ignorante fe de la multitud subdesarrollada, y la fe superior y razonable basada en el conocimiento definido. Sabe distinguir entre "la fe popular irracional que conduce a lo que él llama 'cristianismo somático' (la simple forma física de la religión) y el 'cristianismo espiritual' ofrecido por la sabiduría o Gnosis. Deja perfectamente claro que por 'cristianismo somático' él quiere decir la fe que ésta basada en la historia de los evangelios, y dice de ésta: "¿Qué mejor método puede inventarse para ayudar a las masas?". El Deán Inge, en su libro **Misticismo Cristiano** lo cita enseñando que:

> El gnóstico o sabio ya no necesita el Cristo crucificado. El evangelio eterno o espiritual que es su posesión le muestra claramente todas las cosas concernientes al Hijo de Dios Mismo, tanto los Misterios enseñados por sus palabras como las cosas de las cuales sus actos fueron símbolos que Orígenes considera la vida, muerte y resurrección de Cristo solamente como manifestación de una ley universal, que fue, en verdad, dramatizada no en este mundo cambiante de sombras, sino en los eternos juicios del Más Alto. Considera que los que están totalmente convencidos de las verdades universales reveladas por la encarnación y la expiación no necesitan preocuparse acerca de sus particulares manifestaciones en el tiempo.

Aquí vemos distintas y repetidas referencias a la enseñanza oculta, inmensamente más grandiosa que nada de lo que la Iglesia de hoy conoce, y que lleva a los que la estudian a un nivel mucho más elevado del que ahora se logra por los discípulos de la ortodoxia. ¿Qué ha sucedido con esta magnífica herencia del cristianismo? Es verdad que todo lo que la Iglesia sabe es comunicado, pero esto se debe a que ha olvidado los misterios que antes guardaba ocultos. Esta es una de las principales razones por las cuales ha perdido el control de sus hijos más intelectuales, y por lo tanto, ha fallado en su deber de educar e instruir al pueblo sobre las cosas más importantes de la vida, y ha hecho de nuestra era una de las más imprácticas que se hayan conocido.

Hemos venido a este mundo a vivir nuestras vidas, no a hacer dinero, y de la manera en que vivamos depende la condición de nuestros futuros nacimientos. Se pensaría, entonces, que todo lo relacionado con estas cosas debería enseñarse en la escuela. Es cierto que cada uno de nosotros tiene que morir, pero nadie nos dice nada que valga la pena saber acerca de tan importante asunto. Por el contrario, el cristianismo exotérico, en los días de su poder, positivamente prohibió a los que sabían, decir ni una palabra acerca del tema, y reforzó con las más terribles armas su increíblemente necio mandamiento: "Tú no pensarás".

Felizmente no toda esta sabiduría se ha perdido, pues mucha de ella se nos ha conservado en las enseñanzas de la Francmasonería. Había muchos miles de gentes, por los días en que el cristianismo empezó a dominar al mundo, que prefirieron decir sus opiniones en las formas antiguas. Al irse volviendo el cristianismo más estrecho y más agresivo, y de hecho menos tolerante, los que sabían algo de la verdad, y querían preservar la envoltura de ésta en las formas antiguas, tuvieron que hacer cada vez más secretas sus reuniones; pues la Iglesia era excesivamente intolerante hacia todo el que osara diferir de ella, aun en asuntos de mínima cuantía.

LA REPRESION DE LOS MISTERIOS

En el año 399 d. de C., el Emperador Teodosio publicó su famoso edicto, que fue un duro golpe a la manifestación externa de la antigua religión:

Cualesquiera privilegios que hayan sido concedidos por las leyes antiguas a los sacerdotes, ministros, prefectos y hierofantes sobre objetos sagrados, o llamados del nombre que sea, quedan de aquí en adelante abolidos, y que piensen que están protegidos por un privilegio garantizado cuando su confesión religiosa se sabe condenada por Ley.

Para el año 423 d. de C., los castigos contra los que se aferraban a las antiguas creencias se habían hecho severos, pues en un edicto posterior del mismo Emperador hallamos:

Aunque los paganos que quedan deben ser sometidos a la pena capital si son sorprendidos en los abominables sacrificios a los demonios, permítase que el exilio y la confiscación de sus bienes sea su castigo.

En toda oportunidad posible los templos de los dioses eran destruidos, las antiguas bibliotecas incendiadas, las estatuas y otras reliquias, hechas añicos por la mano brutal de los salvajes cristianos y toda destrucción que había quedado pendiente en el Imperio Occidental fue completada por los no menos bárbaros invasores. Así espiró la veneración externa de los dioses de Grecia y Roma; los Misterios se tuvieron que retirar a un estado de inviolable secreto, ininterrumpido hasta pasada la Reforma, cuando la Iglesia había perdido su poder para matar en la hoguera y torturar a todo aquel que, al menos, no aparentara estar de acuerdo con sus doctrinas.

EL CRUCE DE TRADICIONES

Este cese de máximas penas fue simultáneo en varios países, de modo que surgieron varias tradiciones que, como los sistemas de misterios de donde se originaron, diferían considerablemente en sus detalles, a pesar de que estaban basadas en el mismo plan común. Estas tradiciones se han cruzado y recruzado unas con otras constantemente durante siglos, ejerciendo influencia mutua en toda clase de modos secretos, han sido llevadas de país a país por muchos mensajeros, de manera que la Masonería que emergiera en el siglo XVIII, lleva la firma de muchas lineas genealógicas, de muchas escuelas de filosofía mística de acción recíproca.

160

Detrás de todos estos movimientos diferentes, totalmente desconocidos excepto para los pocos discípulos encargados del trabajo de conservar encendido el fuego sagrado durante la Edad Media, estaba la misma Logia Blanca, estimulando todo lo que había de bueno en ellos, guiando e inspirando a todos los que estaban dispuestos a aceptar tal influencia.

Con el correr del tiempo, la auténtica filosofía se ha esfumado de ellas una y otra vez, y de tiempo en tiempo los adeptos han tomado la ventaja de alguna oportunidad favorable para restaurar algo de ella, a veces fundando un nuevo rito o escuela, otras propiciando el establecimiento de grados adicionales en un rito antiguo. Vemos, entonces, una cantidad de corrientes de tradición transmitiéndose en secreto durante la Edad Media, y emergiendo aquí y allá en movimientos que en cierta extensión son conocidos en el mundo externo. El auténtico continuum de la Masonería puede así ser comparado con las raíces de una planta que se arrastra en el subsuelo y que en apariencia da diferentes plantas a intervalos. Existen, sin embargo, líneas genealógicas más o menos interrumpidas que pueden ser rastreadas hasta una cierta altura del plano físico; es con éstas que especialmente estaremos atareados en los siguientes capítulos.

LAS DOS LINEAS GENEALOGICAS

Ya hemos indicado que la única porción de la tradición Masónica que estaba antiguamente en grados definidos es la que ahora llamamos Arte o Masonería simbólica, la descendiente directa de los Misterios Menores y Misterios Mayores de Egipto y de Judea, y con íntimo parentesco con los Misterios de Grecia. Mayores poderes sacramentales fueron conferidos y más profunda instrucción espiritual era impartida a los pocos que estaban tratando de prepararse para los verdaderos Misterios de la Logia Blanca; mas éstos no pueden ser llamados grados según la manera de la Masonería Simbólica, pues ni aun en el antiguo Egipto fueron organizados como tales.

Ambas líneas de sucesión fueron transmitidas durante la Edad Media; los grados de la Masonería Simbólica fueron deliberadamente confundidos con la construcción operativa, fueron transmitidos de esta manera, aunque en secreto, en el mundo externo mas la instrucción superior aún pertenecía sólo a la minoría, y era impartida en una forma aún más secreta, siendo introducida en el corazón de varias escuelas místicas, que eran mucho más exclusivas en la selección de sus miembros que los constructores operativos.

Con los grados de la Masonería Simbólica estaba asociado el meollo de las ceremonias que ahora conectamos con el Honorable Grado de Maestro Masón Mark, conectado, como siempre, con el grado 2; y la Suprema Orden del Santo Real Arco de Jerusalén trabajado en conjunción con el 3º. Nuestros presentes rituales para éstos no son necesariamente antiguos, pues todos han sido sometidos, en tiempos modernos, a muchas modificaciones y nuevas formas. Un cuerpo de leyenda y tradición explicativo del ceremonial, parece haber sido transmitido; y las reliquias de éste han sido, en tiempos recientes, manufacturadas en grados ceremoniales separados, como por ejemplo, algunos de los estadios iniciales del Rito Escocés Antiguo y Aceptado, y sus afines colaterales o grados adicionales trabajadores en Inglaterra y América.

LOS CULDEOS

Una línea de tradición digna de notarse, conectada con la Masonería Simbólica hasta cierto punto, pero más aún con la Orden Real de Escocia y el 18º, se halla entre los culdeos de Irlanda, Escocia y York. Existen pocas fuentes confiables de información respecto a ellos, aunque hayan sido el centro de muchos bellos sueños, pero los estudiosos consideran que o fueron una orden monástica con bases en Irlanda y Escocia, o bien, en un sentido más amplio, representaron a los monjes y clérigos de la Iglesia Céltica sin limitación, así como también los que se entiende son sus sucesores en tiempos posteriores.

Sabemos de ellos en la Irlanda del siglo noveno al decimoséptimo; del noveno al decimocuarto en Escocia, donde ellos tuvieron varias comunidades monásticas de influencia notable, incluso una en la santa isla de Iona, que había sido uno de los más grandes centros espirituales del cristianismo celta mucho antes de que el vocablo culdeo fuera mencionado en los registros históricos relativos. En Gales en el siglo decimosegundo existía una estricta comunidad de culdeos morando en la isla de Bardsey, la santa isla de Gales; en tanto que en Inglaterra los encontramos como clérigos oficiando en la Iglesia Catedral de San Pedro en York durante el período del Rey Athelstan, quien estuvo tan íntimamente conectado con la tradición Masónica Inglesa. Se dice que después de haber requerido los rezos de los culdeos para su victoria sobre los escotos, cuando triunfó los recompensó con una renta perpetua en trigo para que pudieran proseguir con sus obras de caridad.

Su nombre ha sido derivado del Celta **Céle–Dé,** significando Compañero o Servidor de Dios, y del Latín **Colidei** veneradores de Dios; otros han pensado que viene del Celta **cuill dich**, que significa hombres de reclusión; pero la etimología de la palabra no es ciertamente conocida. Godfrey Higgins afirmó que la palabra culdeo era la misma que caldeo, y les daba un origen oriental, aunque sin aducir evidencias auténticas a su favor.

CRISTIANDAD CELTA EN INGLATERRA

Los que conocen la Historia de la Iglesia Inglesa saben que el cristianismo fue introducido a Gran Bretaña mucho antes de las misiones de San Patricio y San Agustín; y ha habido una persistente sospecha de que este cristianismo no era el de Roma, sino un cristianismo con afinidades mayores con los ritos orientales. Muchas tradiciones, ninguna de ellas comprobada por registros auténticos, testifican esta teoría y conducen hacia una verdad muy dudosa. Hay la leyenda de José de Arimatea y la Sagrada

Espina de Glastonbury; está la historia contada por Theodoret y Fortunato de que San Pablo visitó Inglaterra, que parece tener alguna confirmación de San Clemente de Roma; y Eusebio, el gran historiador eclesiástico, menciona que algunos de los doce apóstoles visitaron las Islas Británicas. Lo cierto es que no fue sino hasta el siglo XII que la Cristiandad Céltica fue puesta de acuerdo con los usos del Catolicismo Romano.

La sagrada isla de Iona, una vez corazón de la antigua Iglesia Céltica, está frente a la costa oeste de Escocia, entre las Hébridas Interiores. Era llamada Hy o Icolmkill (la isla de Columba de la Iglesia) y por los montañeses, Innis nan Druidneah (la isla de los druidas), implicando que antes de la venida de San Columba en el año 563 d. de C. había sido un centro consagrado al antiguo culto de los celtas. Los monjes de Iona esparcieron su saber sobre Escocia y el norte de Inglaterra, y los antiguos Obispos Celtas tenían al abad de Iona como su guía espiritual. En 717 los monjes de Iona fueron expulsados de Escocia por el Rey picto Nechtan; pero su lugar fue ocupado en mayor escala por los culdeos de Irlanda, quienes parecen haber sido practicantes de la misma tradición. No se hace mención de los culdeos en Escocia después del año 1382 d. de C.

Hallamos que la antigua Iglesia Británica, de la cual los culdeos fueron sus últimos supervivientes, poseía una bella y mística forma de cristianismo derivada de fuentes orientales e íntimamente conectada con las tradiciones de los esenios, quienes fueron inmediatos seguidores de nuestro Señor. Tenía la apostólica sucesión de la Iglesia Cristiana, pero sus enseñanzas eran menos definidas y menos rígidas, más místicas y más poéticas que el escolasticismo romano que en días posteriores la absorbió tan completamente. Además de los sacramentos cristianos ciertos ritos secretos fueron llevados por los misioneros originales a Inglaterra, ritos que pertenecían a la línea Mitraica de sucesión, la cual, como ya hemos visto, se practicaba entre los esenios; y puede ser que haya existido entre ellos alguna sucesión de Masonería Judía no conectada con los Colegios Romanos.

164

LOS MISTERIOS DRUIDICOS

Estas varias líneas de tradición fueron comparadas, hasta cierto punto, con los nativos Misterios de los Druidas, los cuales habían perdido mucho de su pasado esplendor y aun los ritos cristianos externos llegaron a ser retocados con esa peculiar belleza que es herencia de los celtas. Nosotros encontramos confirmación de la antigua leyenda que la espléndida raza céltica llamada Tuatha De Danaan, que floreció en la antigua Irlanda, vino originalmente desde Grecia a través de Escandinavia; y esto es cierto también de las otras ramas de la raza céltica que se establecieron en Gales, Cornwall y Bretaña. Todas ellas formaban una rama de la Cuarta Subraza de la cual también descendieron los posteriores griegos y romanos; y el origen de los Misterios de los druidas puede ser seguido hasta el gran instructor del Mundo, en su encarnación como Orfeo, el cantante de Hellas, aunque fueron también influenciados en parte por los aún más antiguos Misterios de Irlanda que datan de los tiempos atlantes. La lira de Apolo se convirtió en el arpa de Angus, y esta antigua veneración de Dios como la belleza divina manifestándose por medio de la Música se introdujo en Inglaterra.

Los Misterios druídicos tenían cierta influencia sobre los importados ritos romanos o normandos. Strabon y Artemidorus los comparan con los ritos de Samotracia, y Dionisio con los de Baco, en tanto que Mnaseas se refiere a sus correspondencias Kabíricas. Sabemos por diógenes Laertius y por César que el método druídico de instrucción se valía de símbolos, enigmas y alegorías, y que enseñaban oralmente, y consideraron ilegal poner su conocimiento por escrito. Se dice que sus ceremonias de iniciación requerían mucha purificación física y preparación mental. En el primer grado se representaba la muerte simbólica del aspirante, y en el tercero, su regeneración a partir del vientre de la gigantesca diosa Ceridwin y el poner al recién nacido a merced de las olas, en un bote, simbolizaba el Arca. Sus doctrinas eran similares a las de Pitágoras, incluyendo la reencarnación y la existencia de un Ser Supremo. A excepción hecha de unas cuantas referencias casuales en los autores clásicos, lo que sabemos de ellos nos viene a través, principalmente, de las canciones bárdicas atribuidas al poeta galés Taliesin, del siglo VI d. de C. quien afirmaba tener iniciación druídica. Los culdeos de York amalgamaron el misticismo cristiano con estos ritos precristianos, eslabonándolos así con la Masonería moderna.

Han existido muchos otros misterios, como los de Irlanda, íntimamente conectados con los druidas, y de Escandinavia, en los que la muerte y resurrección de Baler era el tema principal, y sin duda todos éstos estaban conectados con la fuente de nuestra presente Masonería, siendo ramas del mismo árbol, aunque hayan desaparecido los vestigios de su relación con el pasado.

EL CÁLIZ SAGRADO

Como parte de esta herencia indirecta que parte de los Misterios de Grecia, vino el bien conocido símbolo de **Krater** o Copa, el cual, en el entremezclado en sus comienzos con el cristianismo británico, fue identificado con el **Sangreal**, el Cáliz usado por nuestro Señor en la Ultima Cena para fundar la Santa Eucaristía. El Rey Arturo, a veces tomado como héroe imaginario, fue un gobernante muy real, muy amado y muy sagaz, del cual Inglaterra puede estar orgullosa; su Mesa Redonda es también una realidad y no una ficción, y entre sus Caballeros había un rito de los Misterios Cristianos centrado en la hermosa historia de la búsqueda del Cáliz Sagrado. Hubo quienes tomaron la leyenda literalmente y se dedicaron a peregrinar sin límite por sitios del plano físico buscando una copa terrestre; otros supieron que el significado místico del hallar el Cáliz Sagrado es la unión del yo superior con el inferior, lo cual es una de las cualidades para la iniciación en los verdaderos Misterios de la Logia Blanca; pues el Cáliz simbólicamente representa el cuerpo causal dentro del cual la "sangre" de los Misterios es vertida. "Yo soy la copa, Su amor es el vino".

Los Misterios del Cáliz Sagrado eran simultáneamente celebrados en varios centros, tanto en Inglaterra como en el continente europeo, donde sin duda se llegaron a mezclar con otra líneas de tradición; y en ellos encontramos claros vestigios de una de esas escuelas estuvo encendida durante el principio de la Edad Media. La tradición del Cáliz y su Caballería espiritual pasaron a la literatura por manos de Chrétien de Troyes, Wolfram von Eschenbach y otros escritores, de donde por un lado derivamos la **Morte d'Arthur** de Sir Thomas Malory, de la cual Tennyson sacó el material para sus **Idylls of the King**, y por otro, la gloriosa música de **Parsifal**, en la que Wagner reconstruyera con tanta magnificencia la tradición germana de la Confraternidad del Cáliz.

HEREDOM

En Escocia estos secretos Misterios del Este y del Oeste eran transmitidos de generación en generación en varios centros, siendo uno de los principales la isla sagrada de Iona. Entre los iniciados de los ritos culdeos Iona era llamada Heredom. En la tradición Masónica se dice que Heredom es una montaña mística, y como tal es el monte de la Iniciación trasmontando los velos del espacio y tiempo; pero también era el nombre secreto del centro físico de los Misterios, y este centro era Iona. Otro centro como éste; durante los ritos que derivan en parte de fuentes culdeas han sido siempre trabajados al estilo de Kilwinning y de Heredom.

La invasión sajona de Inglaterra sacó a los habitantes celtas de la planicie y los forzó hacia las montañas del Oeste y el Norte; y así hubo un estremezclado mayor de los Misterios Judíos de los colegios con los ritos culdeos. Los culdeos de york estaban entre los guardas de la tradición Masónica del siglo décimo, y los Antiguos Cargos nos cuentan que se efectuó una asamblea de Masones en York durante el reinado de Athelstan, cuando se hizo una reorganización de la Fraternidad. Por muchos siglos York fue un poderoso centro de Masonería; y contamos con un curioso testimonio dado en 1835 por Godfrey Higgins, quien afirmaba estar en posesión de un documento Masónico por el cual él podía probar que "no hace mucho tiempo" los culdeos o caldeos de York eran Francmasones, que ellos constituían la Gran Logia de Inglaterra, y que efectuaban sus reuniones en la cripta bajo la gran catedral de esa ciudad. Como veremos, fue en York donde ciertos importantes grados Masónicos surgieron en el siglo decimoctavo.

Los monjes de la Iglesia Celta fueron grandemente responsables de la introducción del cristianismo en Alemania. "Dondequiera que fueron edificaron Iglesias y habitaciones para sus sacerdotes, limpiaron los bosques, cultivaron el suelo virgen, e instruyeron a los paganos en los principios fundamentales de la civilización".

Algunas autoridades alemanas han sostenido que los monjes al dirigir estas operaciones debieron mucho de su éxito a los restos de los Colegios Romanos de Galia y Bretaña, y finalmente pusieron las bases del sistema de uniones del arte (craft) en Alemania. Gould rechaza esta opinión sobre la base de que en el tiempo de la influencia celta no había uniones del arte en Alemania; pero, sin embargo, algunos de los ritos secretos y tradiciones secretas de los monjes celtas pasaron a los monasterios alemanes y formaron una de las líneas descendientes de los constructores con piedra (stonemasons) que construyeron las grandes catedrales alemanas durante la Edad Media.

En Escocia la tradición celta de los Misterios fue transmitida independientemente de las Logias operativas, pues no hay vestigios ningunos de los grados superiores en las Minutas existentes de Madre Kilwinning Nº0 acerca de la matrícula de la Gran Logia de Escocia, que datan de 1642. Hay verdad en la leyenda de la llegada de algunos de los Caballeros Templarios franceses a Escocia, despues de su proscripción en 1307, y hubo una fusión de sus doctrinas también con los ritos escoceses. Una línea de tradición cruzó de Escocia a Francia, donde se amalgamó en el siglo XVIII con la tradición egipcia para formar el rito de Heredom o de la Perfección bajo el Concilio de emperadores del Este y del Oeste, como se explicará con mayor abundancia en el Capítulo XI. Otra línea fue transmitida a Escocia e Inglaterra, llegando a fusionarse con la tradición judía, y emergió en los grados de HEREDOM y ROSACRUCES en lo que ahora llamamos la Orden Real de Escocia. El curioso ritual rimado de la Orden Real tiene evidencias internas de antiguedad, y aunque su cristianismo ha sido hábilmente editado con interés protestante, todavía conserva vestigios de las antiguas ideas místicas de la Iglesia Celta.

CAPITULO VIII

Masonería Operativa durante el Medioevo

LOS GUARDIANES TEMPORALES

En un estudio completo de la Masonería operativa del Medievo sería necesario incluir un tratado de las varias escuelas de arquitectura medieval y las tendencias nacionales y económicas que influyeron en su creación y desarrollo. En este libro, nuestro interés está circunscrito a los constructores operativos sólo en cuanto que ellos fueron los guardianes temporales de la ciencia especulativa de los Misterios; pero el estudio de la Arquitectura es de considerable valor para el Masón; pues es la imagen, en el plano físico, de poderosas ideas que están en los mundos internos, y por medio del estudio de la Arquitectura, ciertas de las leyes de edificación espiritual pueden ser alcanzadas y entendidas por analogía. Como Masones, nuestro pasado especulativo es noble y magnífico, pues somos en ese respecto, descendientes en línea directa de los reyes, profetas, y sacerdotes de la antigüedad que han sido portadores de la luz oculta a los hombres, a través de incontables generaciones; pero también podemos estar orgullosos de nuestros ancestros operativos que tan fielmente protegieron la tradición en los días del obscurantismo, pues el apogeo de su arte no ha sido sobrepasado en riqueza y esplendor por los logros de ninguna otra era en Europa; las grandes catedrales y monasterios que ellos construyeron para gloria de Dios y en servicio de su Iglesia tienen el toque de la divina inspiración, para que el mármol frío sea transfigurado en casi increíble gracia y refinamiento; son ver-

daderos ensueños de belleza materializados en piedra.
Los Masones operativos, también, nos han transmitido
muchas de sus costumbres y usos; y es debidamente
apropiado que las entendamos, además de las que hemos derivado de otras fuentes.

Cuando Europa fue arrasada por las tribus germánicas y
el Imperio del Oeste destruido, la mayoría de los Colegios
Romanos desapareció con los demás frutos de la civilización. Los Misterios cubiertos por ellos sobrevivieron
en una forma más o menos reprimida en Italia, Francia,
Inglaterra, si bien fueron guardados en riguroso secreto
por temor a los invasores bárbaros. Fue de estas sobre-
vivencias de donde se derivaron las Logias de los Masones confederados, agrupados en uniones, durante la
Edad Media.

DECLINACION DE LOS COLEGIOS

Mackey relata como declinaron los Collegia después de
la caída de Roma, y cómo se empezaron nuevas con-
federaciones o uniones y las antiguas revivieron bajo el
patrocinio de la clerecía cristiana, y afirma que después
del siglo décimo todos los ámbitos de Europa eran
recorridos por los grupos de ambulantes llamados Constructores Viajeros o Libres Constructores Ambulantes
(Travelling Freemasons), quienes erigieron iglesias y monasterios de estilo gótico. Los peritos difieren seriamente
de opinión cuando se trata de si las confraternidades que
construyeron las grandes catedrales fueron agrupadas
en una organización central. Existe gran similitud en la
manera de construir en los diferentes países, y en los
signos Masónicos en los edificios, para indicar su conexión, pero la organización central debe haber dado gran
libertad a sus subsidiarias, ya que las diferencias en estilo
son también grandes. Las catedrales que los Constructores Ambulantes (Travelling Freemasons) erigieron con
tan gran destreza e inspiración artística fueron trazadas
sobre un plan simbólico, usualmente basado en la cruz y
la **vesica piscis,** y hay evidencia de que ellos moralizaban

172

a través de sus herramientas. Sin duda éstos fueron hombres del más elevado intelecto y espiritualidad, y nosotros los modernos Masones especulativos no tenemos razón alguna para avergonzarnos de nuestra asociación con tales hombres del arte operativo.

LOS COMACINI

Los primeros signos del revivir del arte de la construcción, los iniciales chisporroteos de ese espíritu creativo que había de florecer en años posteriores en toda la gloria de lo gótico, se pueden encontrar en Lombardía, donde se originó el estilo llamado Románico, que finalmente se esparció por toda europa. Según la tradición, el Colegio de Arquitectos de Roma se trasladó, durante los últimos días del Imperio, al seguro refugio ofrecido por la pequeña república de Comum, alguna vez hogar de Plinio, e hizo su refugio en la hermosa isla todavía conocida como Isola Comacina en el Lago Como, en el norte de Italia, en el año 568 d. de C., las comarcas circunvecinas cayeron en manos de los lombardos o longobardos, así llamados por sus luengas barbas y apariencia desmañada, cuya morada original había sido en las partes bajas del Elba, y aunque inicialmente fueron detestados por los ítalos, con sorprendente rapidez demostraron gran interés por las artes y el refinamiento de la tierra que habían conquistado.

La primera mención en los registros contemporáneos sobre los renombrados Maestros Comacinos, que derivaron de aquel Colegio Romano, ocurre en el código del Rey lombardo Rothares (643), en el cual ellos figuran como Maestros Masones con poder para hacer contratos para obras de construcción y para dar empleo a trabajadores y peones. Son mencionados también en el **Memoratorio** del Rey Luitprand en 713, cuando ellos recibieron los privilegios de hombres libres (freemen) en el Estado Lombardo. La arquitectura románica se debe a su genio creador; y con toda probabilidad ellos adaptaron los tradicionales métodos romanos a las exigencias de sus amos lombardos. Del Edicto se desprende claramente que eran arquitectos de superior destreza. Sabemos, por una carta de Teodorico el Grande a un arquitecto que él había nombrado, que la profesión estaba altamente desarrollada, y un arquitecto tenía que poder construir en edificio de cimiento a techo, así como decorarlo con escultura y pintura, mosaico y trabajo de bronce. Esta amplitud de conocimiento prevaleció en todas las escuelas medievales hasta 1335, cuando los pintores sieneses se separaron; y subsecuentemente otras ramas también se separaron hacia distintas uniones.

La primera aurora del nuevo estilo (alrededor del año 600) fue seguida de un largo lapso de obscuridad, como en la evolución del arte griego, después de la conquista dórica siguió la Era de Obscurantismo. Luego, de manera muy extraña y repentina, se arrancó con maravillosa perfección el nuevo estilo (por el año 1000), y rápidamente se extendió sobre gran parte de la cristiandad del Norte y del Oeste: la rapidez de esta extensión es fácil de explicar por el hecho de que maestros constructores y trabajadores eran enviados a grandes distancias desde reputados centros de Arquitectura. Del mismo modo que Venecia y Ravena enviaron a Constantinopla por constructores bizantinos, Carlos el Grande y muchos otros príncipes, así como ciudades, consiguieron de Italia arquitectos románicos, como en el caso de los Maestros Comacinos, y las características de este románico lombardo se hallan no sólo en Alemania y Francia, sino aun en Inglaterra.

Los cronistas italianos cuentan que fueron enviados arquitectos y constructores por el Papa Gregorio el Grande a Inglaterra con S. Agustín, y sabemos por el Venerable Bede que San Benito Biscop salió hacia la Galia para buscar constructores para erigir una iglesia monástica en Monje Wearmouth "de acuerdo con el estilo romano que él siempre había amado". San Bonifacio visitó Italia antes de emprender su gran misión a Alemania en 715; el Papa Gregorio II le dio instrucciones y credenciales, y con él envió un gran séquito de monjes versados en el arte de construcción y de hermanos laicos que eran también arquitectos para ayudarle. Scott sostiene que estos constructores eran Maestros comacinos, basando su argumento en la evidencia de los métodos de construcción y la similitud de los estilos empleados. De igual manera ella encuentra vestigios de los comacinos en Francia y Normandía, Italia del Sur y Sicilia, y hasta en Irlanda; en realidad a dondequiera que el estilo románico de construcción haya penetrado.

LAS LOGIAS COMACINAS

La Unión Comacina no sólo heredó las tradiciones de construcción de los Colegios, sino también sus Misterios secretos; y fue principalmente debido al impulso dado por ellas el que se efectuara un revivir general de las Logias existentes en Europa. Un muy considerable intercambio de influencia ocurre en este tiempo; nuevas Logias se fundaron y viejas Logias fueron restauradas, pues, aunque la inspiración primaria vino de Italia, los constructores en los diferentes países pronto aprendieron a modificar el nuevo estilo de acuerdo con los gustos y requisitos nacionales. Muchos de los altos hermanos, los Magistri de la Unión, eran hombres de amplia cultura y refinamiento, que conocían mucho del significado oculto de los ritos y ceremonias transmitidas entre ellos; y bien está decir que algunos de entre ellos poseían el conocimiento que ahora pertenece a los grados superiores, pues signos de alto grado son ocasionalmente hallados en sus obras. La mayoría de los artesanos, probablemente, sabían un poco más de que había un significado simbólico para sus ceremonias y herramientas, y trataron de ordenar sus vidas de acuerdo con éste.

Como el H.J.S.M. Ward ha señalado bien claramente, los comacinos muestran marcadas analogías con nuestro moderno sistema masónico. Estaban organizados en Maestros y Discípulos bajo el mando de un Gastaldo o Gran Maestre. Sus sitios de trabajo eran llamados Logias. Tenían Maestros y Guardianes, signos, insignias, apretones de manos, palabras de pase y juramentos de secreto y fidelidad. Los Cuatro Mártires Coronados eran sus Santos Patronos, usaban mandiles y guantes blancos, y entre los símbolos asociados con ellos hallamos el León

175

de Judea, el nudo del Rey Salomón, la escuadra y el compás, el nivel y la plomada, y la rosa y el compás.

En el púlpito en Ravello, en uno de los edificios construidos en el siglo XIII, se ve a Jonás saliendo de la boca de la ballena, haciendo el signo del Maestro Masón. En la Catedral de Coire en Suiza, que es de estilo románico y contiene abundante evidencia del trabajo comacino, varias figuras en los capiteles de los pilares en el coro y santuario están representados haciendo signos Masónicos, en especial el signo del Maestro, el bienvenida y el de socorro, y varios signos ahora asociados con los Rosacruces, los Caballeros Templarios, y otros altos grados de la Francmasonería. En la casa municipal en Basle hay un fresco por Hans Dyg, pintado en 1519, en el que vemos los mismos signos, y también uno del grado Mark. El nudo del Rey Salomón es el nombre tradicional que los italianos de hoy dan al ornamentado entrelazado ejecutado en piedra por los maestros Comacinos hasta el siglo XI. Consiste siempre en un mechón sencillo tejido y entretejido en los más complejos y bellos diseños. Leader Scott lo llama "esa ininterrumpida línea de la unidad de la sencilla e interrumpida línea de la unidad, emblema de los múltiples modos del poder de un Dios uno que no tiene ni principio ni fin".

OTRAS SOBREVIVENCIAS DE LOS COLEGIOS

Antes de pasar al nacimiento de la arquitectura gótica, que marca el clímax del alcance operativo en otros supervivientes de los Colegios y sus Misterios; pues aunque el gran impulso para restaurar el arte de construir vino a través de los Maestros Comacinos, otras Logias habían existido en Europa desde los días romanos en las que bajo la influencia de la inspiración italiana volvieron a tener su poder y vitalidad. En Francia, especialmente, es claro que la organización de los Colegios nunca fue totalmente destruida y que las uniones del arte (Corps d'Etat) de la Edad Media fueron derivadas de ellos en continuidad ininterrumpida.

El verdadero origen de la corporación es hallado en la vida social de los romanos, y entre los vencidos galos, quienes formaban la principal población en las ciudades, y fielmente resguardados bajo sus nuevos amos, el recuerdo y los vestigios de su muy antigua organización.

La arquitectura civil romana, la industria, el arte -en una palabra, toda la tradición romana- fue perpetuada en Francia hasta el siglo X. Aun los conquistadores germanos, respetando sus propias leyes nacionales, usos y costumbres, aceptaron la industria gálica casi como la encontraron.

No sólo fue conservada sin mengua la organización del oficio; los Misterios ocultos de los Colegios de Arquitecto fueron transmitidos a las uniones de constructores de Francia en el Medievo, aunque no cabe duda de que fueron notablemente influenciados por los Maestros Italianos que practicaron los mismos Misterios y el mismo glorioso Arte.

EL COMPAÑERISMO

Un interesante sobreviviente de las uniones del arte medioevales de Francia se ve en una asociación de viajantes franceses para ayuda y soporte mutuos durante sus viajes . Prácticamente nada era conocido acerca de las prácticas del Compañerismo antes del siglo XIX, aunque una parcial revelación de una de las secciones que la componen (Enfants de Maitre Jacques) había sido extraída por los Doctores de la Sorbona en 1651, quienes naturalmente estigmatizaron sus procedimientos como impiedad y sacrilegio. En 1841 se publicó el **Livre du Compagnonnage** por Agricol Perdiguier, un trabajador francés de cierta cultura, quien acometió la tarea de revelar tanto de la historia y tradiciones del Compañerismo como se lo permitiera su juramento, a fin de acabar con la fricción que incesantemente ocurría entre sus diferentes secciones.

El Compañerismo consistía en tres organizaciones perpetuamente en guerra una con otra, cada una de ellas con una interesante historia tradicional y un jefe tradicional. La división más antigua era la de los Hijos de Salomón, originalmente compuesta de constructores en piedra (stonemasons) solamente, aunque con posterioridad, la de los Hijos de Maitre Jacques, quienes de igual manera admitían miembros de estos tres oficios y posteriormente muchos otros, como talabarteros, zapateros, afiladores, sombrereros, sastres; en tanto que la tercera sección seguía a Maitre Soubise, y estuvo originalmente, compuesta sólo de carpinteros, aunque, posteriormente, yeseros y azulejeros también fueron admitidos. Se concede generalmente que los Hijos de Salomón eran los más antiguos de todos; y otro hecho notable es que nunca se admitieron simples constructores (masons) para ser cuidadosamente diferenciados de los constructores que trabajaban la piedra (Stonemasons). En los más importantes poblados de Francia existían casas, pertenecientes a las tres asociaciones, en las que se solicitaban sus servicios; y los jornaleros ambulantes tenían el derecho de hospedaje y de ayuda para encontrar trabajo, en las casas de su confraternidad.

Las tres secciones del Compagnonnage conservaban leyendas relativas al Rey Salomón y su templo. Poco se conoce de la forma de leyenda corriente entre los Hijos de Salomón mas existen curiosas indicaciones de que la historia de la muerte de Hiram (que la Biblia no contiene) les era conocida. Perdiguier nos dice poco, pero nos da ciertas pistas:

Una muy antigua fábula ha logrado circulación entre ellos (los Hijos de Salomón), que cuenta según algunos de ellos, de Hiram, y según otros, de Adonhiram; en la cual están representados crímenes y castigos. De nuevo él nos dice "que los ensambladores de Maitre Jacques usan guantes blancos, por que, como ellos dicen, ellos no mojaron sus manos en la sangre de Hiram".

Además, en relación con el uso de la palabra Chien aplicada a todos los Compañeros du Devoir, dice:

Se cree, como piensan algunos, que se deriva del hecho de que fue un perro el que descubrió el sitio donde el cuerpo de Hiram, arquitecto del Templo, yacía bajo los escombros, después de lo cual todos los compañeros que se separaron de los asesinos de Hiram fueron llamados Chiens o perros.

178

Algunos han pensado, y entre ellos Perdiguier mismo, que estas son indicaciones de una leyenda que pudo haber sido tomada de los Masones Libres; mas ellos con claridad apuntan a una independiente línea de tradición transmitida entre los constructores de la piedra en Francia. Maitre Jacques y Maitre Soubisse tienen también sus versiones tradicionales, y del mismo modo se remontan a los días del Templo de Salomón, y en la del primero se da un rebuscado relato de la muerte de Maitre Jacques, que pudiera ser eco, igualmente, de la muerte de otro gran Maestro, pues, claramente, tiene la intención de ser simbólica. Hay también la sugestión de que fue tomada como refiriendose a la muerte de Jacques de Molay, el último Gran Maestro de los Caballeros Templarios. Queda mucho por descubrir sobre el Compañerismo, pues ninguna cabal investigación se ha efectuado dentro de sus registros; y sería propio que, investigaciones futuras, mostraran claramente que los Masones especulativos de Inglaterra y los jornaleros operativos de Francia derivan sus tradiciones de un linaje común de los muy antiguos Misterios. Esta fue al menos, la opinión de R. F. Gould, el más grande de los historiadores Masónicos.

LOS CONSTRUCTORES EN PIEDRA EN ALEMANIA

Otra línea de la muy antigua tradición que sobrevivió, se encuentra entre los constructores en piedra en Alemania (Stonemasons). Ya hemos delineado la influencia de dos corrientes de tradición en Alemania, una que emana de Inglaterra a través de los monjes celtas, y la otra que viene de Italia por medio de San Bonifacio. Las uniones del arte en Alemania se desarrollaron independientemente de la influencia monástica, pero según Gould es probable que en el siglo XII los diestros constructores (masons) de los monasterios amalgamaran en el arte a constructores de diferentes poblados, y juntos formaran la sociedad que después se conoció como Steinmetzen en toda Alemania. Sabemos por las Ordenanzas de Torgau de 1462 que los

179

constructores en piedra (Stonemasons) veneraban a los Cuatro Mártires Coronados como sus santos patronos, y las Constituciones de Estrasburgo de 1459 contienen una devota invocación de los nombres del "Padre, Hijo y Espíritu Santo; de nuestra llena de gracia Madre María; y de sus benditos servidores, los Cuatro Santos y Coronados Mártires de imperecedera memoria". Del **Brother-Book** de 1563 sabemos que tenían un saludo y un apretón que no podían ser descritos en forma alguna; y un curioso testimonio salió a luz al comienzo del siglo XIX, cuando cierto arquitecto, que había entrado a una antigua logia de los Stonemasons (Constructores en piedra) y que fue subsecuentemente admitida en la Masonería, reconoció el apretón del Aprendiz como idéntico al de los Steinmetzen de Estrasburgo. Estos acostumbraban una ceremonia iniciación; pero no se sabe cómo era ésta.

En Daberan en Mecklenburgo existe un tallado de la Ultima Cena, donde los apóstoles están representados en bien conocidas actitudes Masónicas, mientras que según el **Bulletin** del Concilio Supremo del Rito Escocés Antiguo y Aceptado (Jurisdicción del Sur, EE.UU. de América) la leyenda de Hiram Abiff está tallada en piedra en Estrasburgo. En la catedral de Würzburgo dos pilares, inscritos Jakin y Boaz, originalmente estuvieron a la entrada, pero han sido cambiados de lugar hacia el interior del edificio. Stieglitz en su **Early German Architecture** dice que se quiso que tuvieran una referencia simbólica de la confraternidad. Un bajorrelieve en un convento cerca de Schaffhausen muestra una figura haciendo uno de los signos de un Maestro Instalado. En el año de 1459 los Constructores en piedra (Stonemasons) de Alemania se unificaron para formar una Gran Unión, gobernada por cuatro Logias Ejecutivas, de las cuales estrasburgo era la cabeza. tan íntimos son los paralelismos entre su organización y la de la moderna Masonería especulativa que muchos escritores alemanes han afirmado que los Steinmetzen fueron los creadores del sistema especulativo. En verdad parece que no haya habido intercambio en tiempos modernos entre las dos corporaciones, y la moderna Masonería Especulativa Alemana es claramente un derivado de Inglaterra.

LAS UNIONES INGLESAS

Tres distintas líneas de tradición contribuyen a la Masonería de las uniones inglesas. Una línea fue conservada entre los celtas, como ya dejamos visto, y se llegó a mezclar en tiempos posteriores con corrientes de otras fuentes. En segundo lugar, los Colegios romanos sobrevivieron hasta cierto punto en Inglaterra después de la partida de los romanos; los sajones los encontraron allí y no interfirieron con ellos. En tercer lugar existía el influjo de los constructores continentales, que habiendo empezado en los días de San Agustín, fue aumentando grandemente después de la conquista normanda bajo el patrocinio del Arzobispo Lanfranc, el primer Arzobispo normando de Canterbury, lombardo por nacimiento y renombrado favorecedor de la construcción, aún antes de llegar a Inglaterra. Todas estas corrientes de tradición estaban representadas en las uniones medievales, y fueron transmitidas en varios centros. Las uniones francesas conservan relatos similares a los hallados en nuestros Antiguos Cargos ingleses en relación con la ayuda dada a los Masones por Carlos Martel.

Los Misterios secretos del Arte, comunes, excepto por ciertas modificaciones locales sin importancia, a todas estas líneas de descendencia, céltica, sajona y continental fueron transmitidas en las Logias de los Masones del Medioevo, las cuales eran unidades de organización y trabajo dentro de las uniones; nunca fueron escritos, sino transmitidos oralmente de generación en generación, y la sucesión pasaba de Maestro a Maestro como en nuestros días. El trabajo primario de las Logias era por supuesto operativo, y el ritual especulativo que fue considerado como una muy antigua herencia que había de transmitirse escrupulosamente a la posteridad; pero es probable que, excepto unos cuantos, los demás no hayan reconocido su verdadero propósito, o hayan pensado que sólo contenía

181

un código simplemente moral para la vida. Es debido a la rígida observación del Juramento "nunca escribir esos secretos" (un Juramento que había sido reforzado con ciertas penas y castigos no desconocidos de los Masones de ahora) que no haya rastro del ritual que pueda ser hallado en ningún documento anterior a 1717; y es por esta falta de todos los registros, que muchos eruditos Masones creen que sólo fue compilado a principios del siglo XVIII. Ni aun en los siglos XIV y XV, cuando fueron escritos los Antiguos Deberes, se menciona la Leyenda de Hiram; pues ésta formaba parte del ritual secreto y por lo tanto no podía ser divulgada. Una figura representando a Dios Hijo en el pórtico de la Catedral de Petersborough está haciendo el signo del Maestro Masón demostrando que al menos este signo era conocido por nuestros hermanos operativos del pasado.

EL BROTE DE LA ARQUITECTURA GOTICA

El clímax de la construcción operativa medieval fue alcanzado en los siglos XII y XIII en el brote y desarrollo de la arquitectura gótica, que fue inspirada directamente por el Jefe de todos los verdaderos Francmasones en todo el mundo, como parte del plan para el desarrollo de la quinta subraza o sea la teutónica. Se han aventurado muchas teorías para explicar el rápido desarrollo del nuevo estilo.

Es motivo de gran discusión decidir si el maravilloso cambio de estilo que en unos cuantos años se esparció en gran parte de los países cristianos fue debido al descubrimiento de las posibilidades del arco en punta o a las de la llamada bóveda ojival. Probablemente se debe a ambos, y por supuesto a ciertos movimientos sociales y políticos que tarde o temprano tenían que favorecer inmensamente a un entusiasmo tal; pues una nueva conciencia nacional iba rápidamente cobrando ímpetu, especialmente en Francia, y ciudades y comunas iban empezando a competir en la erección de grandes edificios – primero catedrales y luego edificios civiles– los arquitectos ahora eran laicos en su mayor parte, los fundadores y donantes a menudo eran cuerpos municipales y ricos ciudadanos, y los trabajadores no rara vez eran voluntarios del pueblo. La antigua era monástica del románico súbitamente abrió paso a una nueva y popular arquitectura civil, y en un tiempo sorprendentemente corto casi se repitió un cambio como el que notamos al pasar el año 1000 d. de C., cuando, según Raoul Glaber, el cristianismo se despojó de sus andrajos y se puso una fresca y blanca veste compuesta de iglesias nuevecitas.

Nosotros, sin embargo, no necesitamos especular ni teorizar en cuanto a las causas del rápido desarrollo del nuevo estilo, pues tenemos la ventaja de saber que el movimiento fue todo el tiempo conducido desde el transfondo por el Verdadero Jefe de Todos los Masones del Mundo y un cuerpo de capaces ayudantes bajo su dirección.

Como ya antes lo dije, la arquitectura tiene un poderoso efecto sobre la conciencia de la gente, pues es uno de los medios escogidos por la Logia Blanca para influir en el desarrollo de las varias naciones según el plan del Gran Arquitecto del Universo.

Para entender la significación del estilo gótico, debemos considerar por un momento un punto importante de la historia oculta, el cual es técnicamente conocido por los estudiantes como el cambio cíclico de Rayo. Todos los objetos vivientes pertenecen a alguno de los siete rayos o tipos de actividad y conciencia divinas, estos rayos a su vez influyen al mundo, y este cambio cíclico produce las modificaciones de punto de mira que son de notarse de siglo en siglo.

Cada raza y subraza tiene sus propias cualidades a desarrollar. La quinta raza raíz, a la cual nosotros mismos pertenecemos, está ocupada, como un todo, en el desarrollo del intelecto; mas cada una de sus subrazas tiene una cualidad que cultivar a su vez. La raza cuarta o céltica estaba ocupada en la evolución del intelecto a partir de la belleza como Grecia e Irlanda; en tanto que la subraza quinta o teutónica, a la cual pertenecen los anglosajones y los escandinavos, está tratando de despertar el intelecto trabajando en la mente concreta, y así está produciendo las naciones científicas e industriales que van a la cabeza del mundo actual.

Este cambio cíclico de Rayo, que es también parte del gran plan, produce otras, pero no menos definidas modificaciones en la conciencia corpórea. En Grecia vimos algo del quinto rayo, el rayo del conocimiento, trabajando en la cuarta subraza con su amor a la belleza, resultando en ese tipo intelectual de arte tan característico de la era clásica; la Edad Media presentó las cualidades del sexto rayo, el rayo de la devoción, trabajando en la subraza quinta o teutónica, y produciendo como característico fruto intelectual la filosofía escolástica con su agudísima intelectualidad basada en una devoción casi fanática.

La devoción fue la gran característica de la Edad Media. Los siglos XII y XIII, tan ricos en los anales del misticismo cristiano, estuvieron adornados por hombres y mujeres cuyo poder de devoción alcanzaba alturas rara vez tocadas en ninguna otra era. El gran San Bernardo (quien entre muchos otros trabajos famosos les dio su Regla para la Orden de Caballeros Templarios), San Víctor, San Hildegardo, San Francisco de Asís y San Antonio de Padua, y un poco más tarde San Buenaventura y Santo Tomás de Aquino, todos ellos adelantaron su luz para iluminar a varias generaciones. Cambios profundos ocurrieron en la Iglesia Católica durante estos significativos años, y Europa surgió de la edad del obscurantismo a la gloria plena de una era de cultura y arte. La arquitectura gótica tenía la misión de levantar la devoción de las masas a mayores alturas de las que había sido inducida por la contemplación del estilo románico, más liso, por medio de sus líneas dirigidas hacia las alturas y sus curvas de muy largo ascenso, por medio de la riqueza de su ornato y la espléndida complejidad de su diseño, por medio de su asombrosa gracia y delicadeza, tuvo el poder de levantar los corazones de los hombres en alas de su silente música hasta el mismísimo trono de Dios Único, de moldear y enriquecer la devoción de ellos en invisibles y sutiles modos, de derramar sobre ellos influencias espirituales que auxiliarían en el gran trabajo de transformación que tenía que lograrse.

El cambio del románico al gótico, por lo tanto, fue deliberadamente producido. La inspiración fue dada a ciertos maestros constructores en diferentes países por el jefe de Todos los Masones del Mundo y la erección de las espléndidas catedrales del período fue efectuada por los grupos viajeros de Constructores que pasaban de lugar a lugar, y sin duda empleando constructores locales en el trabajo real de construcción. Esta, como hemos dicho, era una época de devoción y cada piedra era cincelada con el máximo cuidado para la gloria de Dios, y por lo tanto cargada con la adoración de los diestros artesanos que tan desinteresadamente trabajaron. Las potentes influencias espirituales generadas por todo este tierno cuidado han contribuido en grado elevado a la extraordinaria belleza de las catedrales góticas, y al poder que ellas ejercen aún ahora para evocar devoción y reverencia de cuantos se acercan a ellas.

Las expresiones particulares del gótico varían en los diferentes países, y aun en las diversas partes de un mismo país, tal es el caso de todos los estilos de construcción. Pero detrás de todo el orden arquitectónico gótico existe una gran idea, la de la apasionada devoción alzándose eternamente a los pies de dios; y es hallada con modificaciones nacionales en Inglaterra, Francia, Alemania, Italia y España. Esta fue la gloriosa época de la Masonería operativa, y hacia su final, las corporaciones de construcción empezaron a declinar en poder, hasta que en Inglaterra y Alemania, especialmente el movimiento mal llamado de Reforma, extinguió la arquitectura eclesiástica, y la construcción de Iglesias dejó de ser una de las bellas artes.

En el siglo XIV las uniones mercantiles, que organizaron toda una industria, se descentralizaron, y un nuevo sistema de uniones de arte surgió gradualmente organizando diferentes ramas de cada industria. Este cambio de organización fue debido a un profundo cambio del pensamiento del pueblo, que había de conducir a la gran agitación del Renacimiento y al crecimiento de la conciencia nacional en los diversos países. Es en esta época cuando los Antiguos Deberes (Old Charges) de nuestros antiguos H.H. operativos aparecen por vez primera, y fueron escritos a fin de preservar del olvido los antiguos registros, cuando los Masones Libres empezaron a desorganizarse en forma gradual.

LOS VIEJOS DEBERES

Estos Viejos Deberes reflejan bien la ignorancia de la época en cuanto a temas de Geografía y Cronología, pero a la vez contienen un relato del amplio esquema de la genealogía Masónica a partir de Egipto, a través de Judea, hacia el interior de Europa, y sería difícil suponer que fueran fabricados por constructores simplemente operativos, carentes de misterios ocultos que transmitir. Abajo doy un sumario del manuscrito Dowland, que es aceptable representante de la tradición común a todos. Es reproducido de **Viejos Deberes,** 1872, por Hughan y con citas de la **Enciclopedia** de Mackey.

La leyenda empieza con un relato de Lamech y sus cuatro hijos, quienes fundaron todas las ciencias del mundo antes del diluvio. Tales ciencias fueron grabadas en dos pilares, uno de los cuales fue más tarde encontrado por Hermes, quien transmitió su contenido al pueblo. Luego se menciona a Nimrod empleando Constructores (Masons) para la construcción de la Torre de Babel, y dándoles el primer Deber. Luego Abraham y Sara, de quienes se dice que enseñaron las siete ciencias a los egipcios, y en especial a un "digno escolar que se llamaba Euclides", quien fue comisionado por el rey para enseñar Construcción (Masonería) a una gran cantidad de niños del "señor y de las clases elevadas del reino". La leyenda sigue con David, quien, cuando empezó el templo de Jerusalém, aprendió los Deberes y maneras de los Masones de Egipto y los dio a su pueblo. Salomón continuó la construcción del templo después de la muerte de David, envió por Masones (Constructores) de todas partes, y confirmó los Deberes dados por su padre. No existe referencia a la leyenda del 3er. grado es ninguno de los Viejos Deberes antes de la segunda edición de las Constituciones, de Anderson, publicadas en 1738, excepto que Aynon, el hijo de Hiram, es mencionado como el "Maestro jefe" de todos los Masones, y Maestro de todos sus grabados y tallados y de toda otra forma de Masonería que perteneciera al templo. La leyenda, en reto a toda cronología, prosigue diciendo que "un curioso Masón que se llamaba Maimo Greco", y que había asistido a la construcción del templo de Salomón, enseñó Masonería a Carlos Martel de Francia. Puesto que éste murió en 741 d. de C., el primero habría alcanzado una edad de mil setecientos años, a menos que haya que entender que el Deber suponga que haya reencarnado.

Se da un relato legendario de la obra de S. Albán para los Masones en el siglo tercero, y, especialmente, acerca de la institución de las Asambleas Generales. También se dice que él obtuvo para ellos una carta de derechos (Charter), les dio Cargos, y les concedió mejor paga. Después, Athelstan, se dice, construyó muchas abadías y torres y "amó a los buenos masones (constructores)". Su hijo Edwin, quien los amó más aún, tuvo una Asamblea en York y les dio una Carta de Derechos. Todos los viejos escritos fueron reunidos en este período, "algunos en francés, otros en griego, otros en inglés, y algunos en otras lenguas; y la intención de todos ellos era una y la misma".

Estos viejos escritos fueron condensados en las Constituciones de York que fueron el resultado de esta Asamblea del año 926 d. de C. Es de esta fuente de donde sacamos el material que ahora está incorporado en los Viejos Deberes.

CAPITULO IX

La Transición de Operativa a Especulativa

LA REFORMA

El amanecer de una nueva época fue anunciado por el Renacimiento del conocimiento y la cultura clásicos durante el siglo XV, tiempo de inmensa actividad creadora, de rompimiento de ataduras, de la liberación de un nuevo y vital espíritu de libertad, cuyo resultado directo fue lo que se acostumbra llamar la Reforma. La causa de este cambio y reconstrucción fue una reacción general contra el espíritu de la Edad Media.

El Renacimiento tuvo origen en esa ansia de emancipación de las cadenas del pasado, ansia que es probablemente sentida por cada nueva generación, y que, de cuando en cuando, favorecida por condiciones especiales, tiene éxito y realiza sus ideales... Los ideales en este caso eran alegría, y libertad y personalidad, y liberación del ascetismo, del sacerdocio medieval, del dogma medieval; liberación del anatema que se había sentado en los derechos naturales del hombre; sobre la libertad de pensamiento y juicio moral; liberación de la ley tradicional y de la tradicional autoridad constituida no democráticamente, y la restauración al individuo de un gobierno autónomo moral e intelectual.

Uno de los factores que coadyuvaron a producir este revivir del saber fue el aniquilamiento del Imperio del Este por los mahometanos, la captura de Constantinopla y la conquista de Grecia, que forzó a todos los que contaban con medios, a refugiarse en Italia. Muchos hombres instruidos llegaron a Italia de este modo, y trajeron manuscritos de los escritores griegos antiguos; y la restauración del conocimiento clásico, la construcción clásica y el arte clásico es la más notable característica del Renacimiento. La invención de la imprenta hizo posible una más amplia difusión del conocimiento, y una ola de entusiasmo creador inundó Europa, dejando su marca sobre el Arte, la Literatura y la Filosofía de la época, y por encima de todo, haciendo que las cosas brillaran como nuevas.

Fue obvio para los hombres reflexivos del período que se hacía esencial una reforma de la Iglesia, pues la corrupción y abusos de todo tipo se habían colado dentro de ella. Al principio se hizo un intento dirigido hacia una perspectiva más amplia de la doctrina cristiana arrancando desde el seno de la Iglesia Romana, y sabios de altura, como Ficino, los platonianos de Italia, Erasmo, y Sir Thomas Moore, hicieron esfuerzos para reinterpretar el Cristianismo a la luz de la filosofía de Platón y Plotino. Mas esta intentona falló, y en consecuencia, la Reforma se efectuó fuera de la Iglesia, durante el siglo XVI Fue un intento de purificar la Iglesia lavándola de sus abusos, de hacer que sus enseñanzas se acercaran a una más íntima armonía con las nuevas ideas; pero debe admitirse que hizo poco por mejorar las cosas desde el punto de vista espiritual, aunque ganó en libertad de creencia y libertad para que el intelecto individual buscase la verdad en su propia manera. Pero tan grande era la ignorancia e intolerancia de los reformadores que arrojaron a un lado al bien junto con el mal, enmarcando una teología más intolerable que la de Roma, mientras que en gran medida rechazaban sus tesoros sacramentales y contemplativos.

LA REAPARICION DE LA MASONERIA ESPECULATIVA

Después de la Reforma en Inglatera la arquitectura eclesiástica prácticamente cesó como una de las actividades de las uniones, y las Logias operativas entraron en disolución puesto que su trabajo ya no era indispensable. Pero mientras que la Reforma hería de esta manera a la Masonería operativa, daba a Europa seguridad para que reemergiera el arte especulativo en forma abierta.

Las uniones siempre habían aceptado clientes ricos e influyentes, y no había nada nuevo en la introducción de Constructores(Masones) teóricos en el seno de las Logias Algunos han negado la posibilidad de la existencia de la Masonería especulativa con anterioridad a la reaparición; mas la especulación era la regla más que la excepción, en todas las uniones, no sólo en las Masonicas, y en esa era devota se podían encontrar trabajadores de todas la líneas moralizando a partir de sus instrumentos de trabajo.

Pero, entre el período en que la Masonería operativa estaba en la cúspide de su potencia e inspiración, y el revivir del arte especulativo al empezar el siglo XVIII, hubo un oscuro lapso durante el cual la luz de la Masonería tanto operativa como especulativa, parecía casi extinguida. Muchas de las Logias operativas habían perdido casi todo indicio de los trabajos rituales, y habían olvidado los secretos tradicionales de la construcción no menos que los antiguos secretos del simbolismo de la construcción. Era a ese período de oscurantismo y desintegración así como al Juramento de no escribir esos secretos, a los que podemos atribuir la escasez de registros referentes a la tradición de misterios entre tantas de las antiguas Logias operativas; mas por la guía dada por los Grandes Seres, ésta fue, a pesar de todo, conservada definitivamente, y transmitida, a partir de varias fuentes, a nuestro moderno Arte.

LAS PRIMERAS MINUTAS

Es durante este período de post-reforma, en el cual las antiguas Logias casi habían olvidado la gloria de su herencia, tanto operativa como especulativa, cuando por primera vez hallamos minutas de las Reuniones de Logia. Estas minutas muestran la condición en la que la Orden había caído en ese período; y como es de esperar, casi son mudas en cuanto a asuntos de ritual, secretos y simbolismo, aunque existan ocasionales indicaciones que apuntan a la ocultación de una tradición conservada secreta. Es durante este período, también, cuando ocurren las primeras referencias públicas a los secretos de los Masones Libres halladas en la literatura contemporánea; y por medio de éstos podemos seguir el rastro, hasta cierto punto, a la emergencia gradual de los Misterios especulativos.

MINUTAS ESCOCESAS

La más antigua Minuta de Logia que existe está guardada en los archivos de la Logia de Edimburgo, Capilla de María, N°1, en el rollo de la Gran Logia de Escocia, y está fechada en 1598. Sabemos que había sido costumbre desde los más remotos tiempos que las Logias operativas "aceptaran" a Hermanos no operativos; pero el primer registro auténtico de ello está contenido en los mismos archivos, que asientan que John Boswell de Auchinlech fue admitido en el año de 1600. La firma de Boswell, cuyo facsímil se ve en la admirable **Historia**, de Murray-Lyon, va seguido de su marca, una cruz encerrada en un círculo, símbolo a menudo empleado por los H.H. de la Rosa Cruz, y que lleva un profundo significado en conexión con los Misterios de ellos. Una de las más tempranas referencias a la Rosa Cruz en Gran Bretaña aparece en Escocia y en conexión con la Masonería; pues encontramos las siguientes palabras en **The Muses Threnodie** de Henry Adamson, fechado en Perth, 1638:

Pues lo que presagiamos es levantamiento en grande,
Pues somos de la confraternidad de la Rosa Cruz,
Tenemos la Palabra Masónica y segunda vista.
Las cosas por venir podemos bien predecir.

Los Manifiestos Rosacruces, que son los primeros monumentos literarios de la orden (aproximadamente 1614), no fueron traducidos y publicados en inglés sino hasta 1652, cuando Thomas Vaughan, el famoso alquimista y místico, que escribió bajo el seudónimo de Eugenius Philalethes y se ha convertido ahora en Adepto de la Logia Blanca, acometió la tarea; así, que allá, por el

192

año 1638, la Masonería estaba asociada tanto con la Confraternidad Rosacruz como con el poder oculto conocido como segunda vista. La conexión de la Rosacruz con la Masonería pertenece a nuestro siguiente capítulo.

La palabra Masónica es el único secreto al que se alude en las primeras Minutas de Logia en Escocia. ¿Que era? No se sabe aún; aunque hay curiosas indicaciones emitidas por dos escritores que no pertenecieron a la Orden. El Rev. George Hickes, después Deán de Worcester, la describe por 1678 como "una señal secreta que tienen los masones por todo el mundo, por la cual se reconocen". Robert Kirk en 1691 dice que es:

> Como una tradición rabínica, a modo de comentario sobre Jakin y Boaz, los dos pilares levantados en el Templo de Salomón (I. Reyes, VII, 21), con la adición de algún signo secreto pasado de mano a mano, por el cual se reconocen y se familiarizan.

Tanto el Arte había olvidado sus tradiciones en Escocia que parece claro que sólo existía un grado, por cuanto toca a la comunicación de secretos. La Palabra Masónica era revelada a los Aprendices, bajo un "Gran Juramento", y es probable que se leyera un Deber, pero no existe otra indicación de procedimiento ritual. El alcanzar el grado de Compañero del Arte o Maestro era simplemente un asunto de edad y destreza, y se ordena en los Estatutos de Schaw de 1598, que la admisión al grado debe efectuarse en presencia de Aprendices, impidiendo así, cualesquiera secretos peculiares al Grado. Al correr de los años y más no operativos eran admitidos en las Logias Escocesas, hasta que el elemento especulativo predominó por completo.

MINUTAS INGLESAS

Una indicación de la transmisión secreta de la masonería especulativa se halla en la Logia de la Aceptación anexa a la Compañía de Masones de Londres, cuyos archivos se remontan hasta 1356. Primero tenemos conocimiento de esa Logia en 1620–21, cuando era claramente un cuerpo distinto de la Compañía, pues el Maestro Masón del Rey, Nicholas Stone, a pesar de ser Maestro de la Compañía en 1633, y de nuevo en 1634, no fue enlistado entre los "Masones Aceptados" sino hasta 1639. Personas que no pertenecían a la Compañía eran también candidatos a la admisión, aunque se les pedía una cuota mayor por el privilegio de la iniciación Elías Ashmole, el famoso estudiante de Alquimia, quien reunió ciertos textos sobre esta ciencia en su **Theatrumn Chemicum Britannicum**, fue iniciado en una Logia no operativa en Warrington, en Lancashire en 1646. En 1682 recibió un citatorio para asistir a una Logia en Masons' Hall en Londres –La cual casi seguro era la de la Aceptación– y estuvo presente en la iniciación de seis candidatos, dos de los cuales no eran miembros de la Compañía de Masones.

Elías Ashmole ha sido citado a veces como el fundador auténtico de la Masonería especulativa, y también como H. de la Rosa Cruz; esta última sugestión es posible, aunque no existe evidencia sobre el punto, mas la primera no puede ser aceptada por quienes sostienen que la Masonería desciende de los Misterios de la antiguedad. El H. A. E. Waite, en un libro reciente, adelanta una especulación conectando la Logia de la Aceptación con Robert Fludd, el gran filósofo inglés Rosa Cruz (1576-1637). Dice lo siguiente:

Sin importar cómo y cuándo surgió, mi tesis es que la Aceptación (la logia) pudo haber incluido un grupo de Estudiantes Herméticos, de los cuales había muchos en esa época; que Fludd los unificó o bien tomó su lugar entre ellos; y que – en su estilo y el estilo de los rosa Cruz– ellos empezaron a hablar de construcción espiritual en un Hall de Masones, de un Arte Hermético en piedra; y que, por lo tanto, ellos pueden haber contribuido en algo a nuestro bosquejo incompleto de construcción figurada.

Entre los archivos de la Aceptación estaba un **Libro de Constituciones** "que el señor Fflood donó".

En los manuscritos Harleianos, Nº 2054, se encuentra un burdo memorándum de fecha 1665, que contiene la siguiente frase, que semeja notas de alguna Obligación, usada probablemente en la Logia de Chester:

194

Existen varias palabras y signos del Masón libre que se te revelarán al ir contestando; ante Dios, en al gran y terrible día del juicio tú guardas Secreto y no revelarás el mismo a oídos de ninguna persona sino a los Maestros y compañeros de la mencionada Sociedad de Masones libres.

El doctor Robert Plot en su **Natural History of Staffordshire** (Cap. III), publicada en 1686, hace referencia a la admisión de Masones, "que fundamentalmente consiste en la comunicación de ciertos **signos secretos,** por medio de los cuales se reconocen entre sí por todo el país". También habla de un "gran volumen en pergamino que ellos tienen y que contiene la **Historia y Reglas** del arte de la **masonería**". En los manuscritos Aubrey de la **Natural History of Wiltshire** el Dr. Plot se refiere a la adopción de Sir Christopher Wren como Francmasón. Las Minutas de la Logia Antigüedad N° 2, que se reunía en Goose y Gridiron, fechadas en 1723, se refieren a un juego de candeleros que "su digno antiguo Maestre, Sir Christopher Wren" donó a la Logia.

La "antigua Logia en la Ciudad de York" estaban en condiciones florecientes en 1705, mas no hay evidencia documentaria para mostrar su historia previa, aunque se menciona una Logium Fabricae en los Rollos de Tela del Monasterio de York en 1352. Desde 1705, y tal vez antes, la Logia de York era asiento exclusivamente de Masonería especulativa o simbólica. Las más antiguas minutas que se conservan están en un rollo de pergamino fechado 1712-1730. La mayoría de reuniones están descritas como **Privadas** y unas cuantas como **Logias Generales**, aunque aparentemente se admitían Candidatos a ambas. Los nuevos miembros eran "Juramentados y Admitidos"; la única huella documentaria de trabajo ritual. Como veremos, la Logia de York se proclamó la "Gran Logia de Toda Inglaterra" en 1725, ocho años después de la fundación de la Gran Logia de Inglaterra, y sólo unos meses después de que se formó la Gran Logia de Irlanda; se aferró somnolientamente hasta fines del siglo XVIII, cuando parece que fue silenciosamente absorvida por las otras. Anderson en sus Constituciones de 1738 habla de las Grandes Logias que se derivaron de fuentes diferentes a la Gran Logia de Inglaterra, y les da definido reconocimiento:

Mas la antigua Logia en la Ciudad de York, y las Logias de Escocia, Irlanda, Francia, e Italia, simulando Independencia, están bajo sus propios Grandes Maestres, aunque tengan las mismas Constituciones, Cargos, Reglamentos, etc., en esencia, igual que la de sus Hermanos de Inglaterra.

Esta es una significativa afirmación, pues las Logias "simulando independencia", una de las cuales se admite que sea "antigua", no aceptan gustosamente innovaciones provenientes de fuera de sus filas. Si se necesitara alguna prueba de que la Masonería no fue creada por Anderson, aquí la tendríamos en sus propias palabras.

Dos de los ensayos de Steel en **The Tatler** en 1709 y 1710 se refieren a la existencia de signos y señales entre los Francmasones. En las Minutas de la Antigua Logia en York y de la Capilla de María de Edimburgo hay evidencia de que los H.H. eran puestos a prueba antes de ser admitidos en la Logia, en la última se menciona nada menos que al Dr. Desaguliers, quien en 1721 fue considerado calificado, en todos los puntos de la Masonería por sus H.H. escoceses; un incidente que demuestra identidad de secretos entre las Logias escocesas e inglesas. La misma transición gradual de afiliación de operativa a no operativa tuvo lugar en las Logias inglesas como en las escocesas, y fue esta infiltración de hombres educados y cultos la que hizo posibles los importantes sucesos de 1717.

MINUTAS IRLANDESAS

La Masonería Irlandesa presenta ciertas dificultades de investigación; pues era un punto de honor entre los Masones Irlandeses del siglo XVIII destruir todos los documentos, autorizaciones, certificados, registros de Logia y libros de minutas, antes que dejarlos pasar a manos de extraños. El Dr. Chetwode Crawley afirma que existía una Logia especulativa del tipo inglés en Done-raile en 1710-12, que empleaba métodos de iniciación que no eran diferentes de los empleados en la restauración. En esta Logia fue iniciada Elizabeth St. Leger, la famosa dama Masona. La Logia debe haber trabajado al menos dos grados. El Dr. Crawley dice:

> Esta última deducción necesitará mucha explicación por parte de los Hermanos que la sostienen debido a que las primeras Logias operativas escocesas sufrieron una reducción del ritual, que se convirtió en el simple modo de reconocimiento, las primeras Logias especulativas inglesas no pueden haber trabajado más que un grado.

Este período de transición constituye el eslabón que conecta el antiguo sistema ritual y el nuevo. La vigencia de la Masonería operativa según se practicó en las Logias medioevales había fenecido, y la de la Masonería especulativa tal como la conocemos ahora tampoco había empezado aún. Ya no se necesitaba la actitud secreta; el temor a la muerte y la tortura ya no obligaba a los servidores de los constructores en piedra. La libertad de pensamiento, de expresión y de acción al fin había triunfado. Y así como en el crepúsculo que precede al amanecer podemos percibir los vagos misteriosos perfiles de algún hermoso paisaje tras el velo de la obscuridad, hasta que, con el creciente fulgor del sol, el paisaje se va vistiendo de color y belleza cada vez en aumento; de igual manera en esta época de crepúsculo podemos vislumbrar en el mundo externo las vagas sombras de los Misterios Ocultos al ir emergiendo de la larga noche de secreto y silencio e incorporarse a la plenitud del día, y el hombre puede ver, una vez más el Arte Real.

LA GRAN LOGIA DE INGLATERRA

El único registro existente de la Primera Gran Logia del mundo aparece en la segunda edición de las Constituciones del Dr. Anderson, publicada en 1738. Ninguna minuta de la Gran Logia ha sido hallada anterior a 1723. A continuación se da parte del resumen contenido ahí sobre este importante evento en la historia de la Masonería Especulativa:

Después de que la Rebelión terminó, 1716 d. de C., las pocas **Logias** en **Londres** ...pensaron que sería apropiado disciplinarse bajo un **Gran Maestre** como centro de Unión y Armonía, o sean, las **Logias** que se reunían:

1. En el expendio de cerveza **Ganso y Parrilla, en terrenos de la Iglesia de San Pablo.**

2. En el expendio de cerveza **Corona**, sito en la **calleja de Parker**, cerca del crucero con la **Drury.**

3. En la Posada del **Manzano**, en la **Calle Charles**, a la altura del **Jardín del Convento.**

4. En la Posada **Tarro y Uvas** en Westminster, en la **Calle del Canal.**

"Ellas y algunos antiguos Hermanos se reunieron en la mencionada posada del **Manzano**, y habiendo sentado en el Trono al **más antiguo Maestro Masón** (ahora **Venerable de Logia**), se constituyeron en **Gran Logia pro Tempore**, en **Forma Debida**, y de inmediato reestablecieron **Comunicación** Trimestral de los **Oficiales** de Logias (llamada la **GRAN LOGIA**), resolviendo tener la **ASAMBLEA** Y Fiesta **Anual**, y luego elegir un **GRAN MAESTRE** de entre ellos mismos, hasta que tuvieran el Honor de un **Noble Hermano** a la cabeza". La Gran Logia fue formada de acuerdo el día de S. Juan el Bautista en 1717, con Anthony Sayer como Primer Gran Maestre.

El H. Calvert ha demostrado que las primeras tres Logias estuvieron probablemente compuestas por Masones operativos, y contaban con unos quince Hermanos cada una, en tanto que la cuarta Logia tenía una lista de setenta miembros y era la Logia especulativa, a la cual pertenecieron todos los Hombres de la avanzada del Arte en los días primeros, incluso Payne, Anderson y Desaguliers, y un grande e influyente número de nobles.

En los comienzos parece que se hubiera hecho muy poco, y que los originales fundadores de la Gran Logia no hubieran tenido la mínima idea de iniciar un movimiento mundial; pero con el advenimiento del Duque de Montague al Trono del Gran Maestre en 1721, la Sociedad subió a la fama y éxito de un solo salto.

La primera tarea fue compilar y clasificar las Antiguas Constituciones Góticas, que como hemos visto habían sido transmitidas en las Logias desde los tiempos operativos; y esto fue hecho por Anderson en 1721. Las Constituciones fueron impresas en 1723, y una subsecuente y algo alterada edición en 1738, cuando el sistema especulativo estaba firmemente establecido bajo los auspicios de Gran Logia. George Payne, el segundo Gran Maestre, delineó los reglamentos, Anderson "clasificó" la temática general siguiendo "una nueva y mejor manera", el Dr. Desaguliers, tercer Gran Maestre, escribió el Prefacio y la Dedicatoria; el Duque de Montague, cuarto Gran Maestre ordenó la impresión del libro después de la aprobación formal por la Gran Logia.

Tal vez la más importante característica de estas Constituciones es haber quitado definitivamente toda barrera religiosa para los futuros miembros de la Orden. Nuestros antiguos H.H. operativos, habían sido, por supuesto, cristianos y católicos; pero ahora la universalidad de los Misterios tenía que ser demostrada una vez más con la supresión de toda limitación sectaria. El lenguaje en que está expresado esto no es muy claro, pero es posible que haya fluido alguna inspiración sobre este punto, pues estaba de acuerdo con la tendencia de la Logia Blanca. La Masonería es, en realidad, el corazón de todas las religiones, y definitivamente, no puede quedar ligada a ninguna; aunque cada Masón esté en libertad de profesar cualquier fe que mejor le acomode, ya que todas son facetas de la verdad.

LA RECOMPOSICION DE LOS RITUALES

Ha habido mucha discusión y controversia entre los escritores masónicos en relación con el origen de nuestros modernos rituales especulativos, de los cuales no existe rastro documental, previo a la restauración de 1717. Que existió un definido ceremonial Masónico en esos días, lo sabemos por el Dr. Stukely, quien nos cuenta que "su curiosidad le llevó a ser iniciado en los misterios de la Masonería, sospechando que eran restos de los misterios de los antiguos". Fue iniciado en la Orden en enero 6 de 1721, y dice: "Fui la primera persona que fue hecha francmasón en un lapso de muchos años. Tuvimos gran dificultad para encontrar suficientes miembros para efectuar la ceremonia". Las cartas del Dr. Manningham también ofrecen testimonio de que los rituales de la Masonería especulativa pertenecen a un período anterior a 1717. El Dr. Manningham, Diputado Gran Maestre de la Gran Logia de Inglaterra, en 1757 escribe acerca de:

> Un viejo Hermano de 90 años, con quien platiqué recientemente; este Hermano me asegura que fue hecho masón en su juventud, y que con constancia ha frecuentado Logias hasta quedar imposibilitado por la avanzada edad, y nunca oyó, no conoció, ningunas otras Ceremonias o Palabras que las usadas en general entre nosotros; tales formas le fueron entregadas, y él las ha conservado.

Este testimonio es significativo, pues un Masón de noventa años de edad en 1757, tendría cincuenta años de edad en 1717, de manera que si fue iniciado en su juventud, nuestras ceremonias deben provenir al menos de segunda mitad del siglo XVII. Se recordará que la afirmación del R. F. Gould es precisa al respecto:

> Si por una vez nos remontásemos más allá del año 1717, o sea, adentrándonos en el dominio de la antigua Masonería, y de nuevo mirásemos hacia atrás, la vista es perfectamente ilimitada, sin mancha ni sombra que rompa la continuidad del paisaje ante nuestra vista.

La decadencia de las Logias operativas, anotado a principios de este capítulo, tuvo desastroso efecto sobre el antiguo ritual que había sido transmitido oralmente de Logia en Logia y de Maestre en Maestre desde los días de los Colegios Romanos. Ninguna palabra de él podía ser nunca escrita, y tenía que ser aprendida de memoria por los Maestres y oficiales de las Logias. Ya en los días en que llegamos a la restauración, esta tradición oral había llegado a estar muy corrompida, y aunque aún se recordaban las acciones rituales antiguas, las palabras que las acompañaban habían degenerado hasta convertirse, a menudo, en una ininteligible jerga, que no entendían ni

200

aun los que la recitaban. Un ejemplo bastará para indicar este estado de cosas. Cierto número de hosterías en Inglaterra llevan por nombre "The Goat and Compasses" (La Cabra y el Compás), frase carente de significado, a menos que se refiera a la perenne fábula de "montar la cabra". Pero la auténtica derivación arranca de las palabras "God encompassesus", (Dios nos rodea) que degeneraron en "God and Compasses". Todo el ritual Había caído en análoga situación por los días de Anderson y Desaguliers, quienes después de fundar la Nueva Gran Logia se dedicaron a establecer el orden.

Procedieron a reunir y revisar todos los trabajos que les eran conocidos, vistiendo el esqueleto del ritual con el idioma del siglo XVIII que es tan familiar a nuestros oídos ahora. En lo general, su tarea fue bien realizada, y aunque ocurrieron muchas pérdidas previas a 1717, la parte que Anderson dejó era representativa del caos general. Anderson no era hombre de genio, aunque hizo lo mejor que pudo, y es de lamentarse que el ampuloso lenguaje del más lerdo de todos los períodos haya sido el escogido para revestir los antiguos Misterios en vez del inspirado y digno del siglo anterior. Pero las tabernas no son vehículo de inspiración espiritual, y fue en ellas donde el renacimiento de los Misterios se llevó a efecto.

DOS Y TRES GRADOS

Al principio parecía que sólo se trabajaban dos grados, pues las Constituciones de 1723 (Reglamento XIII), hablan de "Aprendices", y de "Maestros y Compañeros" que sólo la Gran Logia podía producir "excepto por alguna dispensación". Esta modalidad fue revocada en 1725, cuando la Gran Logia decretó que "el Maestre de cualquier Logia, con la anuencia de los Guardianes de aquél, y con la de la mayoría de los Hermanos, que sean Maestros, puede hacer Maestros a discrección". Hay una mención, en ese mismo año, de tres grados en el trabajo de la "Gran Logia de Toda Inglaterra" en York, cuando pronunció un discurso el Dr. Francis Drake, Segundo Gran Vigilante, en el cual menciona Aprendices, Compañeros y Maestros. R. F. Gould sostiene que la "Parte de Aprendiz consistía en lo que ahora conocemos como el 1º y 2º, y que la Parte de Maestro" era nuestro 3º, conteniendo la leyenda de Hiram.

No sólo que lo que ahora llamamos Tercer Grado existía antes de la época de las Grandes Logias, sino que, habiendo pasado por una larga declinación, sus símbolos se habían corrompido, y sus significados, (en gran parte) habían sido olvidados, cuando el paso mismo –entonces conocido como la "Parte de Maestro" – se menciona por primera vez (es decir, se hace referencia inequívoca a él) en cualquier impreso o manuscrito al que se le pueda asignar fecha alguna (1723).

Parece probable que lo trabajos originales puedan haber sido sintetizados en dos grados, y la subsecuente división en tres grados, bien puede haber sido un rearreglo del material, en concordancia con la tradición antigua. La evidencia del trabajo de los tres grados de la Masonería aparece allá por 1725 en Londres, en las **Transactions of the Philo-Musicae et Architecturae Societas** en la cual ciertos hermanos son mencionados como: "Maestros pasados en forma regular", "Compañeros pasados en forma regular" y "Compañero y Maestro pasados en forma regular", aunque no se sabe con claridad qué sucedió exactamente. Para 1738 el procedimiento seguido en las Logias parece haber sido, en lo general, semejante al que nos es conocido hoy día.

OPOSICION

Es cierto que entre los antiguos Masones se sintió al principio alguna desconfianza y desagrado por el nuevo movimiento. En la segunda edición de las Constituciones (1738), nos dice Anderson que en 1720:

En algunas Logias **privadas**, varios muy valiosos **Manuscritos** (Pues aún no tenían nada impreso) referente a la Fraternidad, a sus Logias, Reglamentos, Cargos, Secretos y Usos (particularmente un manuscrito por **Nicholas Stone**, el Vigilante de **Inigo Jones**) fueron quemados con demasiado apresuramiento por algunos escrupulosos

Hermanos para que estos Documentos no fueran a caer en manos extrañas.

Sabemos que había otras Logias, al principio no incluidas en la Gran Logia, y muy bien pudiera ser que algunos de los antiguos H.H. miraran la nueva aventura con suspicacia, y que destruyeran sus registros para evitar que cayeran en manos de los innovadores. También existe la idea de que otras tradiciones fueron conservadas con mayor plenitud en los demás sitios, como veremos al Hablar del cisma de los "Antiguos". Pero aunque la Gran Logia fue inaugurada con bastante humildad, pronto empezó a llamar la atención cuando la presidió el Duque de Montague, y desde entonces su éxito como nuevo movimiento fue inmediatamente consolidado.

LA SUCESION DEL MAESTRO INSTALADO

La sucesión de Maestro Instalado se conservó bajo la nueva dispensación, aunque hay pocas huellas de Londres de algún grado definido en el sentido de trabajo ritual. Tal grado era parte del trabajo autorizado de los "Antiguos" en 1751, si bien no fue adoptado por los "Modernos" sino hasta 1810. El poder en sí fue transmitido en el acto de instalación que forma parte esencial del sacramento, y sabemos, por medio de la "Manera de constituir la Nueva Logia de acuerdo con los antiguos usos de los Masones" presentada en las Constituciones de 1723, que después de que el nuevo Maestro se había sometido a los "Cargos de Maestro" como lo han hecho los Maestros en todas las épocas, el Gran Maestre, "por medio de ciertas significativas Ceremonias y antiguos Usos, lo instalará".

LAS GRANDES LOGIAS DE YORK, IRLANDA Y ESCOCIA

Pero a pesar de que el impulso hacia la restauración

claramente se originó en Londres con la erección de la Gran Logia de Inglaterra, la Hostería del Manzano no fue el único templo de los Misterios. Otras Logias existieron tanto en Inglaterra como en los reinos hermanos, y otras corrientes de tradición igualmente válidas empezaron a brotar en diferentes centros. York fue, durante incontables años, un poderoso y consagrado santuario de la Masonería especulativa; y la "antigua Logia" en York se proclamó Gran Logia en 1725. Hasta es posible que se haya dado tal nombre con anterioridad, pues existe testimonio escrito en 1778, del entonces Gran Secretario de York, en el sentido de que la Gran Logia de York era doce o más años más antigua que la de Londres.

Es claro que existieron antiguos trabajos yorkinos, y que algo de su tradición, pasando a través de la Masonería irlandesa y "Antigua", está con nosotros hoy día, amalgamada con las tradiciones heredadas de Anderson. York tiene un encanto acerca de sus antiguas paredes como el que rodea Kilwinning y el santuario que fueron Heredom; Hacia York también debemos mirar como uno de los centros guardianes de nuestros Misterios.

Arrancando de un estudio de la Masonería irlandesa y la de los "Antiguos", que tan íntimamente ligada estuvo con aquella, resulta claro que del pasado se transmitió algo más que los tres grados azules; pues éstos no están completos en sí mismos sin el simbolismo conservado para nosotros en el Santo Real Arco y otros similares, que no parece que emergieran en el Sur. La primera mención del Santo Real Arco viene de Youghal en Irlanda en 1743; la segunda emana de York en 1744. Los "Antiguos", aunque nada tenían que ver con la "Gran Logia de toda Inglaterra" en York, sin embargo, persistentemente se refieren a sí mismos como Masones de York, de tal manera, reclamando parentesco con la tradición de York.

Por otra parte, Murray Lyon demuestra que los registros no revelan indicios de procedimiento ritual ni de Masonería especulativa como la conocemos ahora, sino hasta después de la fundación de la Gran Logia de Inglaterra en 1717, y que el ritual especulativo se derivó de Inglaterra después de aquél evento. No hay evidencia de que la Logia de Kilwinning, la segunda en Escocia según los Estatutos Schaw, cuyas minutas se remontan a 1642, haya trabajado ningunos otros grados que los de la Masonería especulativa, ya sea antes o después de la formación de la Gran Logia.

Un Past Master de la Logia de Canongate Kilwinning me llama la atención sobre un serio error en que incurrí en **La Vida Oculta en la Masonería**, al describir esa histórica Logia como fundada en 1723, dice:

La Logia Canongate Kilwinning Nº2 recibió una Cédula de la Logia Madre en Kilwinning en Ayrshire (ahora conocida como Logia Madre Kilwinnin Nº0) fechada 20 de diciembre, 1677, y registrada en las Minutas de la Logia de Kilwinning en esa fecha.

La historia de la Logia nos dice que:

Al principio del siglo XVIII la Logia contaba entre sus miembros a los más destacados nobles y caballeros de Escocia cuya devoción estaba dedicada a la Causa Stuart.

El frustrado levantamiento en 1715 desterró a los que escaparon con vida de los campos de batalla: y durante la confusión existente en esos días, todos los primeros registros de la Logia se perdieron o fueron destruidos, y no se ha podido encontrar huella de ellos. Finalmente, los supervivientes, un grupo pequeño, pero digno de confianza, se reunió por los comienzos de 1735 y reinició las juntas.

La Minuta más antigua que se conserva tiene fecha de 13 de Febrero de 1735, empieza:

Canongate, Feb. 13, 1735 d. de C.
La Logia habiéndose reunido conforme a programa designa...

La Logia nunca está cerrada, pero se reanudan las sesiones en la siguiente fecha acordada para la reunión.

La mayoría de las Logias se instalan el día de San Juan Evangelista, el 27 de diciembre. La Logia de Canongate Kilwinning se instala el día de San Juan el Bautista, el 24 de junio. La más antigua referencia, en las Minutas, de esta Logia (o cualquier Logia escocesa) admitiendo Maestros Masones, es el 31 de marzo de 1735.

La Gran Logia de Irlanda parece haber nacido en 1725, y los rituales irlandeses están claramente derivados de una línea de tradición algo diferente de los que se conservan en el Sur de Inglaterra, y están íntimamente emparentados con los trabajos de York. La Gran Logia de Escocia fue formada en 1736; y aquí de nuevo hallamos marcadas diferencias de ritual y aun de secretos; aunque no hay evidencia en el plano físico que nos indique de dónde deriva esta distintiva Masonería escocesa. Es de estas tres Primeras Grandes Logias, y de la Gran Logia de los Antiguos, ahora amalgamada con la Gran Logia de Inglaterra, de donde se deriva toda la Masonería Anglosajona, y probablemente también mucha de la Masonería del Continente. Los detalles de sus trabajos pueden diferir en lo no esencial, pero los mismos consagrados Misterios fueron la herencia de todos, y a través de ellos hemos penetrado en todo el mundo "siendo luz para quienes están sentados en las tinieblas" y "para guiar sus pies por el sendero de la paz".

LOS "ANTIGUOS"

Como indicación posterior de que la Gran Logia de Inglaterra no heredó la única tradición de cuño corriente en el Reino Unido, hallamos la cismática Gran Logia de los "Antiguos" formada en 1751, en Londres, bajo el rubro de "Gran Logia de Inglaterra según las viejas Instituciones". Las investigaciones de Henry Sadler en los archivos de la Gran Logia prueban que el establecimiento de este cuerpo se debió a la actividad de un número de Masones irlandeses residiendo en Londres. Reclamaron afinidad con la tradición de York, si bien, no, con la Gran Logia de York, y está claro que diferían considerablemente de la Moderna o regular Gran Logia de Inglaterra; Su Gran Secretario, Lawrence Dermott, dice:

Los Antiguos bajo el nombre de Masones Libres y Aceptados según las viejas Instituciones, y los Modernos bajo el nombre de Masones Libres de Inglaterra, a pesar de la similitud de nombres, difieren en exceso en cuanto a hechos, ceremonial, conocimiento, lenguaje Masónico, e instalación, tanto, que siempre han sido y lo siguen siendo, dos distintas sociedades totalmente independientes entre sí.

A mayor abundamiento, agrega algo de la naturaleza de tales diferencias:

Un Masón Moderno puede comunicar todos sus secretos a un Antiguo Masón y estar seguro, pero un Masón Antiguo no puede, con igual seguridad, comunicar todos sus secretos, a uno Moderno sin la ceremonia correspondiente. Pues al igual que una Ciencia comprende a un Arte (aunque un Arte no puede comprender a una Ciencia), así es como la Masonería Antigua contiene todo lo que de valor hay entre los Modernos, así como muchas otras cosas que no pueden ser reveladas sin ceremonias adicionales.

Casi no hay duda de que estas diferencias consistían en cambios en el 3º, el grado de Maestro Instalado, y el Santo Real Arco; y ellos son el resultado de la herencia de una diferente corriente de tradición masónica. Es casi seguro que los Modernos hicieron innovaciones en el ritual; parecen haber cambiado las palabras del Primero y Segundo Grados, debido a las exposiciones contenidas en **Masonry Dissected**, de Samuel Pritchard, que se vendió muchísimo en Inglaterra y en el Continente, y la vieja Orden aún es conservada en la Masonería Continental, en especial en Logias que trabajan en lo que se conoce como el Rito Francés.

EL SANTO REAL ARCO

La primera mención de los registros contemporáneos del Santo Real Arco ocurre en Youghal en Irlanda en 1743; y oímos de nuevo de él en 1744, en el libro del Dr. Dassigny **"Serious and Impartial Enquiry into the cause of Present Decay of Freemasonry in the Kingdom of Ireland"** en el cual nos habla de la existencia de una Asamblea de Masones del Real Arco en York, ciudad de la cual salió este grado para ser introducido en Dublín; que era conocido y practicado en Londres "un poquito antes"; y que los miembros constituían "un cuerpo organizado de hombres que habían pasado el trono".

Ya hemos visto cómo en días de la antiguedad el Real Arco estaba asociado con el 3°, como el Mark lo estaba con el 2°; y ambos puntos del ceremonial parecen haber sido incluidos en ese cuerpo de tradición que llegó a Anderson en 1717 o por esos días, y haber sido trabajados en privado en ciertas Logias desde tiempo inmemorial, aunque no parecen haber sido formalmente sancionados por la Gran Logia. La primera mención exotérica del Grado Mark ocurre en el Libro de Minutas de un Capítulo del Real Arco en Portsmouth en 1769. Un cuidadoso estudio de los rituales existentes de ambos grados muestra que considerables diferencias ocurren en los trabajos ingleses, escoceses e irlandeses, y es claro que en sus casos también muchas líneas de tradición fueron transmitidas. El H. A. E. Waite habla de un ritual de la Antigua Logia Mark de York en posesión suya, que difiere casi por completo de cualesquiera de nuestros presentes trabajos. No es difícil encontrar diferencias de ritual entre "Antiguos" y "Modernos", cuando consideramos el número y variedad de tradiciones transmitidas a través de los tiempos.

LA GRAN LOGIA UNIDA

En 1813 las dos Grandes Logias de Inglaterra que hasta entonces habían sido rivales, se unieron formalmente, y de ahí en adelante la Gran Logia Unida de Inglaterra ha sido el cuerpo gobernante de la Masonería especulativa en ese país. Al unirse se amalgamaron las dos líneas de tradición, y la Masonería especulativa inglesa está en deuda con Irlanda y York, así como con la Taberna del Manzano por sus métodos de trabajo. De acuerdo con los Artículos de la Unión ya anotados se acordó que para el futuro.

La Masonería Antigua Pura consiste de tres grados, y no más, o sea, los de Aprendiz Aceptado, el de Compañero, y el de Maestro Masón (incluyendo la Suprema Orden del Santo Real Arco). Mas este artículo no intenta prohibir a ninguna Logia o Capítulo que tenga sus reuniones en cualesquiera de los Grados de las Ordenes de Caballería, según las Constituciones de las mencionadas Ordenes.

De este modo, la tradición Masónica se fijó, y, en lo esencial, ha quedado igual hasta hoy.

MASONERIA ESPECULATIVA EN OTROS PAISES

Se sostiene comúnmente que la Masonería fue introducida a Francia procedente en Inglaterra, por 1732, aunque algunos piensan que entró siete años antes, bajo los auspicios Jacobitas. Realmente es anterior a eso, pues la tradición Masónica de algún tipo había existido en Francia desde tiempo inmemorial, y cuando el Rey James II se refugió en la Abadía de Clermont en 1688, halló un centro Masónico que él trató de usar para fines políticos sin conseguirlo. Es incierto si el rito inglés que fue traído en la mencionada fecha se conectó de alguna manera con la Masonería nativa -no hay evidencia sobre el punto- pero la Masonería Francesa ha divergido muy considerablemente de los trabajos ingleses.

Los grados simbólicos o azules del Antiguo y Aceptado Rito Escocés, en muchos modos parecen conservar una tradición más plena, y probablemente representan otra línea genealógica, y que emplean el antiguo método caldeo de que el asiento de los tres principales oficiales sea un triángulo isósceles. Como en la Gran Logia de Inglaterra hasta antes de 1810, el grado de Maestro Instalado no se trabaja en el Continente, excepto en cuerpos que derivan su autoridad de la Gran Logia de Londres. Al Maestro elegido se le coloca en el Trono sin ceremonia, como se hacía en el antiguo trabajo inglés. La Gran Logia de Escocia reconoció el grado ceremonial sólo hasta 1872. Fue derivado de fuentes accesibles a los "Antiguos", posiblemente de York. Ciertos de los signos del grado son hallados en las paredes de los templos egipcios, y cuando se estudia su lado interno u oculto, se halla que la instalación en el Templo del Rey Salomón ha formado parte de la genuina e inmemorial tradición de los Misterios.

Se dice que la Masonería apareció en Alemania en 1733, aunque la primera Logia conocida se estableció en Hamburgo en 1737; en Suecia data de 1735, en tanto que la Masonería holandesa se inauguró en 1731, cuando el Duque de Lorraine fue iniciado en la Haya por el Dr. Desaguliers. Fue introducida en América antes de 1733, cuando la primera Logia con autorización escrita de la Gran Logia de Inglaterra fue establecida en Boston. En relidad, la Masonería ya se practicaba en América antes de la fecha de fundación de la Gran Logia, y había sido llevada ahí por los primeros pobladores. Se contituyeron muchas Logias con Patentes escocesas, irlandesas, y "Antiguas", lo que explica las muchas variaciones que se hallan en los trabajos americanos. En los E.E.U.U. existen más de cincuenta Grandes Logias con, al menos, dos millones de miembros, muchos de los cuales también pertenecen a varias Obediencias de alto grado. Hay nueve Grandes Logias en Canadá, con ciento veinte mil miembros, y siete Grandes Logias en Australasia, con setenta y cinco mil miembros. Igualmente la Masonería Especulativa florece en muchos otros países, y es incuestionable que, en este siglo veinte, es uno de los más grandes poderes para el bien en el mundo.

CAPITULO X

Otras Líneas de Tradición Masónica

LA CORRIENTE DE SOCIEDADES SECRETAS

En nombre del Cristo, Señor del amor y la compasión, el cuerpo que se autodenominó Su Iglesia y profesó seguirlo, había establecido un reinado de terror por toda Europa, y se lanzó en una loca orgía de crueldad y desenfrenada maldad, como el mundo raramente ha visto nada igual ni aún entre los más degradados salvajes. Fue esta desesperada condición la que hizo necesaria la intencional confusión de las verdades internas de la Francmasonería con los secretos del oficio de constructor guardados en las uniones operativas; pero no fue ese el único método adoptado por los Poderes yacentes en el fondo, para continuar la tradición de la Luz a través de esos días de mítico oscurantismo. Existieron también ciertas sociedades secretas o semisecretas, que tenían el propósito expreso de perpetuar una noble y pura enseñanza.

Por razón de que tenían que trabajar tan sigilosa y calladamente no es fácil encontrar huellas de la actividad de las mencionadas organizaciones; pero una seria Masona, Isabel Cooper-Oakley, ha dedicado años de paciente, laboriosa, y original investigación en muchos lugares de Europa para el estudio de este tema, y ha publicado los resultados de su ardua labor en **Traces of a Hidden Tradition in Masonry and Mediaeval Mysticism**. De este libro extraigo la siguiente lista de sociedades místicas, interpoladas con los nombres de unos cuantos místicos:

En el siglo III encontramos a Manes, el Hijo de la Viuda, como eslabón para todos los que creen en el gran trabajo hecho por los "Hijos de la Viuda" y la Hermandad de Magos.

En el siglo IV la figura central para todos los estudiantes de lo oculto es el gran Iamblicus, precursor de los Rosacruces.

Entre el siglo III y el IX aparecen las siguientes organizaciones y sectas:
Maniqueos,
Euquitas
Artífices de Dionisio
Ofitas,
Nestorianos,
Euquianos, y los
Maestros Comacinos, de quienes podemos informarnos en el libro de Llorente: **History of the Inquisition** y en el del Profesor Merzario: **I Maestri Comacini**. Este autor dice: "En esta obscuridad que se extendió por toda Italia, sólo una lamparita se conservó encendida, produciendo un chispazo brillante en la vasta necrópolis italiana. Provenía de los **Magistri Comacini**. Los nombres de ellos son desconocidos, sus trabajos individuales no fueron especializados, pero el aliento de su espíritu puede ser sentido durante todos esos siglos, y el nombre de ellos colectivamente es el de legión. Sin temor a equivocación podemos decir que de todos los trabajos de arte realizados entre el año 800 y el 1000 d. de C. la mayoría y los mejores de ellos son debidos a esa confraternidad -siempre fiel y a menudo secreta- de los **Magistri Comancini**.

En el siglo X todavía encontramos a los Maniqueos y a los Euquitas; también a los Paulicianos y los Bogomiles.

Siglo XI: los Catari y Patarini, condenados por la Iglesia Romana, ambos derivaron de los Maniqueos; los Paulicianos con la misma tradición, y también perseguidos; los Caballeros de Rodas y de Malta; los Místicos Escolásticos.

Siglo XII: aparecen los Albigenses, probablemente derivados de los Maniqueos que se establecieron en Albi; los Caballeros Templarios, públicamente conocidos; los Catari, bien esparcidos por Italia; los Herméticos.

Siglo XIII: la Confraternidad de los Winkelers; los Apostolikers; los Beghards y los Beguinen; los Hermanos y Hermanas del Espíritu Libre; los Lollards; los Albigenses, demolidos por la Iglesia Católica; los Trovadores.

212

Siglo XIV: los Hesychasts, precursores de los Quietistas; los Amigos de Dios; el Misticismo Alemán encabezado por Nicolás de Basle; Johann Tauler; Cristian Rosenkreutz; la gran persecución templaria; los Fraticelli.

Siglo XV: los Fratres Lucis de Florencia, también los de la Academia Platónica; la Sociedad Alquimista; la Sociedad de la Cuchara de Constructor; los Templarios; los Hermanos Bohemios o Unitas Fratrum; los Rosacruces.

Siglo XVI: los Rosacruces ensancharon su fama; la Orden de Cristo, derivada de los Templarios; Cornelio Agripa de Nettesheim, en conexión con una asociación secreta; Santa Teresa; San Juan de la Cruz; Felipe Paracelso; los Filósofos del Fuego; Milicia Crucifera Evangélica, bajo Simón Studion; los Misterios de los Maestros Herméticos.

Siglo XVII: los Rosacruces; los Templarios; los Asiastische Brüder; Academia di Secreti, en casa de Juan Bautista Porta; los Quietistas, que fundó Michael de Molinos; y todo el grupo de místicos españoles.

Siglo XVIII: los Fratres Lucis, o Caballeros de la Luz; los Rosacruces; los Caballeros y Hermanos Iniciados de S. Juan el Evangelista de Asia, o Asiastische Brüder; los Martinistas; la Sociedad Teosófica, fundada en Londres en 1767, por Benedicte Chastamer, un Masón místico; los Quietistas; los Caballeros Templarios; algunos cuerpos Masónicos.

Las varias sectas y cuerpos mencionados no pertenecen exclusivamente al siglo en que se anotan. Todo lo que esta lista pretende señalar es que tales sectas fueron más prominentes durante el siglo en el que son colocadas.

La Sra. Cooper-Oakley escribe con profunda apreciación del trabajo hecho por los Trovadores:

Desde la muerte de Manes, año 276 d. de C., hubo una íntima alianza -y mejor una fusión- con algunas de las sectas Gnósticas, y de ahí derivamos el entremezclado de las dos más ricas corrientes de Sabiduría Oriental: la una, directamente de India a través de Persia; la otra, atravesando esa maravillosa época egipcia, enriquecida por la sabiduría de los grandes maestros Herméticos, fluyó a Siria y Arabia, de donde con fuerza acrecentada -recogida de los nuevos poderes divinos hechos manifiestos en el profundo misterio del bendito Jesús- penetró en Europa, por Africa del Norte, hallando hogar en España, donde echó honda raíz. De esta rama brotó, en plena florescencia, esa riqueza de lenguaje y del canto por los cuales los Trovadores vivirán para siempre, Maniqueos que cantaron y corearon la Sabiduría Esotérica que no osaba con el habla.

Luego vemos que se dispersan en sectas, tomando nombres locales -separados sólo por el nombre, pero empleando el mismo idioma secreto, teniendo los mismos signos. De esta manera, por dondequiera que iban, e independientemente del nombre que tuvieran, se reconocían mutuamente como "hijos de la viuda", unidos todos en una Busqueda Mística, entretejidos -en virtud de una ciencia secreta- en una comunidad única; con ellos coreaban cantos de amor y entonaban cantos del cielo: mas el amor era un Amor Divino, y el cielo de ellos era la sabiduría y paz de aquellos que buscaban la vida superior.

He tomado dos largos extractos del libro de la Señora Oakley, por ser ése el único que conozco que trata en detalle estas sectas poco conocidas. Entre ellas descuellan dos que son muy conocidas, o más discutidas que las demás; y ambas han impreso su influencia en gran medida en nuestros modernos rituales Masónicos, en especial en los grados superiores. Nos referimos a los Caballeros Templarios y los Hermanos de la Rosa Cruz.

LOS CABALLEROS TEMPLARIOS

La Orden de los Caballeros Templarios, llamada también los Caballeros Pobres de Cristo y del Templo del Rey Salomón, fue fundada en 1118 por Hugues de Payens (Hugo de Paganis) Caballero de Borgoña, y Godefroid de San Omer, Caballero del norte de Francia, con el fin de proteger a los peregrinos que, después de la Primera Cruzada se aglomeraban con rumbo hacia la Tierra Santa. Baldwin I, Rey de Jerusalén, asignó a estos dos caballeros y a otros seis que se les unieron, secciones cercanas al sitio del Templo de Salomón, de donde se derivó el nombre de Templarios.

Nueve años más tarde Hugues de Payens visitó Europa con el fin de colocar la nueva Orden sobre bases más seguras, y de que el Papa la reconociera y le extendieran una Patente. Se ganó el apoyo entusiasta de San Bernardo, el gran Abad de Clairvaux, y en 1128, una Patente, que fue extendida para ellos por el mismo San Bernardo, fue aprobada para los Caballeros Templarios por el Concilio de Troyes. Sin embargo, no fue sino hasta 1163 cuando el Papa Alejandro III otorgó plenamente establecida.

La Orden del Templo en sus días de gloria consistía de varios grados. Los Caballeros (**fratres milites**) formaban su más importante sección, al menos desde el punto de vista militar; en el momento de su recepción eran jurados para observar los tres consejos evangélicos de pobreza, castidad y obediencia, como los miembros de todas las demás órdenes religiosas de la Iglesia. Los Caballeros, que eran a menudo de sangre noble, tenían asignados tres caballos, un escudero y dos tiendas de campaña. También se recibían hombres casados, pero sólo a condición de legar la mitad de sus propiedades a la Orden. No se admitían mujeres.

Además de éstos, tambien había un cuerpo de clérigos (**fratres capellani**) -Obispos, presbíteros y diáconos- que vivían bajo los mismos votos que los Caballeros, y por dispensación especial no debían obediencia a ningún superior, eclesiástico o civil, excepto al Gran Maestre del Templo y al Papa. Se reglamentó que las confesiones de los hermanos de la Orden no deberían ser oídas más por estos clérigos especiales; y de tal manera sus secretos eran conservados inviolables. También había dos clases de Hermanos Servidores, los que tenían que ver con las armas (**fratres servientes armigeri**) y los manuales y artesanos (**fratres servientes famuli y officii**).

A la cabeza de toda la organización estaba el Gran Maestre, siguiéndole en rango el Senescal del Templo, y el **Mariscal**, suprema autoridad en asuntos militares, y la Orden era administrada en Provincias bajo el mando de un número de Comandantes. Después de la caída del Reino Latino, la Jefatura de la Orden pasó de Jerusalén a Chipre, y París se convirtió en el centro Templario más importante de Europa.

La influencia Templaria creció rápidamente. Pelearon

heroicamente en las diferentes Cruzadas, y también llegaron a ser los grandes financieros y banqueros internacionales de la época, y en consecuencia, amasaron grandes fortunas. Se calcula que antes de la mitad del siglo XIII poseían nueve mil haciendas en Europa solamente. El Templo de París fue el centro del mercado mundial de moneda, y la influencia de ellos, así como su riqueza, era también muy grande en Inglaterra. A fines del mismo siglo se dice que habían alcanzado unos ingresos cuyo monto era equivalente a unos dos millones de libras esterlinas actuales, o sea más que ningún estado o reino europeos de esos días. Se cree que a esas alturas los Templarios eran 15.000 o 20.000 Caballeros y Clérigos; mas, asistiéndolos, había un verdadero ejército de escuderos, sirvientes y vasallos. Se puede concebir su influencia a partir del hecho de que algunos miembros de la Orden tenían obligación de asistir a los grandes Concilios de la Iglesia, como el Concilio Lateranense de 1215 y el de Lyons de 1274.

Los Caballeros Templarios trajeron del Oeste un conjunto de símbolos y ceremonias pertenecientes a la tradición Masónica, y poseían cierto conocimiento que es ahora impartido solamente en los grados del Antiguo y Aceptado Rito Escocés. De este modo, la Orden era uno de los depositarios de la Sabiduría Oculta en Europa durante los siglos XII y siguiente, aunque los secretos completos eran dados sólo a unos cuantos; por lo tanto sólo entre las Ordenes religiosas, las ceremonias de recepción eran conducidas en absoluto secreto. Como era de esperarse en tal época, se atribuyeron a la Orden las más horribles y malvadas prácticas a causa de esta actitud secreta, y se cuentan historias que no tienen ningún fundamento en la realidad.

En la forma Templaria de lo que ahora llamamos el 18º, el Sapientísimo Soberano era un obispo o presbítero recibido u ordenado, y el pan y vino que era consagrado en Capítulo abierto durante una espléndida ceremonia, era una verdadera Eucaristía; un maravilloso amalgamamiento del sacramento egipcio con el cristiano.

216

LA SUPRESION DE LOS TEMPLARIOS

La supresión de esta poderosa Orden es una de las mayores manchas en la tenebrosa historia de la Iglesia Católica Romana. Los reportajes del proceso francés publicados por P. Michelet, el gran historiador, en 1851-61 y existe un excelente breviario de las pruebas presentadas tanto en Francia como en Inglaterra, en una serie de artículos que aparecieron en 1907 en **Ars Quattuor Coronatum** (XX, 47, 112, 269). No podemos presentar aquí más que un bosquejo de lo que aconteció, enviando a quienes se interesen por mayores datos a las fuentes citadas y la literatura general sobre el tema.

Felipe el Hermoso, Rey de Francia, desesperadamente necesitaba dinero. Ya había devaluado la moneda, había encarcelado a los banqueros lombardos y a los judíos, y después de confiscarles sus riquezas acusándolos falsamente de usura -algo que la mente medieval aborrecía-, los hizo expulsar de su reino. Luego determinó deshacerse de los Templarios, después de que ellos le habían prestado bastante dinero, y ya que el Papa, Clemente V, debía su posición a las intrigas de Felipe, el asunto no le fue difícil. Su tarea le fue facilitada aún más por las acusaciones presentadas por el ex caballero Esquin de Floyran, quien tenía personal interés en el asunto, y pretendió revelar todo tipo de cosas malévolas; blasfemia, inmoralidad, idolatría y adoración al demonio en la forma de un gato negro. Este traidor es todavía execrado en algunos rituales Masónicos, junto con Noffo Dei de Florencia, quien no tuvo que ver en este asunto.

Estas acusaciones fueron aceptadas por Felipe con deleite, y el viernes 13 de octubre de 1307, todos los Templarios, en toda Francia, fueron arrestados sin ningún aviso previo por parte del más infame tribunal que haya jamás existido, hacinamiento de demonios en forma humana llamado en grotesca burla Santo Oficio de la Inquisición, que en esos días tenía jurisdicción plenaria en este país y otros más de Europa. Los Templarios fueron horriblemente torturados, de modo que algunos murieron, y los restantes firmaron toda clase de confesiones que la Iglesia quería. Los interrogatorios se relacionaban principalmente con la supuesta negación de Cristo y el haber escupido la cruz, y en menor grado con graves acusaciones de inmoralidad. Un estudio de las evidencias muestra la absoluta inocencia de los Templarios y el ingenio diabólico desplegado por los oficiales de confianza dedicados a la aprehensión de los acusados por la Inquisición, que los mantenía incomunicados, faltos de defensa adecuada y de consulta pertinente, a la vez que hacían circular la versión de que el Gran Maestre había confesado ante el Papa que existían maldades en la Orden. Los hermanos fueron convencidos o torturados hasta lograr que confesaran faltas que jamás habían cometido, y tratados con la máxima crueldad diabólica.

Así era la "justicia" de quienes llevaron el nombre del Señor del Amor durante la Edad Media; así era la compasión que fue exhibida en relación con Sus fieles servidores, cuya única falta fue su riqueza, ganada legalmente para la Orden, y no para ellos. Felipe el Hermoso obtuvo dinero, mas, ¿qué karma, aún con mil vidas de sufrimiento, podrá ser suficiente para tan vil descastado? La Iglesia Romana, sin duda, tiene muchas buenas obras en su crédito, pero, ¿pueden todas juntas llegar a cancelar una maldad tan inverosímil como ésta?.

El Papa deseaba destruir la Orden, y llamó a Concilio en Viena en 1311 con tal objeto, pero los Obispos se rehusaron a condenarla sin haberla escuchado primero. Entonces, el Papa abolió la Orden en Consistorio privado efectuado el 22 de noviembre de 1312 (una fecha que aún se conmemora en una impresionante forma en nuestros rituales de grado superior) a pesar de que aceptó que las acusaciones no habían sido probadas. Las riquezas del Templo tenían que ser transferidas a la Orden de S. Juan; mas lo cierto es que la porción francesa cortó camino hacia los cofres del Rey Felipe.

El acto final y el más brutal de esta inhumana tragedia ocurrió el 14 de marzo de 1314, cuando el venerable Gran Maestre del Templo, Jacques de Molay y Gaufrid de Charney, Preceptor de Normandía, fueron quemados públicamente por herejes reincidentes frente a la gran catedral de Notre Dame. Cuando las llamas lo rodearon, el Gran Maestre citó al Rey y al Papa para que antes de un año se reunieran con él ante el trono de juicios de Dios, y tanto el Papa como el Rey murieron dentro del término de doce meses.

LA CONSERVACION DE LA TRADICION DE LOS TEMPLARIOS

La destrucción de la Orden del Templo no involucró la supresión total de la enseñanza que contenía. Algunos de los Caballeros Templarios franceses se refugiaron con sus hermanos del Templo en Escocia, y en ese país sus tradiciones se llegaron a fundir en cierta medida con los antiguos ritos celtas de Heredom, formando así una de las fuentes de las cuales más tarde había de brotar el Rito Escocés. Las tradiciones de venganza contra el execrable trío compuesto por el Rey, el Papa y el Traidor se transmitieron durante épocas y se entretejieron con la tradición egipcia que corresponde a nuestra Masonería Negra, culminando en lo que ahora llamamos el 30º.

No es difícil ver cómo puede surgir tal confusión especialmente entre aquellos que no entendieron plenamente el significado oculto de la enseñanza egipcia, y cómo una idea particular y temporal de venganza puede mezclarse con la doctrina filosófica del significado del mal y su retribución y sitio en el plan divino. Son estas tradiciones de venganza, sin importar cuán poco entendidas, las que forman la base de nuestro ritual del 30º, si bien en días actuales la tendencia ha sido de suavizar los rudos esquemas hasta donde es posible, para desterrar toda idea de revancha física, y aún más, como en el caso de los ritos franceses, eliminar toda referencia a los Templarios y las injusticias que les fueron cometidas.

Otras corrientes que se dice parten de la Orden del Templo son reputadas como genuinas por sus representantes modernos, pero sin razón suficiente. La Ordre du Temple francesa alegaba una sucesión directa de Jacques de Molay, y para apoyarse mostró la celebrada

Carta de Larmenius (que es considerada generalmente como una falsificación); en ningún caso la Ordre du Temple tuvo conexión con nuestra Masonería moderna. La Observancia Estricta, aunque proclamaba perpetuar las líneas de pensamiento Templario, nunca, según creo, sostuvo que sus rituales fueran de origen antiguo, pues claramente pertenecen al siglo XVIII. La moderna Orden Militar y Religiosa de Caballeros Templarios no reclama descendencia directa, aunque bien pudiera incorporar algunas tradiciones genuinas. Su ritual es hermoso, y parece haber sido un de esos ritos que han sido tomados y usados por el MADTVM. Los verdaderos ritos de los Templarios no han sobrevivido, aunque sin duda sería posible reconstruirlos, y ciertas de sus tradiciones han sido transmitidas y han llegado a quedar incorporadas en varios grados modernos.

LA REAL ORDEN ESCOCESA

El más importante de los cuerpos que heredaron parte de la tradición Templaria es la Real Orden de Escocia, aunque es en realidad el resultado de la interacción de varias líneas genealógicas Masónicas. Como dije antes, las doctrinas que los Caballeros Templarios trajeron de Francia cuando su Orden fue acallada en ese país, fueron entremezcladas con las de más de uno de los ritos escoceses existentes. Parece que quienes la fundaron, o al menos desarrollaron sus enseñanzas, eran totalmente eclécticos, pues además de las dos fuentes indicadas parecen haber asimilado cierta cantidad de material de los Culdeos, y también de la tradición judía, aunque usando la simbología del Segundo Templo. Ramsay cita en conexión con ella la leyenda judía de la espada y la cuchara de constructor, pues todavía los H.H de la Real Orden prestan J. con la espada en una mano y la cuchara en la otra. Ya antes me he referido a su curioso antiguo ritual rimado, que contiene evidencia interna de antigüedad, y enseña la búsqueda de la palabra perdida que es en última instancia encontrada en Cristo.

La Orden está compuesta de dos grados, el primero de HRDM o Heredom, y el segundo de RSACRS o la Rosa Cruz. El primer grado se divide en dos partes, la Pasada del Puente y la Admisión al Gabinete de la Sabiduría. Guarda ciertas semejanzas con algunos de los grados del Antiguo y Aceptado Rito Esscocés. Su forma ha sido emborronada sin cuidado para hacerla compaginar con la más extravagante forma de protestantismo moderno, en referencia a la sangre de Jesús, al cordero y al libro, etc. La búsqueda de la Palabra es análoga a la que se realiza en la Rosacruz, aunque los grados son muy diferentes. Nuestro 18º tiene poca relación con el simbolismo de la Real orden, aunque el propósito de los dos ritos sea el mismo. El 46º del Rito de Mizraím (Soberano Príncipe Rosacruz de Kilwinning y de Heredom) tiene mucha semejanza con el ritual de la Real Orden, llevando algo de los signos y mucho del significado esencial. De todos estos cuerpos, que se pueden considerar como desarrollándose en lo que posteriormente llegaron a ser grados superiores, esta Real Orden de Escocia fue la primera en formularse en forma definida, aunque se oye poco de ella en el mundo externo, y puede considerarse como el tipo primario de los grados escoceses.

LOS HERMANOS DE LA ROSA CRUZ

La misteriosa Orden de la Rosa Cruz aún sigue siendo un problema para el estudiante. El esplendor de la filosofía Rosacruz no ha decaído todavía, y se ha amontonado gran cantidad de literatura contradictoria relativa a la Orden; muchos afirman que la Orden nunca existió, y que sus famosos manifiestos no fueron más que un chiste práctico que unos cuantos guasones sin escrúpulos le jugaron a Europa; otros dicen que la sociedad existió, pero sin ser más que una oscura secta luterana que, de esa manera, hábilmente dio publicidad a sus opiniones; otros más, piensan que fue una auténtica escuela de sabiduria en la cual se impartía el profundo conocimiento de los secretos de la vida a los pocos que estaban preparados por medio de larga disciplina para recibirlo.

LA LITERATURA DEL ROSACRUCIANISMO

La Orden de la Rosa Cruz fue dada a conocer en Europa con la publicación, en 1614, de **Fama Fraternitatis of the Meritorius Order of the Rosy Cross, addressed to the Learned in General and the Governors of Europe**, libro que estaba, como era la costumbre medieval, encuadernado junto con otro tratado: **A Universal Reformation of the Whole Wide World, by order of the God Apollo, is published by the seven Sages of Grece, and some other Litterati**. Hay quienes han pensado que este último sea un folleto Rosacruz, mas, en realidad, es una traducción del **Ragguagli di Parnasso** de Boccalini, y probablemente, como Michael Maier afirmó, no tenía conexión alguna con la Orden.

La **Fama Fraternitatis** contiene una descripción de la vida tradicional de Christian Rosenkreutz (nacido en el año 1378 d. de C.), la fundación de la Orden de la Rosa Cruz, y la muerte y sepultura del fundador. Esto va seguido de un relato altamente simbólico del descubrimiento de la tumba de Cristian Resenkreutz por H.H. "del tercer orden y línea de sucesión"; y finalmente se narra la resolución del Jefe de la Orden de que ahora debe ser proclamada al mundo Oriental, y se hace una invitación (en cinco idiomas) a todo hombre culto de Europa para que se adhiera a la Fraternidad. Cierra diciendo que:

Aunque en estos días no mencionemos ninguno de nuestros nombres ni de nuestras reuniones, sin embargo, aseguramos que la opinión de todos llegará a nuestras manos, en cualquiera idioma que sea, y nadie ha de faltar, aunque nos dé sólo su nombre, de hablar con algunos de nosotros. ya sea en forma hablada o por escrito.

Este extraordinario documento fue seguido en 1615 por otro impresionante folleto, las **Confessio Fraternitas R. C. ad Eruditos Europae,** que estuvo comprendido en una obra en Latín titulada: **Secretioris Philosophiae Consideratio Brevio a Philippo a Gabella, Philosophiae studioso, conscripta.** En las **Confessio,** que están divididas en catorce capítulos, tenemos un cauteloso relato de los fines de la Sociedad, el conocimiento de los secretos de la Naturaleza contenidos dentro de sus diferentes grados, la aurora de una nueva era de regeneración, y un consiguiente llamado a todos los que tienen en su corazón el bienestar de la humanidad, y que no les importa nada la simplicidad y el egoísmo de la "antidivina y maldecida fabricación del oro" mencionada en la **Fama,** para que se adhieran a la Orden y compartan sus privilegios:

Afirmamos que de ningún modo hemos hecho de nuestros arcanos una propiedad privada, si bien ellos resuenan en cinco idiomas en los oídos del vulgo, porque, como bien sabemos, ellos no tienen grandes entendederas, y porque la valía de quienes han de ser aceptados en nuestra Fraternidad no será medida por su curiosidad, sino por la regla y patrón de nuestras revelaciones. Mil veces los que no valen levantarán clamor, se presentarán mil veces, sin embargo Dios ha ordenado a nuestros oídos que no oigamos a ninguno de ellos, y nos ha protegido con Sus nubes de modo que a nosotros, Sus servidores, ninguna violencia puede ser infligida; por lo que ya no somos vistos por ojo humano, a menos que haya recibido fuerza prestada del águila.

Las **Confessio** está claramente escrito por alguien profundamente versado en la genuina sabiduría oculta, y contiene una velada, pero inconfundible promesa de que el conocimiento auténtico le será dado al aspirante dedicado y no egoísta.

Un año más tarde un tercer folleto se publicó en Strasburgo: **The Chymical Marriage of Christian Rosenkreutz** que se supone existía en manuscrito allá por los años 1601–1602. Está fechado el año 1459, y empieza con la siguiente significativa advertencia:

Arcana publicata vilescunt, et gratiam prophanata amittunt. Ergo: ne margaritas objice porcis, seu asino sobsternere rosas:

mostrando a las claras que se intentaba que fuera tomada en un sentido místico. Es una larga y oculta descripción, iluminada con ráfagas de buen humor, de la iniciación de Christian Rosenkreutz en los Misterios de la Rosa Cruz, empezando desde su invitación, a despertar a la vida oculta, y terminando con su triunfo final o regeneración como Caballero de la Piedra de Oro. Este es el más curioso de todos los documentos Rosacruces, y su estudio cuidadoso, necesario para su comprensión, será fructífero; pues en él están contenidos algunos de los más profundos secretos de la alquimia espiritual.

No se sabe quien sea el o los autores de tales folletos. Todos estos han sido atribuidos a Johann Valentine Andreas, un culto hombre de letras, alemán, del siglo XVII, quien había viajado bastante y se interesó muchísimo en las sociedades secretas, y fue adepto a las doctrinas de Paracelso. Los argumentos en favor y en contra de que él fue el autor están muy bien presentados por el H. A. E. Waite en su **Real History of the Rosicrucians**, y en su reciente libro **The Brotherhood of the Rosy Cross**, en el cual, aunque en mi opinión equivoca el propósito verdadero y las metas de la Orden (cuya existencia niega) sin embargo, ha reunido un gran número de hechos valiosos que arrojan bastante luz sobre todo el tema. Andreas reconoce el **Casamiento Químico**, aunque lo llama **ludibrium** o chiste; se desprende de sus últimas obras que se volvió en contra de la Orden de la Rosa Cruz, e inició una nueva Sociedad totalmente suya. Es demasiado improbable que Andreas haya sido el autor de **Fama** y las **Confessio**.

Estos tres documentos levantaron una indescriptible tormenta de curiosidad por toda Europa. Muchos estudiantes escribieron cartas abiertas solicitando ser admitidos en la Orden, mostrando sus cualidades; pero ninguna de ellas parece haber sido contestada abiertamente. Una multitud de folletos aparecieron, especialmente en Alemania, algunos atacando a la Sociedad, y otros no menos, valientemente, defendiéndola, al tiempo que muchos charlatanes surgieron diciendo ser Hermanos de la R. C., arrancando dinero a los crédulos. El más notorio de los oponentes del rosacrucianismo fue Andreas Libavins de Halle, quien escribió tres obras contra la Orden, en la última de las cuales, "a pesar de que su actitud era la de un crítico, recomienda a todas las personas que se adhieran a la Orden, porque hay mucho que aprender y mucha sabiduría por ganar al hacerlo así".

Del lado Rosacruz podemos mencionar el **Echo of the God–illuminated Brotherhood of the Venerable Order R. C.**; publicado en 1615, y que se supone fue escrito por Julius Sperber de Anholt, en el cual asegura que los Rosacruces poseían profunda sabiduría, aunque sólo unos cuantos habían llegado a ser merecedores de participar de ella. El **Echo** afirmaba contener la absoluta prueba de que lo que se dice en **Fama y Confessio** es posible y verdadero, que los hechos han sido familiares a ciertas gentes con temor a Dios, durante más de diecinueve años, y que fueron anotados en escritos secretos. Otro folleto publicado en 1617, el **Fraternitatis Rosatae Crucis Confessio Recepta**, declara que requiere mucho estudio y cuidadosa investigación, así como sacrificio personal, llegar a estar en posesión de secretos trascendentales.

Mas la literatura de la Rosa Cruz de ningún modo estaba confinada a folletos. Se entregó a Europa un sistema de filosofía debido a la mediación de esta Orden, filosofía que tiene una tremenda semejanza con el neoplatonismo teúrgico de los siglos tercero y cuarto de nuestra era. Muchos nombres grandes están asociados con la Orden, entre ellos Michael Maier, fallecido en 1622, después de escribir el **Silentium post Clamores** (1617); **Symbola Aureae Mensae** (1617), y la **Themis Aurea** (1618), en todos ellos explica y defiende la filosofía alquimista rosacruciana. Thomas Vaughan, aunque no miembro de la Sociedad, fue un íntimo simpatizador de sus principios, y tradujo al inglés la **Fama Fraternitatis** y las **Confessio.** Robert Flood, gran filósofo rosacruz inglés, autor del **Tractatus Apologeticus**, el **Tractatus Theologo–Philosophicus** y otras obras; "Sincerus Renatus" o Sigmund Richter, quien publicó en 1710 la curiosa obra, **The Perfect and True Preparation of the Philosophical Stone, according to the secret of the Brotherhoods of the Golden and Rosy Cross,** con la cual se incluyen las **Rules of the above–mentioned Order for the initiation of new Members;** y finalmente, el autor de los **Secret Symbols of the Rosicrucians of the Sixteenth and**

Seventeenth Centuries, un libro que contenía grabados ocultos de mucha enseñanza interna.

La historia tradicional de Christian Rosenkreutz está contenida en la **Fama Fraternitatis,** pero obviamente no puede ser aceptada literalmente tal como está. Claramente tiene la intención de comunicar un significado alegórico y místico, como todas las historias tradicionales de las escuelas místicas; y a pesar de que ciertos hechos históricos estén bien acomodados en la trama, sólo pueden quedar subordinados a la verdad viviente que el autor ha tratado de comunicar. Orígenes, en su **De Principiis,** con claridad afirma el principio siempre usado en los Misterios:

Donde la Palabra encontró que las cosas hechas de acuerdo con la historia podían ser adaptadas a estos sentidos místicos, él hizo uso de ellas, ocultándole a la multitud su significado profundo; mas donde, en lo narrativo del desarrollo de cosas supersensuales, no se seguía el acontecer de aquellos eventos que fueron ya indicados por el significado místico, el Libro Sagrado entretejió en la historia el relato de algún evento que no ocurrió, a veces lo que no pudo haber sucedido, a veces lo que no pudo, pero no sucedió.

Este es uno de los métodos por los cuales las enseñanzas secretas están protegidas contra el profano, quien las descarta, pensando que como historia no tienen interés ni son exactas, de tal manera que no advierte su significado oculto.

La **Fama Fraternitatis,** que se admite contiene sólo una tradición, escrito mucho después de que ocurrieron los sucesos, nos cuenta cómo nació Cristian Rosenkreutz el año 1378 d. de C., de padres pobres, pero nobles, y cómo ingresó a un monasterio, siendo muy joven. Se dice que, joven aún, viajó a Chipre con un Hermano P. A. L., quien murió allá. Entonces él cruzó a Palestina, y a la edad de dieciséis estaba en contacto con los sabios de Damcar en Arabia.

Quienes lo recibieron no como a un extraño (como a él le constó) sino como a alguien esperado desde hacía mucho tiempo; lo llamaron por su nombre, y le enseñaron otros secretos que el no sabía, y ante los cuales no pudo menos que maravillarse grandemente.

Allí aprendió árabe, tradujo el libro M. al Latín, el cual después trajo a europa, y en el cual Paracelso se interesó según se dice; de allí viajó a Egipto y a Fez, para familiarizarse con los "Habitantes Elementales, quienes le revelaron muchos de sus secretos".

Se dice que el fundador de la Orden, de Fez, cruzó a España, donde ofreció su conocimieno a los letrados, pero, "para ellos, aquello fue motivo de risa". Entonces regresó a Alemania, su país natal, determinando gradualmente empezar ahí los cimientos de la confraternidad que estaba destinada a reformar a Europa. Escogió a tres hermanos de su propio monasterio para que fueran los primeros rosacruces, aumentando posteriormente el número a ocho, ligándolos por medio de ciertas reglas definidas.

Los hermanos luego se esparcieron con el jefe de la Orden. A su debido tiempo Christian Rosenkreutz murió y fue sepultado muy en secreto en la tumba preparada para él, cuya localización quedó oculta aún para los miembros de la confraternidad.

Más tarde, al parecer un accidente reveló la entrada de la tumba, sobre la cual con grandes letras se leía: "Post CXX Annos Patebo". -("Después de ciento veinte años me presentaré"). En medio de la tumba brilló una estrella fulgurante, y en el altar al centro de la bóveda estas significativas palabras fueron grabadas: "A.C.R.C. Hoc universi compendium unius mini sepulchrum feci" –"He hecho ésta, mi tumba, un compendio del universo". Tras del altar fue encontrado "un hermoso y admirable cuerpo...con todos los ornatos y vestimenta. En su mano tenía el pergamino llamado T., el cual después de la Biblia es nuestro más grande tesoro, el cual no debe ser entregado a la censura del mundo". Se descubrieron otros objetos más ("espejos de diversas virtudes, campanitas, lámparas y principalmente canciones artificiales"), y más importante que nada, el secreto Libro M. y otros volúmenes, incluyendo algunos de Paracelso, el filósofo y químico del siglo XVI.

Tal es la historia tradicional de Christian Rosenkreutz, según consta en los documentos de la Orden. La forma en que está narrada, muestra obviamente que no se pretendió que fuera un relato histórico, a pesar de que contiene detalles históricos. Está claramente delineada como una alegoría para exponer ciertas verdades ocultas ante quienes tienen los ojos abiertos.

LA HISTORIA DE LA ORDEN

A pesar de las afirmaciones de eruditos y de la ausencia de evidencias corroborativas, Christian Rosenkreutz sí fundó la orden de la Rosa Cruz, y también fue realmente una encarnación de ese poderoso Maestro de la Sabiduría a quien hoy reverenciamos como el Jefe de todos los Verdaderos Masones. Nació en 1375, tres años antes de la fecha dada en **Fama,** y fue enviado, cuando aún era muy joven, a un solitario monasterio en la frontera entre Alemania y Austria, donde recibió su educación y adiestramiento. Al igual que muchas comunidades como ésa durante la Edad Media, este monasterio conservó una tradición secreta, y sus monjes, dedicados a la meditación, estaban poseídos de auténtico saber espiritual y oculto. Aquí Christian Rosenkreutz estudió esos profundos secretos de la Naturaleza, de los cuales la Química no es más que la cubierta externa, esa Alquimia que tiene por objeto principal la transformación del plomo de la personalidad en el oro del espíritu, y sólo secundariamente se ocupa de la transmutación de los metales y la manufactura de joyas. Christian Rosenkreutz empezó entonces a viajar, y después de atravesar Alemania, Austria e Italia, finalmente llegó a Egipto, donde fue recibido por los Hermanos de la Logia Egipcia de la Confraternidad Blanca a la cual él había pertenecido en vidas pasadas.

En Egipto Christian Rosenkreutz fue recibido en todos

los grados de los Misterios Egipcios, que habían sido conservados por la Logia Blanca en sucesión directa desde los hierofantes de la antiguedad; y a través de él podemos hallar las huellas de una de las más importantes líneas genealógicas, la cual finalmente llegó a quedar incorporada en el Antiguo y Aceptado Rito Escocés. Entre otras cosas, él adaptó, y tradujo del Egipcio al latín, ese ritual de la Rosa Cruz al que ya nos hemos referido, y esto se convirtió en el prototipo de la Ceremonia de Perfección trabajada en los Capítulos Soberanos de la Comasonería de la actualidad.

A su regreso de Egipto, Christian Rosenkreutz fundó la Orden de la Rosa Cruz, escogiendo de aquí y de allá un hermano digno de ser puesto en contacto con los secretos Misterios de Egipto y el profundo conocimiento que éstos contenían. La orden fue siempre limitada en número, unos treinta o cuarenta a lo más, pero tenía un gran efecto sobre la tradición secreta en Europa, y de cierto formó una escuela occidental a través de la cual fuera posible ser conducido directamente a la Logia Blanca. En días posteriores parte de las enseñanzas y del ritual de esta escuela pasó a manos menos exclusivas, y es a través de uno de estos cuerpos semiexotéricos como el Ritual Rosa Cruz fue transmitido bajo la custodia del Concilio de Emperadores del Este y del Oeste.

Durante su paso por manos desconocedoras de su verdadero significado, este Ritual ha sufrido mucha distorsión, estando, por una parte, mezclado con el Cristianismo protestante, como en los trabajos americanos e ingleses, o racionalizado más allá de toda posibilidad de reconocimiento bajo los auspicios del Supremo Concilio de Francia. En nuestra Orden CoMasónica tenemos el gran privilegio de usar, por orden del J.D.T.V.M., una traducción inglesa de Su ceremonial latino original y pienso que podemos decir sin exageración que es uno de los más bellos rituales que existen de la Rosa Cruz.

El grado Rosa Cruz, como antes hemos asentado, es esencialmente un grado Crístico, que se ocupa del despertar del Cristo místico inherente al corazón, el oculto Amor que es el corazón de la rosa mística, y el cual sólo puede ser conocido cuando se coloca el corazón sobre la Cruz del Sacrificio; pero originalmente no tenía el propósito de ser un apéndice del Cristianismo, como actualmente ha llegado a ser en Inglaterra, sino, más bien, un independiente canal sacramental, a través del cual, el Señor del Amor pudiera desparramar Su Bendición sobre los iniciados de todas las religiones, pues fue fundado miles de años antes de que el discípulo Jesús naciera en Palestina. De esta manera, aunque El es el Cristo, la Segunda Persona de la Santísima Trinidad, el que se adora en la Rosa Cruz, el Cristo cuyo Amor es vertido en los Capítulos Soberanos de Heredom; en nuestro Ritual Comasónico hablamos de El solamente como el Señor del Amor, y no atamos a nuestro H.H. especialmente a las doctrinas de la última gran religión que El fundó en persona en este mundo; pues El es el Señor de todas las religiones por igual, y la Rosa Cruz no es menos Suya que el glorioso sacramento de la Iglesia Cristiana que El dio hace dos mil años.

La original Orden de la Rosa Cruz aún existe en el máximo secreto, y aunque se desconozca en el mundo exterior, sus Misterios todavía son transmitidos en el plano físico, y aún conserva los antiguos secretos de curación y magia que su Muy Ilustre Soberano introdujo en el siglo XV traídos de la Logia egipcia. Sólo unos cuantos, y aquellos altos iniciados de la Logia Blanca de donde surgió, son admitidos a su Albergue del Espíritu Santo. Muchos han afirmado y siguen afirmando que pertenecen a ella, pero es muy independiente de muchas Ordenes y Sociedades, tanto abierta como secretas, que llevan su consagrado nombre en el siglo XX. En la Masonería, sin embargo, heredamos alguna porción de su ritual, si bien sólo una pequeña parte de su tradición oculta, y los poderes sacramentales de la Rosa Cruz todavía brillan a través de algunos de nuestros grados superiores en el Antiguo y Aceptado Rito Escocés. Existe así buena razón para que los modernos Masones hayan argüido afinidad con la Rosa Cruz, y para que ésta haya ejercido tan fascinante influencia sobre las mentes humanas desde que por primera vez se oyó de ella en el siglo XVII.

Esta es la mayor proximidad a "un grado superior" que existiera en Egipto en la antigüedad; de hecho podemos decir que para toda intención y propósito **era** un grado superior, aunque nunca se nombró así. He explicado en **La Vida Oculta en la Masonería** que en Egipto, hace miles de años, existieron tres Grandes Logias que diferían de las demás en sus objetos y trabajos, y fueron estas tres Logias las que, en ciertas fechas prefijadas, año tras año se adscribían la tarea de inundar la tierra con fuerza espiritual por medio del magnífico ritual de **La Construcción del Templo de Amen.** Los H.H. al estar ejecutando ese sagrado deber mostraban su solidaridad con la Masonería ordinaria abriendo en el 1º y elevando la Logia tan rápidamente como era posible hasta el 3º antes de comenzar su maravilloso trabajo; en las comparativamente raras ocasiones en que ellos tenían que admitir algún candidato cuidadosamente seleccionado de alguna de las Logias Especulativas, no abrían en Masonería Azul, sino que entraban directamente a esta ceremonia de la Rosa Cruz.

El ritual tuvo que ser ligeramente modificado en el siglo XVIII, para hacerlo armonizar con el sistema de grados superiores que por entonces, tuvo que meditarse muy bien, antes de que fuera adoptado; además se agregó la lista y la explicación de aquellos grados, y, también, la referencia a Jerusalén. La Palabra, que en la Moderna Masonería ha degenerado a simples iniciales, era entonces, en sí misma, una viviente "palabra de poder", impregnada con el más profundo significado, si bien un doble esquema debió la más perfecta atención cuando se hizo la traducción del Egipcio al Latín; no puede uno menos que admirar el maravilloso ingenio que, en tanto que cambiaba el lenguaje, sin embargo, se las arreglaba para dejar prácticamente intacto el sonido, la forma, y una rebuscada tripleta de significados, uno dentro del otro. Las adicciones del siglo XVIII han alargado considerablemente la ceremonia, pero son congruentes con la parte antigua, de manera que aún retiene su trascendente belleza; y todas las principales características del grado –la rosa, la cruz, la copa, el sacramento– son exactamente las mismas que eran hace miles de años.

CAPITULO XI

El Rito Escocés

ORIGEN DEL RITO

El origen del Antiguo y Aceptado Rito Escocés del 33°, o más bien del Rito de Perfección o de Heredom del 25°, del cual surgió, ha sido uno de los más obscuros problemas Masónicos; prácticamente nada se sabe acerca de él, ya que no se conserva ninguna evidencia contemporánea en las publicaciones y documentos al alcance. Tal silencio no tiene por qué preocupar al estudiante que nos ha seguido hasta aquí; pues, al igual que muchas otras actividades tanto políticas como religiosas, la Masonería de grados superiores de principios del siglo XVIII tenía consigna de ser conservada secreta, y esto se conseguía no poniendo nada por escrito ni dejando rastros en el plano físico. No puedo esperar que mis afirmaciones sean aceptadas por los Masones eruditos que adhieren su fe a los documentos únicamente, pero aún así haré un corto relato de lo que realmente tuvo lugar, corroborándolo, cuantas veces sea posible, con la evidencia histórica de autores dignos de toda confianza, en la medida en que sus obras estén a mi alcance. Este libro está escrito en Australia, muy alejado de los centros principales de vida y conocimiento masónicos, por lo que he tenido que depender en gran medida de mi propia biblioteca. Si tuviera acceso a una mayor selección de obras masónicas sin duda quedaría capacitado para hallar otros fragmentos de valioso testimonio.

EL MOVIMIENTO JACOBITA

Ha existido una persistente tradición entre los escritores continentales dedicados a la Masonería, de que los jacobitas tuvieron gran participación en el desenvolvimiento de los grados superiores del siglo XVIII, y como el H.R. F. Gould señala, esta opinión toma forma por el hecho de que los más antiguos nombres citados en conexión con la Masonería en Francia, son los bien conocidos de los partidarios de los Estuardos, aunque él mismo desecha la hipótesis por no estar suficientemente fundamentada. Contamos con el testimonio directo y personal del Barón von Hund, fundador del Rito de la Estricta Observancia, dado en 1764, en que él mismo fue recibído en la Orden del Templo en París en 1743 por "un H. desconocido, el Caballero del Plumón Rojo, en Presencia de Lord Kilmarnock ... y que fue subsecuentemente introducido como distinguido Hermano de la Orden ante Charles Edward Estuardo, el Joven Pretendiente". Se desprende de los papeles hallados después de su muerte, que von Hund consideraba al Caballero del Plumón Rojo como el Príncipe Carlos en persona, La vida de von Hund fue la de un hombre de inmaculado honor que había hecho grandes sacrificios por la causa que llevaba en el corazón; y aunque se ha dicho que en 1777 el Príncipe Carlos negó a un emisario de la Estricta Observancia que él fuera o hubiera nunca sido Masón, tal mentís oficial no es desconocido aún hoy en los círculos políticos, y tal vez no debamos dar gran importancia al hecho.

Los partidarios escoceses del Rey Jacobo II, quienes lo siguieron hasta el destierro, después del desembarco del Príncipe de Orange en 1688, trajeron a la Corte Inglesa en Saint Germains (que había sido puesta a la disposición del Rey por Luis XIV) los antiguos ritos de Heredom y Kilwinning, entremezclados con la tradición Templaria, a la que ya nos hemos referido. Cuando el Rey Jacobo II huyó de Inglaterra se refugió en la Abadía Jesuita de Clermont, que tenía anexo uno de los Colegios de Clermont en París, fundado por Guillaume du Prat, Obispo de Clermont, en 1550. Allí, del modo más inesperado, el Rey encontró un centro Masónico, trabajando ritos que habían sido transmitidos a Francia desde un remoto pasado. De este modo se mezclaron las dos tradiciones, y fue en este período cuando –muchos años antes del resurgimiento de 1717– se unificaron por primera vez algunas de las ceremonias que hoy están incluidas en el Antiguo y Aceptado Rito Escocés.

Es probable que haya sido este hecho el que originó esa otra tradición de que los Jesuitas estaban conectados con el desarrollo de la Masonería de grados superiores en el Continente; y es de esta tradición francesa nativa, de la cual otra rama había hallado camino hacia el Compañerismo, de donde los rituales de la Masonería Especulativa Francesa, tan diferente de la Inglesa, se derivaron. Sin duda ocurrió una mayor fusión con la tradición inglesa a través de Anderson, después de 1717.

El Rey Jacobo concibió la idea de tratar de usar la Masonería para ayudarse en su tarea de recuperar su trono; pero este intento fracasó, pues a pesar de que simpatizaban con el Rey, las autoridades Masónicas rehusaron con firmeza abandonar su tradicional programa de neutralidad o dejar que la Orden se convirtiera en cloaca para las intrigas políticas. La influencia Jacobita, sin embargo, dejó sus huellas en esta parte de la Masonería, y en el Antiguo y Aceptado Rito Escocés el 14º todavía se llama, en algunas Obediencias, Gran Caballero Escocés de la Sagrada Bóveda de Jacobo VI, aunque su antiguo nombre era Grande, Electo, Antiguo y Perfecto Maestre. El Barón von Hund dijo la verdad cuando afirmó haber conocido al Príncipe Charles en París en 1743, parece que él heredó ciertas líneas genealógicas que después se convirtieron en el corazón del Rito de la Estricta Observancia. Después de la Batalla de Culloden en 1746, la que prácticamente destruyó al movimiento jacobita, la conexión de los Estuardos con la Masonería quedó rota, y parece probable que el mismo Barón von Hund compusiera en latín los Rituales de la Estricta Observancia, que tuvieron considerable importancia en la Masonería alemana durante el siglo decimooctavo.

EL DISCURSO DE RAMSAY

Después del año de 1740 los "Grados Escoceses" brotaron por todas partes en Francia, y su creación y desarrollo son en gran medida atribuibles al famoso Discurso pronunciado en 1737 en la Gran Logia Provincial de Inglaterra en París por el Chevalier (Caballero) Ramsay; aunque la primera referencia publicada relativa a una "Logia de Masones Escoceses" data del año 1733 en Londres.

Ramsay nació en 1681 u 1682 en Ayr cerca de Kilwinning (aunque él no parece jamás haber pertenecido a esa antigua Logia). Fue convertido al Catolicismo por el Arzobispo Fenelón, cuya **Vida** él escribió y con quien continuó viviendo hasta su muerte en 1715. Después de eso él actuó como tutor de los dos hijos del por derecho Rey Jacobo III en Roma. Ninguna duda cabe de que fue un gran hombre de letras, profundo estudiante de historia antigua y moderno Doctor Cum Laude de la Universidad de Oxford y, al igual que muchos otros prominentes Masones del período, Compañero de la Real Sociedad. Nunca parece haber tomado mucho interés por la Masonería, aunque en 1937 escribió al Cardenal Fleury, Primer Ministro de Francmasones, afirmando que los ideales de ellos eran muy elevados y de lo más útil para la Religión, la Literatura y el Estado. Murió en 1743.

Pero aunque Ramsay nunca hizo mucha labor para la Masonería, el Discurso que pronunció en 1737 ante la Gran Logia Provincial de Inglaterra en París, de la cual él era Gran Canciller y Orador, tuvo una profunda influencia sobre la Masonería Francesa. Fue un discurso bastante bueno, pero nada sobresaliente. A pesar de ello parece haber dado precisamente el ímpetu que hacía falta para poner en actividad al movimiento francés de grados superiores, y de ahí en adelante los elaboradores de grados superiores consideraron a Ramsay como su modelo y ejemplo.

Proclamó que el ideal de la Masonería era una Confraternidad Universal de hombres cultos, un Imperio Espiritual que cambiaría al mundo. Se refiere a los tres grados, y los llama: Novicios o Aprendices, Compañeros o Hermanos que han profesado, y Maestros o Hermanos Perfeccionados (un conjunto diferente de títulos que puede referirse a una diferente corriente de tradición). Estos son necesarios para practicar respectivamente las virtudes morales, las heroicas, y las cristianas.

Según él, la Masonería fue fundada en la antigüedad remota, y renovada o restaurada en la Tierra Santa en los días de las Cruzadas. Que tiene afinidades con los Misterios antiguos, en especial con los de Ceres en Eleusis, Isis en Egipto y otros. Los Cruzados adoptaron un conjunto de "antiguos signos y palabras simbólicas sacadas del pozo de la religión", que tuvieron como fin distinguir a un Cruzado de un sarraceno, y fueron ocultadas bajo estricto juramento de secreto. La íntima unión entre los Masones Caballeros Cruzados y los Caballeros de San Juan de Jerusalén, es la razón por la que los grados Azules son llamados Masonería de San Juan. Los cruzados, al regresar, trajeron Logias de Masonería a Europa, de donde fueron introducidas a Escocia, país en el que "Jacobo, señor Estuardo de Escocia, fue el Gran Maestro de una Logia establecida en Kilwinning, al oeste de ese país, en 1286, muy poco después de la muerte de Alejandro III, rey de Escocia, y un día antes de que Juan Baliol subiera al trono".

Ramsey sigue explicando que gradualmente nuestras Logias y Ritos fueron cayendo en el abandono por todas partes, pero que, no obstante, los escoceses los conservaron en toda su integridad; fueron estos escoceses a los que los reyes de Francia confiaron la custodia de sus reales personas, durante siglos. Admite Ramsey que "la Gran Bretaña llegó a ser la sede de nuestra Orden, la conservadora de nuestras Leyes y la depositaria de nuestros secretos". Muchos de nuestros ritos y usos que eran contrarios a los prejuicios de estos reformadores fueron cambiados, disfrazados, o suprimidos. Por ello, muchos Hermanos olvidaron el espíritu de la Orden, y sólo adoptaron la forma exterior. Sin embargo, la Masonería será restaurada en toda su prístina gloria, en lo futuro.

Son variados los rituales de estos grados escoceses,

pero una idea central los anima a todos; el descubrimiento en una bóveda, realizado por cruzados escoceses, de la desde hacía mucho perdida Palabra inefable, en cuya búsqueda tuvieron que trabajar con la espada en una mano, y la llana en la otra. Este mismo símbolo dual de la espada y la llana se menciona en el discurso de Ramsay, en el cual afirma que la Masonería desciende de los Patriarcas y de los antiguos Misterios, a través de los cruzados escoceses; además, se mencionan los dos símbolos, tanto en el actual ritual de la Real Orden de de Escocia, en el que el candidato hace su juramento con la espada en una mano y la llana en la otra, y en una cita de ese ritual que data desde 1736, en una publicación hecha en Newcastle. Estamos enterados de que el barón C. Scheffer, el primer Gran Maestro de Suecia, recibió en 1737 dos grados escoceses, y acaso podamos sugerir – en oposición a las opiniones emitidas al respecto por la mayoría de los historiadores de la Masonería– que el discurso de Ramsey, aunque haya contribuido a popularizar la Masonería Escocesa, fue más un efecto, que una causa de la introducción de la Masonería de Altos Grados en Europa, la cual siempre ha estado dirigida ocultamente por el Jefe de todos los Masones del Mundo.

Los Maestros Escoceses reclamaban privilegios extraordinarios en las Logias Simbólicas Francesas, mismos que fueron reconocidos formalmente por la Gran Logia de Francia, 1755. Llevaban ropa especial, permanecían cubiertos en una Logia de Maestros, reclamaban el derecho a conferir Grados con o sin ceremonias, y hasta llegaron a nombrar al V.M. Posteriormente, usurparon los privilegios de la Gran Logia, y promulgaron actas de Constitución. Una de las más importantes de éstas es la Logia Madre Escocesa de Marsella, que según se dice fue constituida en 1751, la cual trabajaba algunos grados que no pertenecían a lo que después llegó a ser el Rito Escocés, aunque más tarde se incorporaron, por lo menos, en cuanto a sus títulos, al Rito de Menfis de 96 grados. Estas Logias Escocesas, e incluso la Real Orden de Escocia, de la que emanan, constituyen la primera manifestación pública del movimiento dirigido a crear los grados superiores, movimiento que llegó a tener tanto fervor y actividad en la segunda mitad del siglo XVIII.

EL CAPITULO DE CLERMONT

Nuestro principal canal de sucesión parte de las Logias Escocesas, y aparece indudablemente en el mundo exterior en el Capítulo de Clermont, que en opinión general fue fundado por el Caballero de Bonneville, en 1754, pero que en realidad es continuación de la misma Orden del Temple en la cual fue recibido el barón von Hund en 1743, la cual derivó de los cortesanos escoceses desterrados en Saint Germain, y del Colegio de Clemont. Según Thory (quien, no obstante, escribió sesenta años después del suceso), este Capítulo se basaba en los tres grados de la Masonería Azul, en el Grado de los Escoceses o de San Andrés, y trabajó tres grados superiores: el 5, Caballero del Aguila o Maestro Selecto o Elegido; el 6, Ilustre Caballero o Templario; el 7, Sublime Ilustre Caballero.

En esta última forma en la que emerge en 1754, ambas líneas de conexión, la jacobita y la jesuita, habían sido descartadas, y la sucesión, junto con ciertos grados ceremoniales, incluyendo, probablemente, una forma del Kadosh, había pasado a manos de distinguidos nobles franceses, cortesanos, oficiales del Ejército y a la élite de los profesionales. Fue en este Capítulo de Clermont, y en el Consejo de Emperadores de Oriente y Occidente, en el que se transformó en 1758, en donde se realizó en gran medida, la colosal tarea de refundir las antiguas tradiciones en un Rito ceremonial. Y en estos dos cuerpos, que formaban uno solo, donde hemos de encontrar el origen inmediato de nuestro Antiguo y Aceptado Rito Escocés.

EL CONSEJO DE EMPERADORES

El Consejo de Emperadores se componía, en su mayoría, de nobles y hombres de gran cultura que, además, eran grandes estudiosos de las ciencias ocultas, conocedores de las diversas tradiciones de la sabiduría transmitidas por diversos canales en el pasado. Habían heredado, no sólo los Ritos de Clermont y las sucesiones escocesas de Kilwinning y Heredom, sino también otras tradiciones, emanadas directamente de fuentes templarias y rosacruces, junto con los poderes del Rito Egipcio, del que ya hemos hablado. Eran hombres que poseían grandes conocimientos, pero también, al parecer, muy orgullosos, como tantos otros nobles del Antiguo Régimen. Y la unión de este cuerpo de nobles fue uno de los intentos que hicieron los emisarios de la Logia Blanca para prepararlos para los grandes cambios que debieron de realizarse sin los horrores de la Revolución Francesa, si no hubiera sido tan grande su orgullo.

Parece que el Jefe de Todos los Masones, el Maestro conde de San Germán en persona, les encomendó refundir todas estas diversas tradiciones, que Él había hecho que heredaran, en un rito que expresara para siempre, hasta cierto punto, el poder de la sucesión egipcia, en una forma más adecuada a la era moderna. Procedieron estos Hermanos a cumplir estas órdenes tan fielmente como les fuese posible, y el resultado de sus trabajos fue el Rito de Perfección o de Heredom de 25 grados, los cuales aún forman parte de nuestro moderno Rito Escocés Antiguo y Aceptado.

El Consejo de Emperadores recibió gran inspiración del Jefe de todos los Masones del Mundo, si bien no necesariamente en el plano físico, y debió de ser más fácil ejercer influencia en tal asamblea de hombres que en los que frecuentaban las tabernas del tiempo del rey Jorge, que fueron los primeros templos de los Misterios ingleses, después del gran resurgimiento de 1717. Pero, como otros tantos intentos de sintetizar muchas tradiciones a cargo de un comité de revisión, el Consejo de Emperadores se vio obstaculizado en su labor por la necesidad de incluir materiales menos importantes que habían llegado a algunos de sus miembros. El resultado de esto se ve al haber quedado incluidos varios grados intermedios insignificantes, que aún forman parte del Rito Escocés, pero que rara vez o nunca se trabajan entre nosotros.

Cierto enlace de tradiciones se efectuó en el caso del Grado 18, pues el gran ritual de la Rosa Cruz utilizado para perfeccionar a los Hermanos rosacruces y egipcios, si bien desprovisto de gran parte de su antiguo esplendor, se fundió con la antigua Eucaristía mitraica, transmitida a los Ritos de Heredom, para formar la fuente de nuestros modernos trabajos de la Rosa Cruz. El Ritual de los Emperadores del Grado 30, que entonces se llamaba Grado 24, Gran Comendador del Aguila Negra y Blanca, Gran Elegido Kadosh, reflejaba más eficazmente las enseñanzas egipcias de la Masonería negra que los que han llegado a nosotros a través de muchos editores que ignoraban su verdadero significado. El más elevado grado entre ellos era el 25, que corresponde a nuestro actual 32º, llamado Muy Ilustre Príncipe de la Masonería, Gran y Sublime Caballero Comendador del Real Secreto. Y Tracing Board del grado 32, a menudo mal comprendido, refleja el plan original de unión con la Luz Oculta, a través del paso por muchos ritos de iniciación.

No existía el Grado de Soberano Gran Inspector General, pues el 33º, como tal, aún no se creaba; pero los maravillosos poderes que ahora pertenecen a ese alto rango eran conferidos a sus Grandes Inspectores, elegidos entre los Príncipes Masones del Grado 25; y los grandiosos ángeles blancos que llevan la insignia del rey estaban vinculados a éstos, así como están vinculados a los Hermanos del Grado 33, hoy día. Los ángeles carmesí de la Rosa Cruz también ayudaban a sus Capítulos Soberanos, y otros muchos poderes que tenemos ahora, también eran de ellos. Así, el Consejo de Emperadores representa el primer intento de incorporar toda la tradición egipcia interna a la forma ceremonial, y como tal, es un landmark importante en la historia de la Masonería.

Casi todas las espléndidas enseñanzas dadas por el Gran Maestro conde de San Germán, por el Padre José y por Cagliostro, ademas de otros emisarios de la Logia

Blanca, cayó en el olvido en la colosal tragedia de la Revolución Francesa. El Rito de Perfección de 25 grados fue llevado a Inglaterra y transmitido entre los campamentos templarios mucho antes del advenimiento de los Supremos Consejos del Rito Escocés que derivaron su autoridad de Charleston. La mayoría de los hermanos del viejo Rito se plegaron a las nuevas Obediencias tan pronto como éstas se formaron; pero existe hoy por lo menos una línea de tradición derivada en parte de los Campamentos Templarios que no ha sido incorporada a los Supremos Consejos de Inglaterra, Escocia e Irlanda. Hubo también una prolongación en Francia, que más tarde se amalgamó con el supremo Consejo de Francia.

STEPHEN MORIN

El escenario de nuestra historia se traslada ahora al Nuevo Mundo. Porque allí fue donde se efectuó el cambio del Rito de Perfección de 25 grados al Rito Escocés de 33°. En 1761, sólo tres años después de su fundación, el consejo de Emperadores de Oriente y Occidente otorgó una patente a un tal Stephen Morin, para "establecer la perfecta y sublime Masonería en todas las partes del mundo", instituyéndolo Gran Inspector del Rito de Perfección. Esta Patente lo autorizaba a "formar y establecer una logia para admitir y multiplicar la Real Orden de Masones en todos los perfectos y sublimes grados", y también le dio poder para instituir otros Inspectores. No se ha encontrado el original de este documento, y el mundo sólo lo conoce por una copia conservada en el Libro de Oro del conde de Grasse–Tilly, fundador del Supremo Consejo 33° de Francia. Sin embargo, el Hermano R. F. Gould tiene conocimientos fidedignos sobre el asunto, pues "no puedo negar su autenticidad" según él mismo dice en su **Historia de la Francmasonería,** donde también hace una transcripción completa del documento. Está firmado por Chaillon de Joinville, por el Príncipe de Rohan, por Brest–de–la–Chaussée, por el conde de Choiseul, y por otros miembros del Consejo de Emperadores. En 1761, Stephen Morin llegó a Santo Domingo, donde empezó a difundir el Rito, y nombró muchos inspectores, tanto para las Indias Occidentales, o Antillas, como para los Estados Unidos.

Por desgracia, este personaje no fue un vehículo ideal para la fuerza espiritual, y no obstante haber transmitido sin duda alguna a sus Hermanos americanos la sucesión de los poderes egipcios, él mismo, a veces, distaba mucho de tener dicho poder. A veces se elevaba a la altura de su cometido, y mostraba señales de verdadero progreso; lo he visto durante la consagración de un Capítulo de los altos grados magníficamente rodeado del mismo Jefe de Todos los Masones y de los Angeles blancos. Pero no puede negarse que tenía muchos defectos, entre otros, una propensión por los escarceos amorosos; y en no pocas ocasiones la mayor parte de su legado espiritual se le retiraba, dejándolo como mera simiente de sucesión que debía transmitir a los demás. Los informes sobre su mala conducta fueron tantos, que el Consejo de Embajadores tuvo que retirarle su patente. Sin embargo, el correo era muy lento en esos días, y antes de llegarle la orden de revocación fue cancelada, y Morin fue reinstalado en sus poderes.

Stephen Morin fue también poco atingente en la elección de sus lugartenientes, pues en muchos casos éstos fueron judíos de no muy buena reputación; y en estas manos sucias es donde encontramos las huellas del Rito de Perfección durante los siguientes cuarenta años. El Rito pasó por un período de oscuridad, en el que los grados se vendieron desvergonzadamente, a quienquiera que pudiese comprar los títulos, y casi se olvidó el significado profundo de las ceremonias. Pero si es cierto que se perdió el conocimiento oculto de los Emperadores, y que los Ritos quedaron momentáneamente despojados de su poder, la simiente de la sucesión no dejó de transmitirse, incluso de judío en judío (Moisés Cohen, Isaac Long, Moisés Hayes, Isaac da Costa, todos ellos de Charleston) hasta que una clase más alta de ellos fue guiada hacia el Rito, y empezó una nueva Era para la Orden. El Rito se estableció en Charleston en 1783, por Isaac da Costa, que fue intituido Diputado Inspector de Carolina del Sur, por Moisés Hayes. Como se ve, las autoridades del Rito reclamaron con fundamento una línea de sucesión.

FEDERICO EL GRANDE

Fue en esa época de oscuridad cuando surgió entre los judíos el curioso mito de Federico el Grande, probablemente con el propósito de elevar el valor comercial de los grados; y acaso se haya creído que, efectivamente, el rey de Prusia era el Supremo Jefe del Rito, pues en las Minutas de la Gran Logia de Perfección de albany (Nueva York), fundada en 1767, se pide a la Logia que prepare su informe para transmitirlo a Berlin. La solicitud tiene la fecha de 3 de septiembre de 1770. Además, en 1785, un año antes de la muerte de este rey, encontramos una carta firmada por el judío Salomón Bush, y dirigida a Federico el Grande, donde este judío, Diputado Gran Inspector de Norteamérica, le pedía el reconocimiento de una Logia fundada y consagrada por él. Se alegó después que Federico el Grande, en su lecho de muerte, había ratificado las Grandes Constituciones de 1786, que contienen las leyes que aún rigen para el Rio Escocés, y que el mismo rey había constituido el grado 33, delegando sus poderes de Soberano de la Masonería en nueve Hermanos, en cada país. El original de las Grandes Constituciones estaba escrito en francés, pero en 1834, Una versión en latín de las mismas, supuestamente firmadas por Federico el Grande, fue aceptada como auténtica por el Supremo Consejo de Francia; esto, según se admite en todas partes, fue una falsificación.

La verdad es que Federico el Grande no tomó parte activa en el Rito de Perfección, ni ratificó las Constituciones, ni creó el grado 33; incluso hoy, la mayoría, sobre todo los Supremos Consejos, rechazan la declaración de que derivan su autoridad de Federico el Grande,

244

cuyo interés por la Masonería, en todo caso en sus últimos años, era muy escaso. Así y todo, las Grandes Constituciones siguen siendo la Ley del Rito en todos los Supremos Consejos que derivan legalmente de Charleston, y Albert Pike las creía auténticas. Como es un hecho que Federico nada tuvo que ver con el Rito, temo que debemos concluir, por desgracia, que tanto el cuarto como el quinto documento del Libro de Oro de Grasse-Tilly, las supuestas Constituciones de 1762, y las Grandes Constituciones de 1786, fueron falsificaciones. Parece que fueron enviadas de Europa, acaso a petición del judío Bush; en cuanto a la aceptación del doctor Dalcho de estos curiosos documentos, acaso se deba a que el padre de este excelente doctor sirvió con gran distinción a las órdenes de Federico, lo cual influiría en su criterio.

LA TRANSFORMACION DE CHARLESTON

La segunda gran transformación de los altos grados, aunque fue en escala menor que la primera, se realizó en Charleston, antes de 1801. De la Circular del doctor Dalco sabemos que:

"El 31 de mayo de 1801, el Supremo Consejo del Grado 33 para los Estados Unidos de América fue inaugurado, con todos los grandes honores de la Masonería, por los Hermanos John Mitchell y Frederick Dalcho, Soberanos Grandes Inspectores Generales; y en el curso del año actual (1802), el total de Grandes Inspectores Generales fue completado de conformidad con las Grandes Constituciones".

Tal es la breve reseña de la formación de lo que se llamó a sí mismo el Consejo "Madre" Supremo del Mundo, del que en verdad, derivan todos los demás Consejos Supremos del mundo, con excepción de otras cuantas líneas de descendencia. Resulta claro, por los archivos que posee El Supremo Consejo "Madre", que, hasta la víspera de su formación, los únicos grados que se trabajaban allí eran los 25 del Rito de Perfección.

La formación del nuevo Rito fue inspirada y dirigida por el

Jefe de Todos los Masones en persona, y los otros ocho grados que entonces aparecieron no fueron sino un remedo del viejo grado 25 del Rito de Perfección. Entonces cuando más avanzados egos habían llegado a poseer los grados, se permitió una manifestación más amplia del poder que confieren; desde entonces, el Rito Escocés, aunque sus rituales se han alterado por intereses, en varios países, ha llegado a ser la más importante y espléndida de todas las Obediencias Masónicas.

LA DIFUSION DEL RITO ESCOCES

Podemos referirnos nuevamente al tercer documento del Libro de Oro, la patente otorgada a De Grasse–Tilly por el nuevo Supremo Consejo 33º en Charleston, en 1802, sólo unos cuantos meses después de su fundación, el cual certifica que De Grasse-Tilly ha sido Probado en todos los grados del Rito, y que lo autoriza a erigir Logias, Capítulos, Consejos, y Consistorios, en ambos hemisferios, y lo instituye Soberano Gran Comendador del Consejo Supremo para las Antillas, de por vida. La patente está firmada por Dalcho, De la Hogue y por otros, todos ellos en calidad de Kadosh, Príncipes del Real Secreto y Soberanos Grandes Inspectores 33º.

El conde de Grasse–Tilly introdujo en Francia, en 1804, el Rito Escocés; de Francia pasó a Italia, en 1805, a España, en 1811, y a Bélgica, en 1817. En 1824 se formó el Supremo Consejo para Irlanda, con jurisdicción sólo los grados oficiales de la Masonería Blanca, por la existencia anterior de Capítulos y Logias de Rosacruces y Kadosh pertenecientes al Antiguo Rito de Perfección. El Supremo Consejo de Inglaterra y Gales se formó en 1845, y el de Escocia, un año después.

En América, en 1812, un joyero artífice, llamado José Cerneau, estableció en Boston lo que él llamó el Soberano Gran Consistorio de los Estados Unidos. Cerneau poseía los necesarios poderes de sucesión, y estuvo capacitado, por ende, para transmitir los poderes reales;

246

pero como no tenía mandato del Consejo de Emperadores, el Supremo Consejo de Charleston denunció sus procedimientos como irregularidades, y nombró un año después un Consejo Supremo para la Jurisdicción del Norte. Todavía existen Supremos Consejos derivados de Cerneau, aunque no los reconocen los cuerpos que poseen la sucesión de Charleston. Sin embargo, ambas líneas son válidas.

El Rito se difundió en casi todos los países del mundo, y brinda mucho bien a millares y millares de Hermanos, aunque muy pocos deriven de él todas las posibilidades de progreso espiritual que ofrece. Sin embargo, estar en contacto, aunque sea inconscientemente, con tan santa influencia, debe de elevar y bendecir hasta los menos sensibles, y parte de la gloria oculta del Rito se otorga a todos los Hermanos.

CAPITULO XII

La Orden Masónica Mixta

LA RESTAURACION DE UNA ANTIGUA TRADICION IMPORTANTE

La Orden Co-Masónica, o Masonería Mixta, se distingue del resto del mundo masónico por admitir en la Masonería a las mujeres, en igualdad de términos con los hombres. Con ello no se introduce ninguna innovación en el cuerpo de la Masonería, sino que se restaura una de las tradiciones importantes que se habían olvidado durante la época de confusión de los Misterios con la Masonería operativa de la Edad Media. Tanto en Egipto como en Grecia, como hemos visto, se admitía a las mujeres en los Misterios, y se les permitía entrar hasta en los lugares más santos, como a los hombres. Los oficiales de sexo masculino de la Orden Simbólica se muestran, en su mayoría, contrarios a la admisión de las mujeres. Han tenido en cuenta, basados en la debida observancia de los ritules y las costumbres, que estos no deben cambiar, lo cual es muy importante; pero consideran, y en esto están en un error, que la admisión de las mujeres es una desviación grave de los antiguos usos. Asimismo, los miembros de la Masonería Mixta insisten en su respeto de las antiguas tradiciones; pero en esto prefieren seguir la antigua costumbre, más remota, que, además, tiene el mérito adicional de ser lógica y justa. En efecto, como la reencarnación es un hecho, no hay ninguna diferencia entre el ego o alma de un hombre y el de una mujer; y no vemos que haya una razón valedera por la que en determinado nacimiento, al ocupar en el curso de su evolución un cuerpo de mujer, ese ego tenga que estar privado de los

beneficios de la iniciación en los sagrados Misterios de la Masonería.

LA SUCESION EN LA MASONERIA MIXTA

La Orden Mixta de la Masonería deriva su sucesión de Soberanos Grandes Inspectores Generales del grado 33 de ciertos hermanos pertenecientes al Supremo Consejo de Francia, fundado por el conde de Grasse–Tilly, en 1804. En su folleto **Universal Co–Masonry, What is it? (¿Qué es la Francmasonería Mixta?)**, el Muy Ilustre Hermano J. I. Wedgwood, 33°, nos hace el siguiente relato de su fundación, que deriva de las minutas oficiales del Supremo Consejo, publicadas en la obra del doctor Georges Martín **Etude de la Franc-Maconerie Mixte et de sou Organización**, y de la Transacción número 1, de la Logia Dharma, de Benarés:

"Nuestra propia Orden de Co–Masonería Universal, o, para dar su título en francés. **L'Ordre Maconnique Mixte Internationale**, es el primer cuerpo masónico que ha intentado establecer una Orden en escala mundial en el que se admitan en pie de igualdad con los hombres a las mujeres. Su carrera empezó en el año 1882. Existía entonces un cuerpo que se llamaba La Gran Logia Simbólica Escocesa de Francia. Constaba de varias Logias Simbólicas que se habían apartado del Supremo Consejo de Francia, y que se constituyeron en una Gran Logia. Pero esto solo fue un antecedente de lo que las otras Logias Simbólicas bajo el Supremo Consejo hicieron en los años 1894-1897, cuando se organizaron en la actual Gran Logia de Francia, y que absorbieron, con una sola excepción, a las demás Logias de la Gran Logia Simbólica Escocesa de Francia. Este último cuerpo, que es el que nos interesa, casi inmediatamente después recibió el reconocimiento del Gran Oriente de Francia...

"El principio que defendía este cisma particular era el de la autonomía de las Logias Simbólicas, principio que se resumía en la frase "Le Macon libre dans la Loge Libre", el cual era válido en lo principal, pero, debemos confesarlo en seguida, obviamente no era aplicable fuera de ciertos límites amplios. Sin embargo, el Principio recibió total adhesión en Francia, desde que la Masonería Francesa se apartó de su alma mater inglesa. Una de las Logias que salió de este tronco fue la llamada **Les Libres Penseurs,** (Los Librepensadores), y se reunió en Pecq, aldea del Departamento de Saine—et—Oise. Esta Logia, que entonces pertenecía a una Obediencia Masónica reconocida, decidió iniciar a una mujer, una tal señorita María Deraismes, conocida escritora y conferenciante, que se había distinguido en actividades humanitarias y en el movimiento feminista. Y así lo hicieron, en presencia de una numerosa asamblea, el 14 de enero de 1882. El Venerable Maestro Houbron, 18º, justificó aquel experimento aduciendo que obraba teniendo en cuenta el bienestar y los más altos intereses de la humanidad, y como perfectamente lógica aplicación del principio de "Un masón libre en Logia Libre". Por supuesto, se suspendió a la Logia, por haber puesto en práctica el lema de familia...

"Durante algún tiempo, la Hermana Deraismes no hizo nada por transmitir los privilegios masónicos que había recibido. Pero después cedió a las instancias de sus amigos, sobre todo a las sugerencias del doctor Georges Martín. Este caballero era miembro de la Logia **Les Libres Penseurs**, en el tiempo en que fue iniciada la Hermana señorita Deraismes. Le dio su firme apoyo, y puso a su servicio su amplia experiencia logial en toda la carrera masónica de esta mujer. Al retirarse de su carrera política –había llegado a senador–, se dedicó a ayudar a la humanidad a través de nuestra Orden... El 14 de marzo de 1893, la Hermana Deraismes inició a varias damas, en presencia del doctor Martín, y el 14 de abril del mismo año surgió a la vida La Gran Logia Simbólica Escocesa de Francia, El Derecho Humano.

"En 1900, la nueva Gran Logia, con el propósito de extender sus ramificaciones a otros países, creyó conveniente trabajar los más altos grados. Por tanto, auxiliada por Hermanos en posesión del grado 33, erigió el cuerpo, a partir de una Gran Logia Simbólica, de un

Supremo Consejo del Rito Escocés Antiguo y Aceptado. La señorita Marie Martín, íntima amiga y colaboradora de la señorita Deraismes, sucedió a ésta cuando falleció, en el liderato del movimiento, en cuya Logia el doctor Martín tenía el puesto de Gran Orador. La señorita Martín cumplió su elevada posición con distinción, dignidad y gran devoción, hasta que dimitió, en 1914.

"Hay Logias de Masonería Mixta en Francia, Bélgica, Inglaterra, Escocia, en India, Australia, Africa del Sur, América (mas de 100), Holanda, Java, Suiza y Noruega.

Sólo nos resta añadir algunos datos acerca de este movimiento en Inglaterra. La señora Annie Besant, pensando que un Movimiento Masónico abierto a hombres y ·mujeres por igual podría constituir una gran fuerza benéfica para el mundo, y a quien le había ofrecido iniciarla la señorita Deraismes, supo de la continuidad de la Orden por la misma señorita Arundale, y pidió ser iniciada en París. Después se le nombró Vicepresidenta Gran Maestra del Supremo Consejo, y Diputada para la Gran Bretaña y sus dependencias. La primera Logia Mixta fue consagrada en Londres, en septiembre de 1902, por los Grandes Oficiales del Supremo Consejo, bajo el título de "Human Duty, No. 6.".

Con el advenimiento de la doctora Annie Besant al liderato de la Orden en el Imperio Británico, el lazo de unión directo entre la Masonería la Gran Logia Blanca – que siempre la ha protegido– (aunque esto no lo sepa la mayoría de los Hermanos), se volvió a restablecer; y el Jefe de Todos los Masones ha tomado un gran interés personal en su desarrollo. La antigua sucesión inglesa y escocesa de los Maestros Instalados, de los Maestros Instalados Mark e Instalados Primeros Directores de la Santa Arca de Jerusalén fue introducida por Hermanos simpatizantes pertenecientes a obediencias masculinas, y estos grados forman ahora parte de nuestros trabajos ingleses de Masonería Mixta.

LOS RITUALES DE LA MASONERIA MIXTA

En 1916, por orden del Jefe de todos los Masones, fue

254

finalmente revisado el ritual de las Logias Simbólicas, en todos los grados, en concordancia con su antiguo significado oculto. Este ritual fue transmitido a los trabajos ingleses y escoceses. Ciertas características, como el reconocimiento de los elementales y los tres viajes simbólicos franceses, trabajados bajo los auspicios del Rito Escocés Antiguo y Aceptado, con algunas modificaciones, de fuentes esotéricas. Este Ritual lo aprobó el propio Jefe de Todos los Masones, que designó a su propia Logia para trabajar en él, y después hizo algunas sugerencias que, por supuesto, se adoptaron inmediatamente.

En 1923. El mismo tuvo a bien autorizar una traducción al inglés de Su Ritual Latino de la Rosa Cruz, para que se trabajara en los Soberanos Capítulos Rosacruces que desearan utilizarlo. La celebración de estas ceremonias ha acelerado mucho la fuerza oculta de nuestros Capítulos, y aunque aún no podemos decir que hayamos igualado los antiguos trabajos egipcios, podemos, hasta cierto punto, invocar y difundir en el mundo los espléndidos poderes de la Rosa Cruz.

En 1925, el Jefe de Todos los Masones tuvo a bien permitir que se utilizara un Ritual Mark que se ha coordinado con el significado profundo del grado, y ese mismo año, ordenó que se preparase un Ritual de la Santa Real Arca, en el que se incluyeron ciertas sugerencias que El mismo se dignó hacer. Así, paso a paso, todos los trabajos se van revisando en concordancia con los conocimientos antiguos, y se prepara la restauración de los Misterios.

EL FUTURO DE LA MASONERIA

Sin duda alguna, la Masonería tendrá que jugar un maravilloso papel en la civilización del futuro. No en vano se han preservado los ocultos ritos en secreto, y se han transmitido los inmemoriales poderes de los Misterios a través de las edades hasta nuestro moderno mundo del siglo XX; pues estamos ahora en el umbral de una nueva Era, que será precedida con el advenimiento, una vez más, del Maestro del Mundo, el propio Señor del Amor que predicó en Palestina hace dos mil años. Hemos visto que la evolución humana se realiza conforme a una ley cíclica; unas razas suceden a otras razas, y las subrazas suceden a otras subrazas según el plan del Gran Arquitecto del Universo, que trabaja en este mundo a través de esa Logia Blanca, que es la guardiana de la humanidad. Ha llegado el tiempo de que florezca una nueva subraza, la sexta de nuestra gran Raza Aria, y ya está empezando a surgir en Norteamérica, en Australia y en otras tierras. En esa subraza, como en todas las demás habrá egos de diversos temperamentos; algunos, sin duda, buscarán inspiración en las formas liberales del cristianismo católico, pero otros se sentirán atraídos por las enseñanzas filosóficas y ceremoniales que se dieron en la antigüedad en los Misterios de Egipto, y que son el legado de la hermandad masónica.

La venida del Instructor o Maestro del Mundo ha marcado en otros tiempos un renocimiento o una renovación de los Misterios. Thot en Egipto, Zoroastro en Persia, Orfeo en Grecia... cada uno de estos sublimes mensajeros de la Logia Blanca, que constituyeron, sin embargo, un solo mensajero con diferentes nombres y formas, dejó tras El un glorioso rito de iniciación, para conducir a los hombres a Sus pies, después de Su partida. Aquel gran Instructor de la humanidad apareció al género humano como Gautama, el Señor Buda. Pero el Cetro del Señor del Amor fue puesto por el Rey Espiritual en manos de su Sucesor, a quien ahora reverenciamos como al Señor Cristo, cuya venida aguardamos con los corazones llenos de anhelante amor.

El, también, seguramente tomará los sagrados vasos de los Misterios, y los llenará de su propia Vida maravillosa; El, también, los modelará según las necesidades de Su pueblo, y de la época en que vive. Pues la influencia del sexto rayo, el rayo de la devoción que inspiró a los místicos cristianos la gloriosa arquitectura gótica de la Edad Media, ya está extinguiéndose, y el séptimo rayo está empezando a dominar al mundo; es el rayo de la magia ceremonial, que atrae la especial colaboración de

257

las huestes angélicas, de los que la Masonería misma, con su muy esplendoroso y coloridos ritos, es una espléndida manifestación. Así, en los días venideros, cuando el Señor del Amor, qu es nuestro Sapientísimo Soberano y Príncipe de los Soberanos Príncipes visite nuevamente Sus sagrados santuarios, custodiados a través de las edades por Su Gran Discípulo, el Príncipe Adepto del séptimo rayo y Maestro de nuestra Orden, podremos ver y presenciar una restauración de lo más valioso, y sólo de lo más valioso, no sólo del esplendor magnífico del ceremonial de iniciación, que será una vez más un verdadero vehículo de la Luz Oculta, sino también de aquella sabiduría secreta de los Misterios, que se ha olvidado hace mucho en las Logias y Capítulos Externos de la Fraternidad.

Tal es, seguramente, el destino deparado a nuestra amada Orden en el futuro. Tal será el esplendor que transformará a la Orden en los años venideros, hasta que se levante en su templo, una vez más, no sólo en símbolo, sino en la realidad misma, la escalera que comunica la tierra con el cielo, al hombre con la Gran Logia celestial, para que lo conduzca de la oscuridad del mundo a la plena luz de Dios, a la Rosa que siempre florece en el corazón de la Cruz, a la Estrella Flamígera cuyos destellos llevan paz, fuerza y bendiciones a todos los mundos.

TRANSMUTEMINI, TRANSMUTEMINI DE LAPIDIBUS MORTUIS IN LAPIDES VIVOS PHILOSOPHICOS.
TRANSMUTAOS; TRANSMUTAOS, DE PIEDRAS MUERTAS, EN VIVAS PIEDRAS FILOSOFALES.

¡SALUD!

Lista de los Veinticinco Grados Practicados por el Consejo de Emperadores de Oriente y Occidente

Lista de Grados del Rito de Perfección	Lista de Grados correspondientes del Rito Escocés Antiguo y Aceptado
1º Aprendiz	Aprendiz Aceptado
2º Compañero	Compañero Masón
3º Maestro	Maestro Masón
4º Maestro Secreto	Maestro Secreto
5º Maestro Perfecto	Maestro Perfecto
6º Secretario Intimo	Secretario Intimo
7º Intendente de los Edificios.	8º
8º Preboste y Juez	7º
9º Maestro Elegido de los Nueve	Maestro Elegido de los Nueve
10º Maestro Elegido de los Quince	Ilustre Maestro Elegido de los Quince
11º Ilustre Jefe Elegido de las Doce Tribus	Sublime Caballero Elegido
12º Gran Maestro Arquitecto	Gran Maestro Arquitecto
13º Caballero del Real Arco	Real Arco de Enoch
14º Gran Elegido, Antiguo y Perfecto Maestro	Gran Caballero Escocés de la Bóveda Sagrada (de Santiago) o Sublime Masón[1]
15º Caballero de la Espa-	Caballero de la Espada, o

	da, o de Oriente	del Oriente
16°	Príncipe de Jerusalén	Príncipe de Jerusalén
17°	Caballero del Oriente y Occidente	Caballero del Oriente y Occidente
18°	Caballero Rosa Cruz	Soberano Príncipe Rosa Cruz
19°	Gran Pontífice o Maestro **Ad Vitam**	Gran Pontífice o Sublime Maestro Escocés
20°	Gran Patriarca Noaquita	21° Noaquita o Caballero Prusiano
21°	Gran Maestro de Llave de la Masonería	20° Venerable Gran Maestro de Logias Simbólicas
22°	Príncipe del Líbano,[2] Caballero del Real Arco, Real Hacha	Príncipe del Líbano,[2] Caballero del Real Arco, Real Hacha
23°	Caballero del Sol, Príncipe Adepto, Jefe del Gran Consistorio	28°
24°	Ilustre Jefe Gran Comendador del Aguila Blanca y Negra, Gran Elegido Kadosh	30°
25°	Muy Ilustre Soberano Príncipe de la Masonería, Gran Caballero, Sublime Caballero Comendador Del Real Secreto	32°

---

1 Este es claramente un título posterior. En la lista de Grados Magistrales éste se concedía al Gran Elegido, Perfecto y Sublime Masón.

2 Esta es, obviamente, una confusión fonética. La palabra debe ser Hacha (Ax). El Conde Goblet de Alviella ha señalado el error en la conexión del Real Arco que, a pesar de designarse en francés, no tienen ese origen. En francés sería Caballero del Arco Real y no del Real Arco, cuyo origen sí es francés, aceptando que este grado se hubiera practicado en Francia. Parece muy probable que esto hubiera sido cierto en el caso del Real Arco de Enoch y que el Real Hacha se hubiera hecho para coincidir.

Los Hermanos de este muy alto Grado formaban el Consejo de Emperadores de Oriente y Occidente, Soberanos Príncipes Masones, Supernumerarios Generales del Arte Real, Grandes Vigilantes y Oficiales de la Soberana Gran Logia de San Juan de Jerusalem, y el Rito en que trabajan era llamado Rito de Perfección o de Heredóm.

Además, existía la dignidad o rango de Gran Inspector, aunque no existió el de Soberano Gran Inspector sino hasta el comienzo de la XIX Centuria.

En la formación del Alma Mater del Supremo Consejo de Charleston, en 1801, ocho de esos Grados fueron agregados a los 25 que hemos anotado y comparado, para hacer un total de 33. Se supone que estos fueron tomados de fuentes europeas. La mayoría de ellos habían trabajado bajo un Gran Capítulo de Príncipes Masones de Inglaterra. Todos esos Grados recibieron la aprobación del Jefe de Todos los Verdaderos Masones.

DICHOS GRADOS SON:

23º Jefe del Tabernáculo.
24º Príncipe del Tabernáculo.
25º Caballero de la Serpiente de Bronce.
26º Príncipe de la Misericordia.
27º Soberano Comendador del Templo.
29º Gran Caballero Escocés de San Andrés.
31º Gran Inquisidor Comendador.
33º Soberano Gran Inspector General.

APENDICE II

Nota

La historia de la Francmasonería, muy especialmente lo de estos Altos Grados y los llamados Grados laterales durante los Siglos XVIII y XIX es tan extraordinariamente confusa y dudosa, que pienso que es aconsejable ordenar esos sucesos en orden cronológico, en forma tabular y en columnas paralelas para discernir su desarrollo en Inglaterra, Europa Continental y en Norteamérica respectivamente. La institución cuya historia tratamos de seguir y dilucidar, es, ante todo, una institución secreta que va desarrollándose constantemente en su camino en el misterio de sus templos, y solamente en forma extraña, como si fuera un accidente, se dan a conocer al mundo profano tanto sus procedimientos como las descripciones que de ello llegamos a conocer. Así pues, no es raro que esas descripciones aparezcan dispersas y difíciles de reconciliarse entre sí, ya que se está manejando el tema a través de manifestaciones esporádicas y casi siempre inesperadas o accidentales, sin que ninguna de sus características haya sido expresada anteriormente, hasta donde llega mi conocimiento, y sin que tengamos una verdadera pista que nos conduzca a aclarar esas confusiones. Esta pista parte, desde luego, del reconocimiento de la existencia del Jefe de Todos los Verdaderos Masones del Mundo, que actúa permanentemente y por siempre dentro de la Francmasonería, en todo aquello que el vulgo considera obra de la Providencia, vigilándola, guando sus actividades en una u otra dirección, estimulándola cuando ello es necesario, sacándola a la Luz en determinada región y permitiendo que se oculte de nuestra vista en cualesquiera otra. Y contemplando esto, debemos considerar que su existencia es auténtica, en una u otra forma, permanente y que su luz permanece cerca de nosotros ardiendo e iluminando nuestro camino.

El es la Verdadera Vida Oculta de la Francmasonería, a la cual me referí en otro libro, y su Energía sigue fluyendo para conservar vivo, a través del tiempo y las vicisitudes, el maravilloso cuerpo de la Orden, y, mientras El siga inspirándola, los Masones no debemos sentir ningún temor para el futuro.

En la dedicatoria de Roberto Bamber en su Libro hermético titulado "Los longevos", publicado en 1722 bajo el seudónimo de Eugenius Philalethes jr. y dedicado a los miembros de Gran Logia de Inglaterra, hemos encontrado algunas alusiones a los altos Grados. Bamber los distingue como "quienes no tienen la suficiente luz", ya que los que poseen esa luz son los de la más alta clase por estar iluminados por los más sublimes misterios y los más impenetrables secretos de la Masonería. Y él habla de los Masones de los más altos Grados, que son "los que se encuentran detrás del Velo". El Hermano White, que ha estudiado profundamente la tradición alquímica sostiene que esas anotaciones se refieren más bien al progreso de los secretos de la alquimia. Aun así, si esto fuera verdad, debe tomarse en cuenta que dichas anotaciones adquieren interés solamente cinco años después de que se presentó un trazado bien fundado y un discurso dedicado a la Gran Logia.

TABLA DE LOS PRINCIPALES EVENTOS
MASÓNICOS DESDE 1717

Fecha	Inglaterra	Francia	América
1717	Fundación de la Gran Logia de Inglaterra.	Se practica en privado los Ritos de Clermont y de Heredom.	Introducida por los colonos se practica la Masonería en varios Ritos desorganizados.
1722	Primera Conferencia de los Altos Grados, superiores a los Azules. Robert Samber.		
1723	Referencia en El Examen Masónico al Arco y la Marca de Maestro. Publicación de El Correo Aéreo.		
1729	Efraín Chambers se refiere a los masones en su "Cyclopedia" que tienen, dijo, todo el caracter de los Rosacruces.		
1732		Introducción de la tradición inglesa del Arte Masónico.	

		Se funda en Boston una Logia de San Juan.
1733	Primera mención de una Logia Escocesa en la lista de Logias del Dr. Rawlinson.	
	En la misma lista se incluye por primera vez una publicación de una Logia de Maestro.	
1735	Oración del Gran Maestro Provincial de Durham, repitiendo doce versículos usados por los judíos de la Espada y la Llana. Ahora se usan en el ritual rimado de la Real Orden Escocesa.	
1737		El Barón Scheffer, primer Gran Maestre de Suecia, recibe los tres Grados de San Juan en París, así como dos Grados escoceses.
		La famosa Oración del Caballero Ramsay dicha en París,

Fecha	Inglaterra	Francia	América
		presta mayor ímpetu al movimiento de los Altos Grados de Francia.	Se establece en Boston una logia de Maestros.
1738	Se publica la 2a. Edición del libro de la constitución por la Editorial Anderson.	La bula papal In Eminente, condena a la masonería.	
		El Duque D'Antin sucede a Lord Denwenwater como Gran Maestro en Francia.	
1740	Un peregrino del Grado Real Arco se dice propagador del Rito en Irlanda y pide se practique en Londres.	Esplendor de las Logias Escocesas en toda Francia. Existen diversos ritos con diferentes características. El tema principal es encontrar la Palabra Perdida y la Valija Secreta de los Cruzados Escoceses. Los Maestros Escoceses de-	

		mandan privilegios extraordinarios de las Logias Azules.
1741		Los masones de Lyon proclaman haber introducido el Grado Kadosh sin dar ninguna evidencia.
1743	Agitadores del Real Arco de Escocia y Minutes inician sus actividades.	El Barón Von Hund es recibido en la Orden del Templo por los Caballeros de la Pluma Roja y es presentado al Príncipe Carlos Eduardo Stuart en París.
	Primera referencia decisiva al Real Arco en Irlanda en un reporte publicado en un expediente de una Logia de Youghai.	
1744	El Dr. Dassingny se refiere en "Serious and Impartial Enquiry" a una Asamblea de Ma-	

Fecha	Inglaterra	Francia	América
	sones Real Arco en York cuando este Grado es introducido en Irlanda. Conocido y practicado también en Londres en "un lugarcito" y la describe como un cuerpo organizado de hombres que han pasado la Cátedra.		
1746	Se establecen cuotas de admisión en una Logia de Swanwell, de Harodim, primer Grado de la Real Orden de Heredom, al que sigue el Rosacruz. Cinco Hermanos establecen cuotas en la Antigua Logia de Salisbury.		
1751	Formación de la Logia de "Antiguos" que acusan a los "Modernos" de alterar los	Se funda la Gran Logia Escossaise, que practica ciertos Grados que no corresponden	

	rituales y cambiar los Land Marks.	
1753	al Rito Escocés. Probablemente Marsella. Probablemente provienen de Logias cotizantes que asumieron el derecho de formar otras Logias. Entre sus Grados encontramos el de Rosacruz y el del Caballero del Sol. Este no aparece sino hasta 1765. Es probable que se haya tomado del de los Emperadores. Algunos otros Grados pertenecen al Rito de Ménfis.	El 22 de diciembre. Los Minutes de Fredericksburg, Virginia, afirman, practicar el reciente conocimiento de la historia del Real Arco en sus trabajos actuales.
1754	Fundación del Rito de la Estricta Observancia que desconoce superioridad alguna,	

Fecha	Inglaterra	Francia	América
		según dicho de su fundador que asegura proviene del Príncipe Carlos Eduardo Stuart desde 1743 y, por ende, de los Templarios Escoceses. Este sistema es muy popular en la Masonería Alemana.	
		Fundación del Capítulo de Clermont que trabaja en los Grados Templarios sobreimpuestos a los Grados cotizantes (azules). Está compuesto por miembros de la nobleza.	
		Colegio de Valois de Caballeros de Oriente. Compuesto por burgueses. Trabajan solamente diez Grados y rivalizan con el Capítulo de Clermont.	
1755		La Gran Logia de Francia re-	

1757	Las Logias Azules y los Grados Caballerescos son condenados en Balasutre de Manningham por la Gran Logia.	conoce los privilegios de la Masonería Azul (cotizante).
1758		Bajo la égida del Jefe de Todos los Verdaderos Masones, el Capítulo de Clermont se amplía en el Consejo de Emperadores de Oriente y Occidente. Está compuesto por miembros de la más alta nobleza del país. Trabaja en el Rito de Perfección de Heredom. La Lista de sus Grados se anotó en el Apéndice I.
1761	La Gran Logia de Toda Inglaterra y York reconoce los Grados Templarios y del Real Ar-	Stephen Morín recibe del Consejo de Emperadores el rango de Inspector General y

Fecha	Inglaterra	Francia	América
	co junto con los Grados Azules.	recibe la comisión de fundar el Rito de Perfección en América.	
1763			Stephen Morín funda el Rito de Perfección en Santo Domingo.
1766		El Capítulo de Verdaderos y Antiguos Masones Rosacruz se establece en Marburg, Alemania, fundado por F. J. W. Schröder.	
1769	El más reciente dato sobre el Grado Mark se encuentra en el libro de Minutes del Capítulo Real Arco en Portsmouth.		
1770			Stephen Morín crea el Con-

1772		Luis Claudio de San Martín recibe el Grado de Caballero Rosacruz de manos de Pascually en Burdeos.	sejo de Príncipes del Real Secreto Grado 25 en Kingston, Jamaica. (Período de los Judíos). Morín confiere el rango de Inspector General para honrar a Franklin de Jamaica, de Moses Hayes de Boston y de Spitzer de Charleston. Todos ellos se encontraban en Filadelfia para conferir ese Grado a Moses Cohen de Jamaica, quien a su vez lo concedió a Isaac Long.
1777	Se establece en Londres el Gran Capítulo del Real Arco.		
1786	En la segunda mitad de la XVIII Centuria se establece en Inglaterra el Rito de Perfección y trabaja en Cónclaves Templarios. Después sirvió de	El Gran Oriente de Francia instituye el Rito Francés del 7º y último Grado de Rosacruz. El Rito de Perfección es absorbido por el Gran Oriente.	

Fecha	Inglaterra	Francia	América
	base a un Supremo Consejo del Grado 33.		
	El Grado 33 es introducido en Irlanda antes de la formación del Supremo Consejo de Charleston y que trabajó bajo el Gran Capítulo de Príncipes Masones y el Gran Cónclave de Caballeros del Templo. Los Grados Kadosh y Rosacruz entraron en vigor al fundarse el Supremo Consejo de Irlanda.		
1791		LA REVOLUCION El Rito de Perfección desaparece del panorama masónico.	Se rechaza el mito de que el Grado 33 fue instituido por Federico el Grande. También se niega la legitimidad de las Constituciones de 1762 y 1786.

1796		Se ignora quién inició este movimiento y no hay base alguna para saberlo, sin embargo, ha aceptado y considerado auténtico este movimiento.
1801	El Rito Escocés del 33 se constituye en París.	Isaac Long concede el honor de Inspector General al Conde Grasse Tilly, fundador del Supremo Consejo de Francia, así como a su suegro De la Hogue y a cierto número de masones.
1802		Fundación de Alma Mater del Supremo Consejo del Mundo en Charleston. Se agregaron ocho Grados a los 25 del Rito de Perfección.

Fecha	Inglaterra	Francia	América
1804		Se funda el Supremo Consejo del 33 Grado de Francia por De Grasse Tilly en París. Este Cuerpo sufrió varios reveses hasta alcanzar inusitado esplendor.	
1805		Se funda el Supremo Consejo de Italia.	
1810	El Grado de Maestro Instalado es sancionado por la Gran Logia Regular de Inglaterra. La ceremonia tiene el rango de Land Mark. Fueron citados todos los Maestros de las Logias de Londres para asistir a la instalación como Maestros en el Arte Real Masónico.	Se extiende la Carta Patente a Marc Berride por Lechangeur para la promulgación del Rito de Mizraim.	
1811		Se funda el Supremo Conse-	

	jo de España.	Joseph Cerneau, joyero, establece el llamado Soberano Gran Consistorio de los Estados Unidos. Cerneau posee la necesaria instrucción para ello, pero como no fue autorizado por el Consejo de Emperadores, el Supremo Consejo de Charleston denuncia que sus actos son irregulares.
1813	Unificación de Antiguos y Modernos. Formación de la Gran Logia Unida de Inglaterra que reconoce los tres Grados simbólicos, incluyendo el Santo Real Arco.	El Supremo Consejo del 33 para la jurisdicción Norte de los Estados Unidos es fundado.
1817	Se fundan los Supremos Consejos de Bélgica y Bru-	

Fecha	Inglaterra	Francia	América
1821		selas. Fundación de la Gran Logia de Francia.	
1824	Formación del Supremo Consejo de Irlanda con jurisdicción sobre los Grados 31, 32 y 33 exclusivamente, por existir los Grados 30 y 18 trabajando. El Grado 28, Príncipe Adepto, Caballero del Sol, del Rito de Perfección eran ya practicados en Irlanda.		
1838		El Rito de Ménfis se implanta en París con un sistema de 95 Grados. Marconis, el joven, es electo Gran Hierofante.	

1845	Formación del Supremo Consejo de Inglaterra y Gales.	
1846	Fundación del Supremo Consejo de Escocia.	
1856	Se funda en Londres una Gran Logia Masónica de Mark Masters.	
1862	El Gran Hierofante del Rito de Ménfis renuncia a sus privilegios y deja el Rito bajo el mandato del Gran Oriente de Francia.	El Soberano Santuario del Rito de Ménfis es consagrado por su Gran Hierofante Harry J. Seymour, Soberano Gran Maestro Grado 96.
1865	Los 85 Grados del Rito de Ménfis son reducidos a 33, que son preservados como Grados esenciales.	División en el Soberano Santuario de los Estados Unidos. Harry J. Seymour acuerda reducirlo. Calvin C. Burt forma un Soberano Santuario del Rito Masónico de Ménfis egipcio, absolutamente clandestino. Este Cuerpo vende vergonzosamente los Grados y

Fecha	Inglaterra	Francia	América
			su historia tiene un sórdido carácter.
			Harry J. Seymour hereda la tradición de Cerneau relativo al Rito Escocés Antiguo y Aceptado del 33 Grado y fue Gran Comendador del Supremo Consejo derivado del auténtico.
1872	El Soberano Santuario para la Gran Bretaña e Irlanda es consagrado por Harry J. Seymour siendo nuevo Soberano Gran Maestro John Yarker.		
1875		Convención de Supremos Consejos en Lausana.	
1876	Formación del Supremo		

1879	Consejo General del Rito de Mizraim, dentro del mismo corazón del Soberano Santuario, Yarker fungió como Jefe del Rito.	La Gran Logia Simbólica de Francia formada por la secesión de los Capítulos Rosacruz, se afilian al Supremo Consejo de Francia.
1882		La Srita. María Desraismes es iniciada en la Logia "Los Librepensadores" perteneciente a ese Alto Cuerpo. La consecuencia: ¡la suspensión de la Logia!.
1893		La Gran Logia Simbólica Mixta de Francia es fundada por el Dr. George Maryin y la Srita. María Desraismes.
1900		El Supremo Consejo Univer-

Fecha	Inglaterra	Francia	América
		sal Mixto del Grado 33 es formado por el Dr. George Martín y otros Soberanos Grandes Inspectores Generales que afirman sus sucesores del Supremo Consejo de Francia.	
1902	Annie Bessant es iniciada en la Comasonería. Es consagrada la primera Logia Co-Masónica en Inglaterra. (Deber Humano núm. 6). Durante los siguientes años, la sucesión de Maestros Instalados es introducida a la Co-Masonería por los Maestros Instalados de las Logias Azules. El Grado Mark y el Santo Real Arco también son aceptados.		La Co-Masonería es introducida a los Estados Unidos, con Logias Azules y altos grados.

	Los Rituales de Logias Azules participan en la práctica de la Co-Masonería inglesa.
1914	El Reverendo J. I. Wedwood recibe los Grados de Príncipe Patriarca Gran Conservador 33-90 del Rito de Ménfis; Gran Soberano Absoluto de Mizraim y Soberano Gran Inspector General del Rito Escocés Antiguo y Aceptado (Cerneau) de manos de Yarker.

OTROS TÍTULOS PUBLICADOS

Editorial Humanitas

BUDISMO FILOSOFÍA
MISTERIOS MITOS ORACIÓN
ORIENTALISMO RELIGIONES
SOCIEDADES SECRETAS
TAI CHI TRADICIONES
YOGA

APOLOGÍA DE LOS TEMPLARIOS. Juicio y Expoliación   *J.M. Plane*
La abolición de la Orden de los Templarios, los excesos por los que fueron acusados, las declaraciones, su retración, su condena, etc. Original del año 1797.
152 páginas .... 900 ptas.

ARTE CISORIA   *Enrique De Villena*
Se trata del primer libro de cocina en español (1423). Se detallan, entre otras cosas, las cualidades que debían reunir los cortadores y maestros de la época.
184 páginas. *Lujosa encuadernación* .... 1.665 ptas.

LA ATLÁNTIDA   *Hermes Trismegistro*
Juicioso razonamiento científico que comprueba como pudo existir aquel continente y como pudo desaparecer en el océano.
168 páginas .... 900 ptas.

BHAGAVAD GÎTÂ   *Annie Besant*
Esposición sublime y armoniosa de las enseñanzas de la filosofía religiosa de la India, reflejo purísimo de la verdad divina.
238 páginas .... 1.285 ptas.

BHAGAVAD GUITA. El Canto del Señor   *Yogi Ramacharaka*
Contiene las doctrinas hinduístas principales, tal como las dieron a conocer los brahamanes, y sus enseñanzas, recopilan en armoniosa síntesis los distintos puntos doctrinales de los sistemas de Patanjali, Kapila y los Vedas.
120 páginas .... 590 ptas.

EL BUDDHISMO ESOTÉRICO
A.P. Sinnet

Las enseñanzas de este volumen inundan de luz las cuestiones relacionadas con la doctrina buddhista, y ofrecen al mundo una clave práctica para la comprensión de significado de casi todo el antiguo simbolismo religioso.

240 páginas .... 1.285 ptas

CATORCE LECCIONES
SOBRE FILOSOFÍA YOGI Y OCULTISMO
Yogi Ramacharaka

Lo más notable de esta obra es que no omite punto alguno esencial de cuantos abar can las enseñanzas teosóficas y da de todas ellas una idea clara, sencilla, razonad y convincente.

254 páginas .... 1.465 ptas

LA CIENCIA DE LOS SACRAMENTOS
C.W. Leadbeate

Con la lectura de este libro se ayudará a desarrollar los sentidos capaces de percib e investigar, y explorar la voluntad.

468 páginas .... 1.995 ptas

CIENCIA HINDÚ YOGI DE LA RESPIRACIÓN
Yogi Ramacharak

La primera parte de esta obra, está dedicada al aspecto físico de la ciencia de la res piración, después trata de los aspectos psíquicos, mental y espiritual.

120 páginas .... 705 ptas

LA CIENCIA MISTERIOSA DE LOS FARAONES
T. Moreu
Revelaciones de la Gran Pirámide

¿Fueron construidas las Pirámides con el único fin de servir de sepulcros? ¿Com lograron sabios tan antiguos conocer la forma de la tierra, medir y pesar el planeta, saber la distancia a la que se encuentra el Sol?

168 páginas .... 1.285 ptas

CONSEJOS DE LA SABIDURÍA DE SALOMÓN
Salomó

Las verdades de este sapientísimo príncipe que escribió para alumbrar al mundo gobernarse con acierto y sabiduría en la vida cotidiana.

206 páginas .... 1.250 ptas

CORONA MÍSTICA. Inapreciable tesoro de oraciones

Oraciones por virtud de las cuales se alcanza la gracia de Dios Todopoderoso pa sanar todo género de dolencias tanto corporales, como espirituales.

176 páginas .... 985 pta

EL CRISTIANISMO ESOTÉRICO
O LOS MISTERIOS MENORES
Annie Besant

Las profundas verdades en que está basado el Cristianismo, verdades generalmente desatendidas y con mucha frecuencia negadas.

256 páginas .... 1.395 ptas.

CRISTIANISMO MÍSTICO
Yogi Ramacharaka
Las enseñanzas del Maestro

En estas lecciones encontraremos los contrapuestos criterios de teología dogmática y de la filosofía racionalista acerca del nacimiento, vida y muerte del Jesús histórico.

192 páginas .... 1.465 ptas.

LOS CUATRO EVANGELIOS
Los Cuatro Evangelistas

Este precioso libro trata de explicar a los hombres esos hechos que niegan porque no los comprenden, y nos explica las causas naturales, de los hechos considerados hasta ahora como sobrenaturales.

740 páginas. *Encuadernado con terciopelo negro, letras doradas* .... 3.975 ptas.

CURSO ADELANTADO SOBRE
Yogi Ramacharaka
FILOSOFÍA YOGI Y OCULTISMO ORIENTAL

Contiene la mayor suma de enseñanza posible respecto a los eternos problemas de origen del universo, y de la finalidad de la vida que tanto han torturado en todo tiempo la mente de los pensadores.

256 páginas .... 1.465 ptas.

DEVOCIONARIO ESPIRITISTA. Libro de Oraciones
Allan Kardec

Colección de Oraciones para suplicar, dar gracias o glorificar. Se puede utilizar para sí mismo, para otro, para los vivos y para los muertos.

190 páginas .... 1.250 ptas.

DIOSES, MITOS Y HÉROES
Escandinavos, Celtas, Íberos y Americanos

Presentamos aquí unos textos en los que es posible sumergirse en los atractivos aspectos de estas civilizaciones sin necesidad de grandes conocimientos previos.

320 páginas .... 1.250 ptas.

DIOSES, MITOS Y HÉROES. Orientales

El Espíritu de las civilizaciones de Oriente se halla en esta Obra en forma de los Mitos que fueron forjando a lo largo de una gran cantidad de años.

208 páginas .... 985 ptas.

LOS DOCUMENTOS SECRETOS DE LA GOLDEN DAWN

S.L. MacGregor Mathers

El material de este libro tiene el profundo valor específico de hacer de unas experiencias llevadas a cabo por sus narradores.

224 páginas .... 1.210 ptas.

LOS DOCUMENTOS SECRETOS DEL TEMPLO DE CROMLECH

S.L. MacGregor Mathers

A partir de la rotura de una importante Orden Rosa Cruz, nació el Templo de Cromlech constituído por los ex-miembros rosa-cruces que se decantaron en favor de S.L MacGregor Mathers, fundador de esta nueva facción Rosa Cruz.

104 páginas .... 760 ptas.

ENCHIRIDION LEONIS PAPAE

Papa León

Copia de la edición hecha en Roma en el año 1740. Las oraciones de este libro son un presente hecho por el Papa León al emperador Carlomagno.

104 páginas .... 1.250 ptas

LAS ENSEÑANZAS DEL BUDA

C.W. Leadbeater

Llegue, leyendo este libro al conocimiento de esta apasionante doctrina y de su fundador, el Príncipe Siddartha Gautama.

96 páginas .... 860 ptas

EL EVANGELIO DEL BUDDHA

Pablo Carus

Los textos aquí contenidos nos ilustran sobre la vida del Buddha a la luz de su importancia religiosa y filosófica.

242 páginas .... 1.465 ptas

EVANGELIOS APÓCRIFOS (3 Tomos)

Una gran obra que recoge el entorno histórico de Cristo tal y como refleja el testimonio de los primitivos cristianos, que nos permitirá entender el mundo de aquella época y el nacimiento del mito.

Encuadernados con terciopelo negro, letras doradas

Tomo I: 344 páginas .... 1.250 ptas
Tomo II: 368 páginas .... 1.250 ptas
Tomo III: 368 páginas .... 1.250 ptas

GNANI YOGA. Yoga de Sabiduría

Yogi Ramacharaka

Quien desee evolucionar por el estudio y conocimiento de los fundamentales principios y las admirables verdades de la vida, la razón y la intuición, debe seguir el sendero de la Yoga Gnani.

182 páginas .... 1.465 ptas

  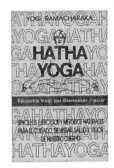

LOS GRANDES SECRETOS DE LA MASONERÍA   *C.W. Leadbeater*
Estudio de tallado de cada uno de los grados de la Masonería, pasando por la descripción de la preparación del candidato, la ceremonia y rituales.
120 páginas .... 895 ptas.

HATHA YOGA   *Yogi Ramacharaka*
Consiga mediante la Yoga Hatha el bienestar, cuidado y vigor del cuerpo físico, así como de todo lo que ayuda a conservarlo en buen estado de salud.
256 páginas .... 1.465 ptas.

LA HERMANDAD DE LA ROSA-CRUZ   *A.E. Waite*
Trabajo claro y exhaustivo, que examina los problemas con que se ha enfrentado en la historia la Hermandad de la Rosa-Cruz.
546 páginas .... 2.780 ptas.

HISTORIA SECRETA DE LA MASONERÍA   *C.W. Leadbeater*
La poderosa fuerza siempre operante en el fondo, y sin embargo, siempre oculta a la vista, que ha guiado la transmisión de la tradición masónica.
256 páginas .... 1.465 ptas.

HISTORIA Y DOCTRINA DE LA ROSA-CRUZ   *Sedir*
Constituye un todo que puede interesar, instruir y sobre todo orientar hacia «la Vía, la Verdad y la Vida», lo que fue el objetivo supremo de Sédir.
360 páginas .... 1.665 ptas.

EL IDILIO DEL LOTO BLANCO — *Mabel Collins*

Las creencias y el sacerdocio egipcios, cuando en Egipto la religión declinaba y perdía su pureza degenerando en un sistema de adoración tántrica.
252 páginas .... 1.250 ptas.

LA INQUISICIÓN — *Edward Mann*

La Religion en el poder. Lo que fue y lo que hizo

Aproximación histórica sobre la inquisición y los horribles hechos que la rodearon. Incluye más de 100 ilustraciones sobre torturas, persecuciones y grabados de la época.
448 páginas .... 1.970 ptas.

ISIS SIN VELO (4 Tomos) — *H.P. Blavatsky*

El Isis sin Velo es el reiterado cotejo de la ciencia antigua con las especulaciones modernas para demostrar, según demuestra cada día más incontrovertiblemente el progreso de los tiempos, que toda teoría, toda hipótesis, toda novedad atribuída a los modernos tuvo su precedente invención entre los antiguos.

Encuadernados con terciopelo negro, letras doradas
Tomo I: 472 páginas .... 1.250 ptas.
Tomo II: 454 páginas .... 1.250 ptas.
Tomo III: 480 páginas .... 1.250 ptas.
Tomo III: 424 páginas .... 1.250 ptas.

JEROGLÍFICOS EGIPCIOS — *E.A. Wallis Budge*

Los Egiptólogos tardaron más de cien años en descifrar los Jeroglíficos y ahora usted puede aprender su significado rápidamente gracias a la sencillez, y a la seriedad, de esta obra.
192 páginas .... 1.395 ptas.

LECCIONES DE YOGA *Swami Mukerji*
PARA EL DESENVOLVIMIENTO ESPIRITUAL

La lectura de esta obra nos predispone para la comprensión del Yoga, y nos infunde el convencimiento de la necesidad de sobreponerse al materialismo y de alcanzar el perfecto conocimiento de sí mismo, para dominar Mente, Voluntad y Cuerpo.
192 páginas .... 1.210 ptas.

LENGUA HEBRAICA RESTITUÍDA (Tomo I) *Fabre-d´Olivet*

El verdadero significado de las palabras hebreas restablecido y demostrado por el análisis de sus raíces.
296 páginas .... 2.675 ptas.

LENGUA HEBRAICA RESTITUÍDA (Tomo II) *Fabre-d´Olivet*
Cosmogonía de Moisés

El origen del lenguaje desvelado por el análisis del Sepher de Moisés.
304 páginas .... 2.675 ptas.

EL LENGUAJE DE LOS PÁJAROS *Farid Ud-Din Attar*
La Conferencia de los pájaros

La fina ironía de los escritores Orientales, nunca falta de moraleja, y la profunda visión del mundo de Farid Ud-Din Attar, están reflejadas en este libro.
60 páginas .... 985 ptas.

EL LIBRO DE HENOCH.
Libro de Iniciación, Simbolismos y Profecías

Obra indispensable para los estudiosos de los grandes misterios de la humanidad. Nos narra las visiones de Henoch guiado por los ángeles.
76 páginas .... 1.285 ptas.

EL LIBRO DE JOB

Este libro nos ilustra sobre la intervención de Dios y Satán en los planes de la Providencia para la distribución del Bien y el Mal, según los méritos o deméritos de los hombres.
20 páginas .... 985 ptas.

EL LIBRO DE LOS PROVERBIOS DE SALOMÓN *Salomón*

Las Máximas de Salomón más necesarias para vivir con acierto y sabiduría, cada Máxima va seguida de una explicación y una reflexión.
92 páginas .... 1.250 ptas.

LIBRO DE ORACIONES MÁGICAS
Y SECRETOS MARAVILLOSOS

Abbe Julio

Este libro nos será muy beneficioso porque en el encontraremos inmediatamente diversas fórmulas según el tipo de sufrimiento que necesitemos solucionar.
352 páginas .... 2.675 ptas.

LOGOS MANTRAM MAGIA
La Verdadera Clave Iniciática

Dr. Krumm-Heller

Los antiguos dioses y las viejas enseñanzas no duermen y la fuerza de sus templos, encerrada en sus manuscritos, están pidiendo constantemente resurrección.
90 páginas .... 860 ptas.

MAGIA EGIPCIA

E.A. Wallis Budge

Wallis Budge, con toda seriedad y rigor histórico, nos lleva de la mano a conocer el mágico mundo de esta cultura milenaria, que ha sido la base de las Ciencias Ocultas que profesan actualmente buena parte de las naciones modernas.
190 páginas .... 1.395 ptas.

LA MOMIA

E.A. Wallis Budge

Los papiros enterrados con las momias nos instruyen en lo concerniente a la religión egipcia y sus tumbas nos permiten reconstruir la vida cotidiana de los egipcios. Egipto vive de nuevo a través de las momias.
504 páginas .... 2.995 ptas

PITÁGORAS

A. Dacier

Por medio de sus símbolos ocultos y de los versos dorados, Pitágoras nos revela la respuestas a los fenómenos de la vida; no sólo de los misterios de la conciencia, sino también los de la naturaleza y la materia.
276 páginas .... 1.670 ptas

LOS RAJA Y HATHA YOGAS

Ernest Wood

Como hacerse señor de sí mismo y de su vida por medio de su voluntad, de su amor y de su pensamiento.
164 páginas .... 1.390 ptas

REGLAS DEL RAJÂ YOGA
Los Diez Mandamientos de Manú

R. Tukaram - M. Dayaldas Shrof

Todas las enseñanzas contenidas en este libro nos servirán para abrir las puertas verdadero conocimiento, es decir al Rajá-Yoga.
80 páginas .... 860 ptas

RELIGIÓN EGIPCIA

E.A. Wallis Budge

La idea de un Dios Único dentro de las mitologías y la cosmología Egipcias, desvelando el pensamiento y el sentimiento religioso Egipcio con toda base, seriedad y autoridad de un experto.

164 páginas .... 1.250 ptas.

LA SÁBANA SANTA DE TURÍN

M. Hernández Villaescusa

Estudio Científico-Histórico-Crítico

Estudio del hecho en sí, su valor histórico, y la autenticidad del mismo a la luz de la crítica.

320 páginas .... 1.465 ptas.

LA SANTA CRUZ DE CARAVACA

Nuevo Tesoro de Oraciones

Oraciones para curar toda clase de dolencias, del cuerpo y del alma; y un sinnúmero de prácticas para librarse de hechizos y encantamientos, con bendiciones y exorcismos, etc.

224 páginas .... 1.250 ptas.

EL SEXTO Y SÉPTIMO LIBRO DE MOISÉS

El arte espiritual mágico de Moisés

Estos dos libros fueron revelados, según las creencias populares, por el Todopoderoso Dios a su fiel servidor Moisés en el Monte Sinaí.

176 páginas .... 1.465 ptas.

SIMBOLOGÍA OCULTA DE LA CRUZ

Antonio Carrera

Un apasionante viaje de investigación, desde los Atlantes hasta hoy, pasando por los faraones; las costumbres de los Hindúes; las ceremonias de Persas y Fenicios; el origen del Laburu Cántabro y la Swástica Hindú.

272 páginas .... 1.465 ptas.

TAI CHI. El Fundamento Supremo

Lawrence Galante

Este es, el manual más amplio y completo hasta el momento, para el aprendizaje del Tai Chi. Contiene más de 400 fotografías sobre posturas de movimientos, inhalación y exhalación, distribución del peso, etc.

208 páginas .... 2.500 ptas.

LOS UPANISHADS

Forman el núcleo principal de los Vedas, constituyen la auténtica Doctrina Secreta del Brahmanismo, constituyen tratados de una profundidad filosófica jamás igualada en la historia.

144 páginas .... 985 ptas.

VISLUMBRES DE HISTORIA MASÓNICA   *C.W. Leadbeater*

En este libro damos a conocer las distintas características de todas las escuelas Masónicas, así como otros muchos e interesantes aspectos de la Masonería.

288 páginas .... 1.465 ptas.

LOS YOGA SUTRAS DE PATANJALI

La esencia de la sabiduría práctica, expuesta con admirable orden y minuciosidad, es la gran regeneración, el nacimiento del Hombre Espiritual de entre el Hombre Psíquico.

128 páginas .... 700 ptas.

ABRIRSE PASO   *O.S. Marden*
Una demostración de que los fracasos y tropiezos para el débil y vacilante, son asideros para el fuerte y decidido.
184 páginas .... 805 ptas.

LA ALEGRÍA DEL VIVIR   *O.S. Marden*
No es cordura creer que la felicidad es algo extraño a quien la busca fuera de sí mismo, sin percatarse de que está escondida en lo más íntimo de su ser.
208 páginas .... 985 ptas.

AUTO-SUGESTIÓN. Educadora y Curativa   *Herbert A. Parkyn*
La influencia que ejerce la «Auto-Sugestión» sobre nuestra salud, nuestro bienestar y éxito en la vida, es extraordinaria.
192 páginas .... 1.285 ptas.

AYÚDATE A TÍ MISMO   *O.S. Marden*
Diversas consideraciones sobre la relación entre espíritu y cuerpo, y la ayuda, auxilio o favor que cada cual puede prestarse a sí mismo.
216 páginas .... 985 ptas.

COMO DORMIR FÁCILMENTE   *Dennis Jackobson*
Técnicas para superar este problema y conseguir que todo el mundo duerma, y descanse de un modo correcto.
128 páginas .... 985 ptas.

LA CURACIÓN CON IMANES
Como fabricar y utilizar imanes para su salud   *Héctor Durville*
Este libro puede servir como guía de los distintos tipos de imanes existentes, y sus variadas formas de aplicación para mejorar la salud.
128 páginas. *Encuadernado con terciopelo negro, letras doradas*.............1.250 ptas.

LA CURACIÓN DEL CUERPO   *Franz Hartmann*
POR EL PODER ESPIRITUAL
La clave para curar las enfermedades se halla en la comprensión de la ley fundamental que rige la naturaleza del ser humano.
144 páginas ....985 ptas.

CURSO PRÁCTICO DE CONCENTRACIÓN MENTAL   *E. Wood*
Manual práctico de ejercicios para conseguir una gran expansión de conciencia y el dominio de la mente.
208 páginas ....1.250 ptas.

LOS CHAKRAS   *C.W. Leadbeater*
Guía y ayuda para todo aquél que verdaderamente esté interesado en profundizar en el estudio de los Chakras o Centros de Fuerza.
138 páginas ....1.100 ptas.

DOMINE SU FUERZA MENTAL   *Robin Fletcher*
EN BENEFICIO DE SU SALUD
Este libro estudia desde un punto de vista práctico, la influencia que puede ejercer l Mente sobre la Salud del cuerpo.
128 páginas ....860 ptas

EDUCACIÓN DE LA MEMORIA   *Ernest Wood*
Ejercicios prácticos, en un curso completo que se puede realizar empleando veint minutos al día, para aprender a recordar con facilidad ideas concretas, emociones, ideas abstractas o inmateriales.
138 páginas ....985 ptas

GUÍA COMPLETA PARA DESCUBRIR
EL SECRETO DEL ÉXITO
O.S. Marden

Nobles ideales para enaltecer el carácter y que nos inducen a labrarnos en el mundo una posición social, pero también construirnos el carácter y modelar nuestra conducta.

216 páginas .... 1.250 ptas.

GUÍA PRÁCTICA PARA UTILIZAR
EL PODER DEL PENSAMIENTO
O.S. Marden

Quien sepa dirigir su pensamiento sabrá orientar su vida, y triunfará en medio de las circunstancias por difíciles que en apariencia sean.

160 páginas .... 1.250 ptas.

IDEALES DE DICHA
O.S. Marden

La única dicha, la perdurable felicidad consiste en la paz del alma y en la placidez de ánimo.

216 páginas .... 805 ptas.

LA LEY DE LA VIDA
R.W. Trine

La comprensión de las leyes y fuerzas impulsoras de la vida, le capacitará para aprovecharse prudente y plenamente de ellas.

180 páginas .... 1.250 ptas.

EL LIBRO DE LOS REMEDIOS
Fray Anselmo

Valiosas y útiles recetas de Fray Anselmo, quién de modo muy fácil y práctico le irá indicando la manera de curar todo tipo de enfermedades y dolencias por métodos tra-·dicionales.

112 páginas. *Encuadernado con terciopelo negro, letras doradas* .... 1.250 ptas.

LO MEJOR DE LO MEJOR
R.W. Trine

El reconocimiento de nuestra verdadera Vida, de nuestro Yo, de nuestro Ser real que a sí mismo se revela en la conciencia.

112 páginas .... 700 ptas.

MAGIA MENTAL
William W. Atkinson

Potente Mensaje de elemental poder y primitiva fuerza, ofrecido con su original sencillez, y sin cubrirse de graves prejuicios o predilecciones teológicas.

228 páginas .... 1.395 ptas.

MAZDAZNAN   *Dr. Otoman Zar-Adusht Hanish*
Ciencia de la Respiración y Clave de la Salud
La doctrina de Mazdaznan, indica los ejercicios y posturas de los antiguos egipcios que se deben seguir para tener salud física y mental, y adquirir conocimientos que pueden ser útiles en cualquier emergencia.
206 páginas .... 1.489 ptas.

LA OBRA MAESTRA DE LA VIDA   *O.S. Marden*
Las adversidades y tribulaciones no son estorbo sino que son, las adecuadas resistencias y rozamientos en que ejercitar la potencia de su voluntad.
226 páginas .... 805 ptas.

LAS PLANTAS MÁGICAS. BOTÁNICA OCULTA   *Paracelso*
Claro estudio de las plantas con un completo diccionario de Botánica Oculta.
320 páginas. *Encuadernado con terciopelo negro, letras doradas* .... 1.250 ptas.

PLANTAS QUE CURAN, PLANTAS QUE MATAN   *Dr. Rengade*
Guía completa de las plantas, las que pueden beneficiar al hombre y las que, según sean empleadas, pueden perjudicarle.
336 páginas .... 1.970 ptas.

EL PODER DE LA VOLUNTAD   *William W. Atkinson*
Como dominar nuestras sensaciones, pasiones, emociones, aficiones y aptitudes, que están sujetas a la disciplina de la Voluntad.
144 páginas .... 985 ptas.

EL PODER DE PERCEPCIÓN. Arte de observar   *W.W. Atkinson*
Aprendiendo a utilizar este poder no sólo lograremos nuestro perfeccionamiento individual, sino que también podremos contribuir a mejorar el mundo en que vivimos.
176 páginas .... 1.285 ptas.

EL PODER DEL EJERCICIO   *William W. Atkinson*
Los ejercicios físicos aquí explicados, están basados en la misma interacción de cuerpo y mente, y en la coordinación de los estados físicos y mentales.
176 páginas .... 1.285 ptas.

EL PODER DEL PENSAMIENTO   *Annie Besant*
Su Dominio y Cultura
La mente es el resultado del pensar pasado, y se modifica constantemente por el pensar presente; es una cosa precisa y definida, con ciertos poderes e incapacidades, fuerza y debilidad.
88 páginas .... 900 ptas

EL PODER PERSONAL
William W. Atkinson

El desenvolvimiento, cultivo y manifestación del poder personal en todos sus aspectos, fases y modalidades de manifestación y expresión.

136 páginas .... 985 ptas.

EL PODER REGENERADOR
William W. Atkinson

Descubriremos los conocimientos necesarios para la conservación y eficaz empleo de las fuerzas vitales, conocidas con el nombre genérico de vitalidad.

168 páginas .... 1.285 ptas.

EL PODER SUBCONSCIENTE
William W. Atkinson

Exploración de las diversas regiones del subconsciente, los admirables reinos de la mente, desde el ínfimo al supremo.

144 páginas .... 900 ptas.

LA PRÁCTICA DE LA HOMEOPATÍA
A. Espanet

Signos y naturaleza de las enfermedades

Manual práctico y de fácil consulta para conocer y tratar las enfermedades.

256 páginas .... 1.285 ptas.

QUERER ES PODER
O.S. Marden

Obra de provechosa enseñanza para fortalecer sus fuerzas de ánimo, regidas por la voluntad.

232 páginas .... 1.465 ptas.

SIEMPRE ADELANTE
O.S. Marden

Cómo actualizar y convertir los propósitos para avanzar constantemente por medio de la fuerza de la voluntad.

206 páginas .... 805 ptas.

SISTEMA HINDU-YOGUI DE LA CURA POR EL AGUA
Yogi Ramacharaka

Como asimilar el prana del agua y transformarlo en energía vital para remediar los trastornos fisilógicos y beneficiar la salud, la fuerza y el vigor corporal.

136 páginas .... 985 ptas.

EL TATWÁMETRO o las Vibraciones del Éter
Dr. Krumm-Heller

Utilice este secreto de la India para realizar en el momento oportuno todos los actos de su vida. Incluye un Tatwámetro.

102 páginas .... 805 ptas.

TRATADO DE COSMOGONIA
Edouard Schure

En el principio los dioses habían prescrito una forma determinada para cada cosa. Este poder pasó de los dioses al hombre en relación con el Reino Mineral.
168 páginas .... 900 ptas.

TRATADO DE QUIROLOGÍA MÉDICA
Dr. Krumm-Heller

Método que explica como han sido diagnosticadas las enfermedades desde tiempos muy antiguos, según las formas, eminencias y líneas la mano.
184 páginas .... 1.430 ptas.

VIDA NUEVA. Como lograr un placentero, eficaz, sano y cordial modo de vivir
R.W. Trine

Esta obra nos enseña a tener calma en los momentos complicados, nos enseña a amar entre las explosiones de odio y nos indica el sendero de la verdad y la vida.
144 páginas .... 985 ptas

LA VIDA OPTIMISTA
O.S. Marden

El optimismo de la vida, como una de las diversas condiciones en que se apoya l antiquísima y hoy rejuvenecida teoría de la relatividad, aplicada a la psicología expe rimental.
216 páginas .... 1.250 ptas

 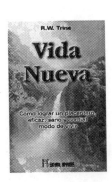